D1698265

Eine Arbeitsgemeinschaft der Verlage

Böhlau Verlag · Wien · Köln · Weimar
Verlag Barbara Budrich · Opladen · Toronto
facultas.wuv · Wien
Wilhelm Fink · Paderborn
A. Francke Verlag · Tübingen
Haupt Verlag · Bern
Verlag Julius Klinkhardt · Bad Heilbrunn
Mohr Siebeck · Tübingen
Nomos Verlagsgesellschaft · Baden-Baden
Ernst Reinhardt Verlag · München · Basel
Ferdinand Schöningh · Paderborn
Eugen Ulmer Verlag · Stuttgart
UVK Verlagsgesellschaft · Konstanz, mit UVK / Lucius · München
Vandenhoeck & Ruprecht · Göttingen · Bristol
vdf Hochschulverlag AG an der ETH Zürich

Einführungstexte Erziehungswissenschaft

Herausgegeben von Heinz-Hermann Krüger

Band 8
Einführung in die Soziologie
der Bildung und Erziehung

Martina Löw
Thomas Geier

Einführung in die Soziologie der Bildung und Erziehung

3., überarbeitete und erweiterte Auflage

Verlag Barbara Budrich
Opladen & Toronto 2014

Dank

Für die Gelegenheit, dieses Buch noch einmal überarbeiten und erweitern zu können, bedanken wir uns ganz herzlich bei Heinz-Hermann Krüger. Für diese dritte Auflage haben uns Annika Grill, Anke Scharoba, und Irina Kiryukhina unterstützt und zugearbeitet.

Bibliografische Informationen der Deutschen Nationalbibliothek
Die Deutsche Nationalbibliothek verzeichnet diese Publikation in der Deutschen Nationalbibliografie; detaillierte bibliografische Daten sind im Internet über http://dnb.d-nb.de abrufbar.

Gedruckt auf säurefreiem und alterungsbeständigem Papier.

Alle Rechte vorbehalten.
© 2014 Verlag Barbara Budrich, Opladen & Toronto
www.budrich-verlag.de

        UTB-Bandnr.   **8243**
        UTB-ISBN 13:   **978-3-8252-8494-7**

Satz: Beate Glaubitz Redaktion und Satz, Opladen
Umschlaggestaltung: Atelier Reichert, Stuttgart
Druck: Friedrich Pustet, Regensburg
Printed in Germany

Editorial zu den Einführungstexten Erziehungswissenschaft

Die Reihe Einführungstexte der Erziehungswissenschaft in sechzehn Bänden ist so konzipiert, dass sie Studierenden in erziehungswissenschaftlichen Hauptfachstudiengängen an Universitäten und Fachhochschulen im Grundstudium sowie Lehramtsstudierenden eine Einführung in Geschichte, Grundbegriffe, theoretische Ansätze, Forschungsergebnisse, Institutionen, Arbeitsfelder, Berufsperspektiven und Studienorte der Pädagogik/Erziehungswissenschaften sowie der verschiedenen Studienschwerpunkte und Fachrichtungen geben soll. Die einzelnen Bände sind so strukturiert, dass sie sich als Grundlagentexte für einführende Lehrveranstaltungen eignen.

Die Lehrtextreihe umfasst 16 Bände:

1. Einführung in die Erziehungswissenschaft
2. Einführung in die Schulpädagogik und Didaktik
3. Einführung in die Sozialpädagogik/Sozialarbeit
4. Einführung in die Erwachsenenbildung
5. Einführung in die Sonderpädagogik
6. Einführung in die Berufspädagogik/Wirtschaftspädagogik
7. Einführung in die Pädagogische Psychologie
8. Einführung in die Soziologie der Bildung und Erziehung
9. Einführung in die Interkulturelle Pädagogik
10. Einführung in die Kultur- und Freizeitpädagogik
11. Einführung in die Medienpädagogik
12. Einführung in die Genderstudien
13. Einführung in die Vorschulpädagogik
14. Einführung in die Gesundheitspädagogik
15. Einführung in das Bildungs- und Sozialmanagement
16. Einführung in die Altenhilfe/Altenbildung

Die Bände 1, 4, 5, 6, 7, 9, 12, 15 und 16 sind inzwischen teilweise schon in dritten oder vierten Auflagen erschienen. Auch der hier vorgelegte Band zur Einführung in die Soziologie der Bildung und Erziehung geht nun in die dritte

Auflage und wurde durch Martina Löw und vor allem den neuen zweiten Autor Thomas Geier in einigen thematischen Punkten erweitert und grundlegend aktualisiert.

Es bleibt abschließend noch allen Autorinnen und Autoren, die Bände für die Reihe Einführungstexte Erziehungswissenschaft verfasst haben bzw. noch fertig stellen, für die bisherige produktive und reibungslose Kooperation zu danken.

Mein besonderer Dank gilt Petra Essebier für die umsichtige und ausdauernde Mithilfe bei den vielfältigen Redaktionsarbeiten.

Heinz-Hermann Krüger
Martin-Luther-Universität Halle-Wittenberg

Inhaltsverzeichnis

Vorwort für Studierende

Die „Soziologie der Bildung und Erziehung" ist eine von vielen Teildisziplinen der Soziologie. Sie ist nicht nur für jene Studierende der Soziologie relevant, welche sich auf Bildungs- und Erziehungsfragen spezialisieren wollen, sondern auch besonders für die Studierenden der Erziehungswissenschaft und des Lehramts, die mit Hilfe der Soziologie die gesellschaftlichen Grundlagen ihres Gegenstandes beleuchten möchten. Wir haben versucht, in der vorliegenden Einleitung allen drei Gruppen Rechnung zu tragen. Angesichts der Tatsache, dass bei vielen Nebenfach (oder Beifach)-Studierenden zunächst nur mit geringen soziologischen Grundkenntnissen zu rechnen ist, haben wir uns bemüht, so wenig wie möglich voraus zu setzen. Wir nehmen an, dass das auch den Soziologie-Hauptfach-Studierenden zu Gute kommt.

Gleichzeitig machen wir es Ihnen nicht einfach. Dieses Buch bietet nur eine erste Orientierung. Sie lernen die Spezifika dieses Faches kennen, welches immer zwischen Erziehungswissenschaft und Soziologie hin- und hergerissen war. Sie erfahren die Grundthesen von Klassikern wie zeitgenössischen TheoretikerInnen und lernen die aktuellen Forschungen in zentralen Feldern der Bildungssoziologie kennen. Aber, das ist nur der Anfang. Sie bekommen einen Überblick und Entscheidungsgrundlagen, in welche Richtung sie ihre Kenntnisse vertiefen wollen. Dieses Buch ersetzt nicht das Studium der Primärquellen. Vielleicht lesen Sie die Klassiker ganz anders als wir. Über die Bedeutung mancher Textstellen könnten wir sicherlich Abende lang diskutieren. Überprüfen Sie also unsere Lesart am Original und konfrontieren Sie sie mit anderen Interpretationen. Nur so werden Sie ein tieferes Verständnis für den Autor oder die Autorin gewinnen und vor allem nur so werden Sie zu einer eigenen Position gelangen.

Deshalb verzichten wir (vor allem in Kapitel 3 und 4) auch bewusst darauf, gängige Kritiken der theoretischen Texte zu präsentieren. Was nützt es Ihnen, wenn Sie wissen, dass Pierre Bourdieu häufig vorgeworfen wird, sein Habitusbegriff sei zu deterministisch? Ein Teil der wissenschaftlichen Community ist der Auffassung, dass Bourdieu zu wenig die Handlungsfreiheit der Menschen in seiner Theoriebildung berücksichtigt und macht dies am Habitusbegriff fest. Ein anderer Teil ist hingegen der Überzeugung, dass es eine Illusion der Moderne ist, dass Menschen autonom handlungsfähig seien. Bourdieu beschreibt für diese

AutorInnen den Zustand, wie er nun einmal ist, und nicht so, wie wir ihn uns wünschen. Wieder andere interpretieren den Habitusbegriff gar nicht als deterministisch. Sie weisen also den Vorwurf zurück. Das heißt, Kritik bedarf der intensiven Auseinandersetzung mit der Originalquelle und den dazu erschienenen wissenschaftlichen Sekundärveröffentlichungen und Debatten. Das „Nacherzählen" von Thesen und Kritikpunkten ist noch keine wissenschaftliche Leistung, wie sie von Ihnen im Studium erwartet wird. Zu einer solchen wird es erst, wenn Sie sich mit dem aktuellen Stand der Debatte durch neue und neueste Quellen vertraut gemacht haben und in dieser Auseinandersetzung zu einem eigenen Standpunkt gelangt sind. In dieser Einführung finden Sie deshalb anschließend an die Vorstellung von TheoretikerInnen die wichtigsten Hinweise auf KritikerInnen und Folgestudien. So wissen Sie gleich, wo sie weiterarbeiten können.

Das Buch ist so aufgebaut, dass Sie selbstverständlich einzelne Kapitel für sich lesen können. Manch eine/r mag vielleicht sich nur über Untersuchungen zum Beispiel zum Thema „Schule" informieren. Dies kann er/sie in dem speziellen Kapitel tun. Vor allem jenen aber, die Soziologie nur als Bei- oder Nebenfach studieren, empfehlen wir auch das Studium der ersten vier Kapitel. Hier erfahren Sie erstens, warum es so schwierig ist, soziologisches und erziehungswissenschaftliches Wissen gegeneinander abzugrenzen, und zweitens lernen Sie den soziologischen Blick systematisch kennen.

Im Buch werden wir stets die Perspektive wechseln. Sie erfahren jeweils etwas über historische Entwicklungen, über klassische und moderne theoretische Ansätze sowie Grundbegriffe; wir demonstrieren an einzelnen Problemen verschiedene soziologische (vereinzelt auch soziologienahe) Perspektiven auf Bildungsprozesse und stellen Ihnen ausgewählte Untersuchungen ausführlicher vor. So hoffen wir, dass Sie gleichzeitig einen Überblick über die Forschungslandschaft, einen Einblick in das soziologische Denken und einen Eindruck von der Prozesshaftigkeit des wissenschaftlichen Arbeitens bekommen.

Nun stellt sich gerade für Nebenfachstudierende die Frage, die vor jeder Auseinandersetzung mit Bildungssoziologie steht, und die kaum in wenigen Sätzen zu behandeln ist: Was ist eigentlich Soziologie? Eine Annäherung an eine Antwort finden Sie im Folgenden.

Was ist Soziologie?

Max Weber definiert Anfang letzten Jahrhunderts Soziologie als „eine Wissenschaft, welche soziales Handeln deutend verstehen und dadurch in seinem Ablauf und seinen Wirkungen ursächlich erklären will" (Weber 1980[5], original 1921, S. 1). Weber verbindet damit die geisteswissenschaftliche Tradition der Interpretation kultureller Leistungen mit der naturwissenschaftlichen Tradition, allgemeingültige Gesetze zu finden. Sein Ausgangspunkt ist der subjektiv gemeinte Sinn, mit dem Menschen ihre Handlungen intentional versehen. Die Soziologie ist nun aufgefordert, die sinnhaften Handlungssituationen verstehend zu rekonstruieren und nach Regelmäßigkeiten und Gesetzmäßigkeiten zu suchen.

Emile Durkheim verfolgt eine andere Vorstellung von Soziologie. Für ihn greift die Erforschung des subjektiven Sinnes zu kurz. Soziale Ordnung, die zu untersuchen das Aufgabenfeld der Soziologie sei, lasse sich nicht nur über individuelle Handlungen erklären, sondern existiere ein Stück weit unabhängig von diesen Handlungen und strukturiere sie vor (Durkheim 1999[3]a, S. 128; vgl. auch Durkheim 1961 und Kapitel 2.1.1 in diesem Buch). Der Gegenstand der Soziologie ist für ihn daher weniger individuelles Handeln, denn dieses ist vergänglich, als vielmehr das „Kollektivbewußtsein" (Durkheim 1999[3]b, S. 128), welches in einer Gesellschaft für alle Gruppen gleichermaßen Gültigkeit besitzt und eine Generation mit der nächsten verbindet. Die Soziologie ist für ihn die „Wissenschaft von den Institutionen, deren Entstehung und Wirkungsart" (Durkheim 1961, original 1895, S. 100). Die Aufgabe der Soziologie ist es, die „sozialen Tatsachen" zu analysieren, die die individuellen Handlungen hervorbringen. Das Verständnis dessen, was genau der Gegenstand der Soziologie ist, hat sich über die Jahrzehnte immer wieder verfeinert und neuen Erkenntnissen angepasst.

Die Grundidee, dass Gesellschaft über die Deutung menschlicher Aktivität und Kommunikation sowie über verallgemeinerbare Strukturen, Institutionen und Systeme analysiert werden kann, ist geblieben. Viele Autoren und Autorinnen versuchen heute, Konzeptionen einer Soziologie vorzulegen, die die Individual- und die Kollektivebene verknüpfen.

Perspektiven der Soziologie der Bildung und Erziehung. Eine Einführung

Auch wissenschaftliche Forschung ist Konjunkturen unterworfen. Am Thema „Bildung" zeigt sich dies in der jüngsten Vergangenheit besonders deutlich. In den 70er Jahren wird in der Erwartung, soziale Ungleichheit in Deutschland über Bildung mildern zu können, mit Euphorie an vielen Orten zu Bildungsfragen gearbeitet. Die Disziplin der Soziologie der Bildung und Erziehung zieht alle Aufmerksamkeit auf sich, als Deutschland demokratischer, egalitärer und gerechter werden will und fest davon überzeugt ist, dass dies nur über die Erziehung der Kinder zu erreichen ist. Diese Begeisterung zerschellt an den eigenen hohen Zielen, aber auch am gesellschaftlichen Zeitgeistwandel. Zuerst sickert die Erkenntnis durch, dass die subtile Reproduktion sozialer Ungleichheit über Schulreformen nur schwer zu beheben ist. Neue Institutionen wie die Gesamtschulen und Reformuniversitäten entpuppen sich zunehmend als neue Orte sozialer Ungleichheit. Dann treten die negativen Folgen der Massenbildung hervor: Schlechte Studienbedingungen, Abfall des Leistungsniveaus und vor allem eine verschobene Selektion. Die Bildungsinstitutionen übernehmen, um Chancengleichheit zu verwirklichen, immer weniger die Aufgabe, die Jugendlichen auf Berufszweige und damit in Statusgruppen zu verteilen. Dies hat zur Folge, dass die Reproduktion der sozialen Lage in den Betrieben stattfindet. Noch heute sind es die Kinder von Spitzenmanagern die Spitzenmanager werden (vgl. Hartmann 2007, 2013), aber dies liegt nicht länger an den Bildungszertifikaten, sondern an der Vertrautheit des Lebensstils von Bewerber/Bewerberin und PersonalchefInnen sowie am eingesetzten sozialen Kapital. Wenn alle Abitur und Studium aufweisen können, verlassen sich Führungskräfte um so mehr auf Empfehlungen und auf „spontane" Gefühle im Vorstellungsgespräch. Dann bekommen die den Job, die es gewohnt sind, im Milieu zu verkehren.

Die Soziologie der Bildung und Erziehung, die – wie viele andere soziologische Teildisziplinen auch – es als eine der Hauptaufgaben der Soziologie erachtet, soziale Ungleichheit in der Gesellschaft zu analysieren, scheint gescheitert zu sein. Oder anders: Keiner glaubt mehr wirklich daran, dass soziale Ungleichheit über Bildung zu beheben sei. Als dann auch noch innerhalb der Soziologie systemtheoretische Stimmen lauter werden, die die Bestimmung des soziologischen Gegenstands über die moralisch hoch besetzte Frage der sozialen Ungleichheit anzweifeln, verstärkt sich die Unsicherheit über den Gegenstand. Dabei wird

Konjunkturen des Bildungsthemas

Soziale Ungleichheit

häufig übersehen, dass die Bildungsreformen der 70er Jahre tatsächlich zahlreiche Benachteiligungen beseitigt haben. Die quantitative Beteiligung an Bildungsprozessen und der Erwerb von Zertifikaten ist heute noch schichtspezifisch und vor allem interkulturell ein Problem. Kinder aus Zuwandererfamilien haben nach wie vor sehr schlechte Ausbildungchancen in Deutschland. Dafür wurden Differenzen der Bildungsbeteiligung nach Stadt/Land, katholisch/evangelisch oder nach Geschlecht behoben. Dies heißt nicht, dass Mädchen (und manchmal auch Jungen) nicht in der Schule systematisch aufgrund ihres Geschlechts benachteiligt werden. Sie verfügen jedoch zunächst über gleiche Zugangschancen zu höherer Bildung, was die Voraussetzung ist, um auch die subtilen Ausschlussprinzipien kollektiv bearbeiten und verstehen zu können.

Dennoch schläft in den 90er Jahren das Interesse am Thema „Bildung" in der Öffentlichkeit fast ein. Dementsprechend stehen zu dieser Zeit Bildungs- und ErziehungssoziologInnen auch nur wenige Ressourcen für die Arbeit zur Verfügung. Zwar wird kontinuierlich an vielen Fragen weitergearbeitet, doch motivierende Nachfrage an Ergebnissen fehlt vielfach. Heute wird Bildung wieder auf die Tagesordnungen aller politischen Parteien gesetzt. Die Journale berichten, die Forscher streiten, die Förderinstitutionen investieren. Eine neue Welle der Schul- und Hochschulreformen ist angebrochen.

Bildung als ökonomische Frage

Die Soziologie der Bildung und Erziehung beteiligt sich an diesen Debatten zunächst nur zögerlich. Als die deutsche Bildungskatastrophe immer offensichtlicher wird und die ErziehungswissenschaftlerInnen und WirtschaftswissenschaftlerInnen das Thema neu besetzen, bleiben die SoziologInnen vorerst still. Roman Herzog kündigt 1996 eine Bildungsoffensive an. Die TIMSS-Studie erhebt 1997 Leistungsdefizite von Schülern und Schülerinnen in deutschen Schulen (vgl. Baumert/Lehmann 1997). Die Wirtschaft klagt über Fachkräftemangel. So wird Bildung wieder ein gesellschaftlich relevantes Thema. Aber anders als in der Bildungsdebatte der 70er Jahre ist soziale Ungleichheit zunächst ein Randthema. Im Vordergrund der Diskussion um einen notwendigen Wandel des Bildungssystems steht in den ersten Jahren der neuen Bildungsdebatte die Kritik an der zunehmenden Verrechtlichung und Bürokratisierung der Bildungsinstitutionen sowie ein (zunächst unterstellter) informationstechnologischer Modernisierungsrückstand und Leistungsdefizite im internationalen Vergleich. Argumentativ rückt die Sorge um den Wirtschaftsstandort Deutschland in den Vordergrund. Ein rohstoffarmes Land wie Deutschland müsse in Bildung als Ressource investieren, so das zentrale Argument. Beispielhaft dafür kann auf die berühmt gewordene und in den 90er Jahren viel zitierte These von Leo A. Nefiodow (1972) verwiesen werden, dass Bildung den Konjunkturfaktor „Informationstechnologie" ablösen könne. Nefiodow baut auf der Theorie der langen Wellen von Nikolai Kondratieff auf, welche besagt „daß die wirtschaftliche Entwicklung Westeuropas und der USA nicht nur durch das Auftreten kurzer und mittlerer Konjunkturschwankungen gekennzeichnet sei, sondern in den kapitalistischen Ländern auch lange Phasen der Prosperität und Rezession periodisch auftreten" (Nefiodow 1997, S. 2).

Theorie der langen Wellen

Nefiodow untersucht, welche Entwicklungen sich derzeit wirtschaftlich abzeichnen, die die Qualität des nächsten Konjunkturfaktors erreichen können. Er

16

kommt zu dem Ergebnis, dass der Bildungsmarkt ein möglicher Aspirant eines großen, neuen Marktes des 21. Jahrhunderts ist (vgl. zur Diskussion z. B. Glotz 1998). Lebenslanges Lernen sei inzwischen für fast alle Erwerbstätigen zum Muss geworden. 2000 Milliarden US-Dollar würden weltweit in Weiterbildung investiert und eine Sättigungsgrenze sei nicht abzusehen. Neben der lebenslangen Beschulung sieht Nefiodow Produktionsreserven im sich verändernden Qualifikationsprofil. Der Umgang mit nicht klar definierbarem oder gar paradoxem Wissen sei in der Dienstleistungs- und Informationsgesellschaft unabdingbare Voraussetzung und könne zum Innovationsfaktor ausgebaut werden. Schulen und Universitäten seien jedoch bislang zu bürokratisiert und staatlich kontrolliert, um auf diese Entwicklung adäquat reagieren zu können.

Ob Peter Glotz oder Roman Herzog, ob die Berichterstattung der Zeitschrift „Zeit" oder die des „Sterns", ob eine virtuelle Konferenz zu Bildung im Internet oder der Kongress der Deutschen Gesellschaft für Erziehungswissenschaft (Krüger/Olbertz 1997) im Vordergrund des Diskurses steht die Frage, wie Massenuniversitäten und Schulen zu innovativen Unternehmen umgebaut werden können oder zumindest die geeigneten Menschen für diese Unternehmen ausbilden können. Die vorgeschlagenen Strategien unterscheiden sich dabei vehement: Während die einen einen normierten Bildungskanon für alle fordern, sich an internationalen Leistungsstandards orientieren und traditionelle Primärtugenden definieren sowie den LehrerInnen mehr Autorität zugestehen wollen (exemplarisch dafür das von Dietrich Schwanitz verfasste Buch „Bildung", aber auch die Rede von Roman Herzog 1997), plädieren die anderen für die Orientierung an Schlüsselqualifikationen, für eine Bildungspolitik die Wagemut, Beweglichkeit, unprätentiöse Wurstigkeit und nicht zuletzt den Mut zum Fehler fördert (Glotz 1998; Preuss-Lausitz 1997).

Innovative Bildungsunternehmen

Tatsächlich sind es (Bildungs-)Soziologen wie Niklas Luhmann und Pierre Bourdieu, mit denen sich die neuen Bildungskämpfe gut begreifen lassen. Zu beobachten ist eine neue Version eines alten Kampfes zwischen dem ökonomischen Feld und dem Feld der Bildung. Die Ökonomie versucht ihren Einfluss auf das Bildungssystem zu verstärken, indem sie deren Kompetenz, leistungsstarke Mitarbeiter und Mitarbeiterinnen zu produzieren, in Frage stellt. Insbesondere durch die Drohung und die teilweise Umsetzung, eigene, vom Unternehmen geleitete Hochschulen zu etablieren, versuchen sie die Machtpotentiale der Bildungsbranche, nämlich Titel vergeben zu können, zu beschneiden. Die Erziehungswissenschaft reagiert darauf, indem sie sich erneut auf eine Definition ihrer Tätigkeit über „Leistung" einlässt. Wohl wissend, dass Leistung nicht messbar ist, antwortet sie in ihrer Logik, indem mehr Leistung durch Verbesserung der Organisation von Bildung angestrebt wird. So agieren die Akteure des ökonomischen und des pädagogischen Feldes in den für sie typischen Muster (und sie können auch nicht anders handeln). Sie verhandeln über Geld und über Lernfähigkeiten. Es zeigt sich, dass die Ökonomie starken Einfluss auf die Bildung gewinnen kann, letztlich jedoch nicht in der Lage ist, Bildung und Erziehung ganz im eigenen Feld zu verorten. Die Soziologie – ihrer eigenen Logik folgend – beobachtet und analysiert die Prozesse. Zu Fragen der sozialen Ungleichheit äußern

Konkurrenz der Felder

sich jedoch zunächst nur wenige Fachleute. Chancengleichheit im Bildungswesen schien ein überholtes Thema zu sein. Die Bildungsdebatte der späten 1990er Jahre findet daher weitgehend ohne die Soziologie statt.

PISA

Die Veröffentlichung der PISA-Studie (vgl. Baumert/Schümer 2001) aber durchbricht die Ruhe unwiederbringlich. Die zentralen Ergebnisse dieser und auch der Folgestudien (vgl. zuletzt Klieme u.a. 2010) belegen, dass in Deutschland beschulte Kinder im Vergleich nicht nur leistungsschwach sind bzw. durchschnittliche Leistungen erbringen, sondern darüber hinaus in Deutschland die Benachteiligung der einkommensschwachen Haushalte sowie der Kinder und Jugendlichen mit Migrationshintergrund besonders groß ist. Dies ruft die Soziologie erneut auf den Plan. Plötzlich verzeichnet zum Beispiel die Sektion Bildungssoziologie in der Deutschen Gesellschaft für Soziologie wieder Neueintritte. Seit mehr als einer Dekade ist wieder von öffentlichem Interesse, dass die Kinder der Arbeiterschicht nach wie vor die schlechtesten Bildungschancen haben (vgl. Hradil 1997; Shavit/Blossfeld 1993) bzw. dass die erweiterte Bildungsbeteiligung großer Gruppen der Bevölkerung sogar den Nebeneffekt hat, dass die nun zur Minderheit gewordene Gruppe der HauptschülerInnen in einem bislang ungekannten Maß abgewertet wird. Die Soziologie der Bildung und Erziehung ist folglich in eine neue Phase der Selbstverständigung und Neubestimmung eingetreten. Dazu gehört auch das Verhältnis von Bildung und Ökonomie erstens unter Bedingungen von Globalisierung und zweitens in einer als Wissensgesellschaft deklarierten Welt neu zu bestimmen.

Globalisierung

Spätestens seit Claus Offes Überlegungen zum Verhältnis von Bildung, Beschäftigungssystem und Bildungspolitik (Offe 1975) ist bekannt, dass Bildungsprozesse zwar strukturell zielorientiert sind und dieses Ziel in der spätindustriellen, modernen Gesellschaft maßgeblich der Eintritt in das Wirtschaftssystem ist, doch der zukünftige Bedarf der Wirtschaft nie zuvor bekannt ist. Jede Forderung nach leistungsfähigeren Individuen steht somit vor dem Problem, definieren zu müssen, welche Leistungen das Wirtschaftssystem in den nächsten Jahrzehnten benötigt. In der modernen Wirtschaft verändert sich nun die Bestimmung von Wissen erstens in sich schnell abwechselnden Zyklen und zweitens abhängig von internationalen Verflechtungen. Nicht zufällig werden internationale Bildungstests in einer historischen Epoche der finanziellen und kulturellen Globalisierung durchgeführt. Unter dem Druck internationaler Konkurrenz wird Bildung als messbares Gut behandelt, welches internationalen Standards unterliegt. Befürchtet wird deshalb, dass marktrelevantes Wissen zunehmend der Vergleichsfaktor wird und damit langsam ein komplexes Verständnis von Bildung ersetzt (vgl. z.B. Brock/Suckow 2001).

Wissensgesellschaft

Dies schließt an prinzipielle Überlegungen zur Bedeutung von Wissen in der modernen Gesellschaft an. Nico Stehr zufolge (2000) ist Wissen ein zentrales Integrationsprinzip der modernen Gesellschaft (vgl. dazu grundlegend auch Bell 1975). Unter Wissen versteht er die „Fähigkeit zum sozialen Handeln (Handlungsvermögen)" (Stehr 2000, S. 81). Im Unterschied zu stereotypen Verhaltensmustern setze soziales Handeln Spielräume und Entscheidungsmöglichkeiten voraus. Wissen schaffe die nötigen Voraussetzungen. Zum Wissen zählt er sowohl

18

wissenschaftliches Wissen als auch Alltagwissen, deklariertes wie prozedurales Wissen (Stehr 2000, S. 78). Seine zentrale These ist, dass Gesellschaften, die über Wissen integrieren, zerbrechliche Gesellschaften sind, weil mit dem Wissenszuwachs der Einzelnen die großen gesellschaftlichen Institutionen einen Herrschaftsverlust hinnehmen müssen. Institutionen des Staates, der Wissenschaft, der Kirche, des Parlaments, der Justiz oder der Wirtschaft erschienen zunehmend fragil, weil ihnen nicht mehr geglaubt würde und alle mitbestimmen wollten. Soziale Bewegungen und Individuen erhielten im Vergleich zu den Institutionen einen Machtgewinn. Er bezeichnet es als paradox, dass mit dem Wachstum des Wissens, größere gesellschaftliche Unsicherheit, Meinungsverschiedenheit und Kontingenz erzeugt würde. In der Wissensgesellschaft zerfalle die intellektuelle Autorität von Experten und wachse die Skepsis gegenüber der Unparteilichkeit und der Objektivität wissenschaftlichen Wissens. Die mangelnde Durchsetzungsfähigkeit der Institutionen durch das mangelnde Zutrauen in politische oder technologische Lösungen lasse die gesellschaftliche Stabilität prekär werden.

Weitgehend akzeptiert und seit langem diskutiert wird die These, dass der Zuwachs an Wissen die Hochachtung gegenüber und Akzeptanz von Wissenschaft schmälert. Umstrittener ist die inhaltliche Bestimmung des gefragten Wissens. Matthias Wingens (1999) argumentiert, dass nur eine spezifische Wissensart, nämlich wissenschaftlich-technisches Wissen, gesellschaftliche Bedeutung erlangt und diese erzielt sie keineswegs allgemein, sondern als Kapital der Wirtschaft (Wingens 1999, S. 433).

Bildungsprozesse wandeln sich unter dem Druck der Wissensproduktion in der Moderne. Diese Kämpfe um die Definition von Bildung, um die Durchsetzung von Wissenstypen, um die Inhalte der Bildungszertifikate, um die Strukturen der Ausbildung, um die KlientInnen der Bildungsprozesse, um die heimlichen Lehrpläne der Bildung analysiert die Soziologie der Bildung und Erziehung. Der Zeitpunkt ist günstig, um durch die öffentliche Darstellung der Beobachtungen verändernd einzugreifen. Der heimliche Leitfaden beim Schreiben dieser Einführung ist daher eine Standortbestimmung durch kurzfristiges Innehalten und Zusammentragen der Kenntnisse. Diese Einführung orientiert sich in den Kapiteln an den hier nur kurz angesprochenen Facetten des Bildungsthemas. Sie behandelt das zentrale Thema der „Bildung und Ungleichheit" ausführlich (Kapitel 4), zeigt Erklärungsansätze für aktuelle Bildungskonflikte zwischen ökonomischer Orientierung, didaktischer Aufbereitung und gesellschaftlicher Analyse durch moderne Theorien (Kapitel 3), reflektiert die Grundlagen in klassischen Ansätzen und verfolgt die Geschichte der Soziologie der Bildung und Erziehung (Kapitel 2). Es werden zunächst die grundlegenden Begriffe (Kapitel 1) geklärt, um sich dann ausführlich den drei zentralen Institutionen des Bildungsgeschehens, der Vorschule und der Schule (Kapitel 5) sowie der Hochschule (Kapitel 6) zu widmen. Folgend wird an drei grundlegenden Dimensionen der Konstitution sozialer Welt, nämlich der über den Lebenslauf organisierten Zeitlichkeit (Kapitel 7) und der auch die Materialität der Welt berücksichtigenden Räumlichkeit (Kapitel 8) sowie der damit eng verbundenen Migrationsphänomene (Kapitel 9), das Aufwachsen in der modernen Gesellschaft exempla-

Themen der Soziologie der Bildung und Erziehung

19

risch verdeutlicht. Dass diese Zusammenstellung des bildungssoziologischen Kenntnisstandes subjektiv geprägt ist, erwähnen wir nur für die Studierenden der ersten Semester. Alle anderen wissen das.

1. Soziologische Grundbegriffe

1.1 Bildung

Bildung hat „wer nicht mit der Hand arbeitet, sich richtig anzuziehen und zu benehmen weiß, und bei allen Dingen, von denen in Gesellschaft die Rede ist, mitreden kann" (Paulsen 1903, S. 658). Nein, möchte man einwenden, Bildung ist mehr, etwas Höheres, Allgemeingültiges. Bildung hat doch mit Selbstverwirklichung des Menschen zu tun. Und dann schleichen sich die Zweifel ein: Ist Bildung hier nicht doch ganz richtig beschrieben als ein kulturelles Kapital, dass es einem ermöglicht, die eigene soziale Position zu halten oder aufzuwerten? Ist Bildung nicht in erster Linie ein Mittel, um sich von anderen absetzen zu können?

Wer, soziologisch kundig, sich mit dem Bildungsbegriff beschäftigt, begibt sich notgedrungen in ein Spannungsfeld. Der Bildungsbegriff entstammt einem normativ-idealistischen Umfeld, das auch bei der heutigen Nutzung stets mitschwingt. Gleichzeitig ist Bildung in der modernen Gesellschaft eine Ressource. Jenseits normativer Vorstellungen, was einen gebildeten Menschen ausmacht, gibt es einen ganz bodenständigen Verwertungsprozess von Bildungsinhalten und Bildungszertifikaten, welcher für die moderne Gesellschaft konstitutiv ist. So ist Bildung gleichermaßen Ideal und Kapital. Dies führt dazu, dass GesellschaftskritikerInnen sich zu dem Spagat gezwungen sehen, gleichermaßen die idealistischen, distinktiven Züge von Bildung freilegen zu wollen und dabei doch selbst auf Bildung als emanzipatives Potenzial und als Ressource der Unterdrückten zu vertrauen. Um diese grundsätzliche Ambivalenz und damit auch die Schwierigkeiten, den Bildungsbegriff zu definieren, zu verstehen, muss die historische Entwicklung betrachtet werden.

Ideal und Kapital

Die Karriere des Bildungsbegriffs als theoretisch gefüllte Idee, nicht einfach nur im Sinne der Wortgeschichte „behauen" oder „einer Sache Gestalt und Wesen geben", beginnt im ausgehenden 18. Jahrhundert, also im Zuge der Industrialisierung der Gesellschaft. Gerichtet gegen den Utilitarismus, das Effektivitätsdenken und die Berufsorientierung der Ausbildung setzt das Bürgertum einen emphatischen Bildungsbegriff. Das klassische Bildungsideal des Neuhumanismus ist eine Vorstellung von der Einverwandlung der Welt durch das Individuum, welches dadurch zum Höchsten gelangt. Vordenker sind zum Beispiel Schiller, Herder und W. von Humboldt. Der Gebildete sucht nach Wilhelm von Humboldt „soviel Welt als möglich zu ergreifen und so eng als er nur kann mit sich zu verbinden" (Humboldt 1960, original 1794, S. 235). Bildung soll Perfektibili-

Klassisches Bildungsideal

tät im Sinne der Selbständigkeit im Denken und Handeln sowie die Freiheit zu Urteil und Kritik ermöglichen.

Antike Wurzeln

Insbesondere Humboldt, aber auch Schiller, beziehen sich dabei auf das Ideengut der Antike. Daher werden die Wurzeln des abendländischen Bildungsverständnisses in der griechisch-hellenistischen Antike gesehen (vgl. z.B. Blankertz 1969; Lichtenstein 1970; Heydorn 1970). Das griechische Konzept der Paideia, der Formung des Menschen zur Vollkommenheit an Leib und Seele, wird heute mit Bildung übersetzt. Die Paideia ist der Akt der Menschenformung, welcher jedoch schon damals nicht nur als individuelle Prägung, sondern auch als Notwendigkeit für das Gemeinwesen betrachtet wird. Über Bildungsprozesse lernt das Individuum die gesellschaftlich relevanten Inhalte kennen. Es bekommt das notwendige Wissen, um sich in der Gesellschaft zu Recht zu finden. In der Bildungsidee steckt gleichzeitig die Vorstellung von individueller Entfaltung durch Wissens- und damit auch Entscheidungszuwachs sowie von der Begrenzung durch Beeinflussung auf gesellschaftliche Ziele hin.

Humboldtsche Bildungsreform

Der preußische Direktor für Kultus und Unterricht Wilhelm von Humboldt greift zu Beginn des 19. Jahrhunderts auf die antiken Ideen zurück und prägt damit nicht nur theoretisch den Bildungsbegriff, sondern er verankert auch die bürgerliche Bildungsvorstellung institutionell. Humboldt reformierte das Bildungssystem und ist maßgeblich an der Legitimierung und Durchsetzung eines dreigliedrigen Bildungssystems (Elementarschule – Gymnasium – Universität) beteiligt. 1810 gründet er die Berliner Universität. Hochschullehrer sollen von nun an Forschung und Lehre nicht mehr trennen. Die Studierenden werden nicht als Lernende, sondern als Mitforschende betrachtet. Diese Freiheit der Lehre aufbauend auf der eigenen Forschung prägt noch heute das universitäre Bildungsverständnis.

Humboldt wendet sich in seinem Reformkonzept vor allem gegen die Berufs- und Standesschulen (vgl. z.B. Fuhrmann 1999, S. 29ff.). Er setzt sich für eine Trennung von Allgemeinbildung und Berufsbildung ein. Jeder, auch der Ärmste, soll, so die Theorie, eine allgemeine Menschenbildung erhalten (Humboldt 1964, S. 175). Aufbauend auf dem Elementarunterricht sollen spezielle Kenntnisse einzelner Gewerbe in einer Berufsausbildung erworben werden oder aber der Bildungsprozess zunächst im Gymnasium, dann in einer universitären Laufbahn vertieft werden. Deshalb werden die Gymnasien streng allgemein bildend (und damit persönlichkeitsbildend) und nicht berufsorientiert konzipiert.

Mädchenbildung

Indem jedoch die Gymnasial- und vor allem die Universitätsbildung prinzipiell nur den Männern und – aufgrund der finanziellen Anforderungen – nur den Reicheren vorbehalten ist, entwickelt sich Bildung zu einer begehrten Ressource (Bollenbeck 1994). Die Bildung der Mädchen dieser Zeit orientiert sich in keiner Weise an den von Humboldt entworfenen Zielen der Selbständigkeit im Denken und Handeln. Bürgerliche Mädchen werden auf ihre Rolle als Hausfrau, Gattin und Mutter vorbereitet, für die Urteilsfähigkeit und Selbstreflexivität als eher schädlich erachtet wird (vgl. dazu auch Kapitel 7.1). Da Mädchen weder auf Berufstätigkeit vorbereitet werden sollen noch durch Allgemeinbildung vor Einseitigkeit und Entfremdung durch die Industrialisierung geschützt werden müssen

(Häuslichkeit wird als Gegensatz zur Erwerbstätigkeit und damit nicht-entfrem-dend konstruiert), erfolgt die Ausbildung mehr schlecht als recht in Klöstern und Pensionen (vgl. Schmid 1986). Über Bildung setzt sich das Bürgertum vom Pro-letariat und vom Adel, die Männer von den Frauen ab.

Mit Bildung verbindet sich zunächst die Idee von der Freiheit des Individu-ums und der Selbstverwirklichung des Menschlichen im Menschen. Bildung be-zeichnet dabei sowohl den Prozess des Bildens als auch das Resultat, das Gebil-detsein (Fuhrmann 1999, S. 27). Im 19. Jahrhundert gewinnt aber zunehmend neben dieser subjektorientierten Idee von Bildung auch die gesellschaftsintegra-tive Vorstellung vom Zusammenwachsen einer deutschen Nation durch Bildung an Bedeutung. Die einzelnen industriell zurückgebliebenen Staaten sollten über eine gemeinsame Bildungsidee symbolisch zu einer Kulturnation vereinigt wer-den (Bollenbeck 1994). Mit dem Nationalismus, der zunehmenden Industrialisie-rung und der Militarisierung der Gesellschaft Ende des 19. Jahrhunderts kehrt auch der vom Bildungsbürgertum verworfene Verwertungsanspruch von Bildung zurück. Bildung wird wieder zunehmend auch über die ökonomische, technische und industrielle Brauchbarkeit des Erlernten definiert.

Zusammenfassend heißt das, dem Bildungsbegriff haftet erstens die Vorstel-lung an, dass im Prozess des Sich-Bildens und durch das Resultat des Gebildet-Seins ein Kulturverständnis und somit Entscheidungsgrundlagen und Urteils-vermögen geschaffen werden. Zweitens dient dieser Wissenszuwachs auch der Selbstformung und Persönlichkeitsentwicklung. Bildung ist drittens in einem Egalitätsdiskurs verankert. Da Bildung an gesellschaftlicher Bedeutung gewinnt, indem über Allgemeinbildung alle Menschen die Chance erlangen (sollen), Kul-tur zu begreifen und sich selbst zu entfalten, haftet dieser Bildung ein Moment von Emanzipation und Demokratie an. Aber gleichzeitig hat die Benennung ei-ner Gruppe als gebildet immer auch Bevölkerungsschichten und -gruppen produ-ziert, die nun als ungebildet galten. Diese Gruppen sind selten freiwillig ungebil-det, sondern ihnen wird aus ideologischen und finanziellen Gründen der Zugang zu höherer Bildung verwährt. Diese höhere (gymnasiale/universitäre) Bildung verankert sich im öffentlichen Bewusstsein als „eigentliche" Bildung. So trägt „Bildung" von Anbeginn an auch distinktive Züge. Bildung trennt die Schichten und Geschlechter voneinander. Über Bildungszugang wird auch der Zugang zu Geld und Macht geregelt. Damit ist Bildung also nicht nur in einem Gleichheits-diskurs, sondern gleichermaßen in einem Differenzdiskurs verankert. Bildung verweist zudem nicht nur auf Selbstentfaltung, sondern auch auf gesellschaftli-che Notwendigkeiten. Auch gegen den Willen des Bildungsbürgertums gibt es immer wieder gesellschaftliche Kräfte, die an der ökonomischen Verwertbarkeit von Bildungsinhalten und -zielen interessiert sind (und diese gewinnen trotz des hehren Bildungsverständnisses, welches sich in den Köpfen festsetzt, im histori-schen Verlauf zunehmend gesellschaftlichen Einfluss). Bildung dient schließlich auch dazu, die Deutschen von den Fremden zu trennen. Eingebunden in einen nationalistischen Diskurs erfüllen die deutschen „Dichter und Denker" sowie die „deutsche Kultur" nicht nur die Aufgabe einer Unterscheidung nach innen, son-dern auch der Abgrenzung nach außen.

Gleichheit und Differenz

23

Bildung verweist also auf Selbstreflexivität und ökonomische Funktionalität, auf Urteilsfähigkeit und staatliche Beeinflussung, auf Gleichheit und auf Hierarchie. Bildung ist das Produkt der bürgerlichen Gesellschaft. Eine soziologische Arbeit mit dem Bildungsbegriff muss die dialektische Spannung, die dem Begriff innewohnt, reflektieren, kann aber auch gerade in dieser Reflexion den widersprüchlichen Bedingungen der modernen Gesellschaft nachspüren.

1.2 Erziehung und Sozialisation

Die Soziologie tritt erst Ende des 19. bzw. Anfang des 20. Jahrhunderts auf die Bühne der Wissenschaften. Sie interessiert sich, gerade wegen der ideologischen Implikationen, zunächst wenig für den Bildungsbegriff. Stattdessen rücken der Erziehungs- und der Sozialisationsbegriff in den Mittelpunkt der Auseinandersetzung. Der französische Soziologe Emile Durkheim zum Beispiel definiert Erziehung als Einwirkung der Erwachsenen auf die Kinder (vgl. ausführlich das folgende Kapitel). Ziel von Erziehung ist die Gesellschaftlichkeit des Menschen. Das heißt, Erziehung ist sowohl die Einweisung eines Menschen in die Normen und Werte der Gesellschaft als auch das Erlernen der schichtspezifisch speziellen Fähig- und Fertigkeiten. Aufgrund dieser vergesellschaftenden Aspekte des Erziehungsprozesses spricht Durkheim auch von Sozialisation.

Gezielte Beeinflussung

Die Begriffe Erziehung, Bildung und Sozialisation überlappen sich bis heute in ihrer Bedeutung. Jeder Begriff setzt einen anderen Akzent und verweist gleichzeitig auf einen gemeinsamen Sachverhalt. Am klarsten ist der Erziehungsbegriff definiert. Mehrheitlich wird unter Erziehung die geplante Beeinflussung Heranwachsender verstanden (vgl. z.B. Helsper 2002[5]). Dabei ist diese Beeinflussung selbstverständlich gesellschaftlich vorstrukturiert (indem z.B. die Erziehenden selbst vergesellschaftete Wesen sind) und erfolgt mit dem Ziel, die Kinder und Jugendliche zu vollwertigen Mitgliedern einer Gesellschaft zu machen. Dieser Aspekt der Integration in die Gesellschaft wird jedoch weniger über den Erziehungsbegriff als über den Sozialisationsbegriff problematisiert. Die Soziologie interessiert sich für Erziehung, indem sie zum Beispiel die gesellschaftliche Wirkung von Erziehungsstilen diskutiert (Adorno 1977), die Schichtspezifik des Erziehungshandelns untersucht (z.B. Müller 1998), die Strukturen von Erziehungsinstitutionen analysiert (z.B. Arbeitsgruppe Bildungsbericht am Max-Planck-Institut für Bildungsforschung 1994) oder den Erziehungsbereich als gesellschaftliches System ins Verhältnis zu anderen Systemen setzt (Luhmann 1996). Um die pädagogischen und psychologischen Aspekte von Erziehung, also um die Individualentwicklung des Kindes, kümmert sie sich nicht.

Lebenslange Formung

Zentraler als der Erziehungsbegriff ist für die Soziologie daher der Sozialisationsbegriff. Er fokussiert – weniger als Erziehung – die Beziehung zwischen Lernendem und ErzieherIn, sondern stärker auf den lebenslangen Prozess, in dem das Soziale das menschliche Handeln formt. Während Erziehung die absichtsvolle Einwirkung bezeichnet, umfasst Sozialisation auch die ungeplanten

24

und unbeabsichtigten Einflüsse. Peter L. Berger und Thomas Luckmann definieren Sozialisation als „grundlegende und allseitige Einführung des Individuums in die objektive Welt einer Gesellschaft oder eines Teiles einer Gesellschaft" (1972[3], S. 140f.). Menschen eignen sich im Handeln und durch Kommunikation gesellschaftliche Regeln, Deutungsmuster und Wissensbestände aktiv an und bilden so kognitive, emotionale und sprachliche Fähigkeiten, ein Verständnis der eigenen Person und individuelle Handlungsfähigkeit aus. Dieser lebenslange Prägungs- und Aneignungsprozess wird als „Sozialisation" oder auch als „Vergesellschaftung" bezeichnet (vgl. dazu auch Geulen 1989, original 1977; Hurrelmann 1993; Grundmann 1999). Sozialisation ist also im Vergleich zu Erziehung der umfassendere Begriff.

1.3 Ein Vergleich der Begriffe

Vergleicht man nun den klassischen Bildungsbegriff und den Sozialisationsbegriff, so fallen zahlreiche Parallelen auf. Während über Bildung in aktiver Auseinandersetzung mit den Kulturgütern Reflexivität und Handlungsfähigkeit erzielt werden sollen, beschreibt Sozialisation den Vorgang der aktiven Aneignung der gesellschaftlichen Güter ebenso mit dem Effekt der Reflexivität und Handlungsfähigkeit. Beide benennen also den Prozess der Auseinandersetzung mit der sozialen Umwelt, mit dem Unterschied, dass der Bildungsbegriff mehr auf Wissen und Bewusstseinsprozesse zielt, der Sozialisationsbegriff dagegen stärker auf unbewusste Aneignung jeglicher Form des Gesellschaftlichen fokussiert. Der Bildungsbegriff impliziert in seiner klassischen Form jedoch ein normatives Moment, das heißt, Bildung soll erfolgen, ist aber nicht notwendige Voraussetzung der Existenz. Sozialisation dagegen ist unumgänglich. Damit wird Bildung im Sinne eines Besitzes zu einem gesellschaftlichen Unterscheidungsmerkmal; Sozialisation erfolgt schicht- und geschlechtsspezifisch, somit sind Inhalte Unterscheidungskriterium, nie aber der Prozess selbst.

Trotz der immensen Widersprüche, die in der Idee von Bildung implizit enthalten sind, und des ideologischen Gehalts der Bildungsvorstellung bleibt der Bildungsbegriff ein Grundbegriff der Soziologie, da kein anderer Begriff die Entwicklung und die gezielte Förderung geistiger Fähigkeiten zur Artikulation, Wahrnehmung und Reflexion der Wissensbestände aber auch der emotional-körperlichen Vorgänge in adäquater Weise ausdrückt. Damit ist Bildung als Begriff für die Tätigkeit der Vermittlung und Aneignung von Inhalten im Kindergarten, in den allgemein bildenden und beruflichen Schulen, in den wissenschaftlichen Hochschulen und in den Einrichtungen der Erwachsenenbildung unumgänglich.

Der Bildungsbegriff hat sich darüber hinaus in der Soziologie in der kritischen Auseinandersetzung etabliert. Die klassischen Soziologen haben, wie bereits erwähnt, den Bildungsbegriff tendenziell vermieden und statt dessen zunächst einmal versucht, ein Verständnis für die sozialen (und eben nicht natürli-

Nationalsozialismus

chen), auch für die sozial notwendigen, Prägungen eines Menschen zu erreichen. Nach dem zweiten Weltkrieg wird in den Sozialwissenschaften das Scheitern des Projekts „Bildung" angesichts der Verbrechen der Nationalsozialisten und ihrer Duldung oder Förderung durch zahlreiche BürgerInnen konstatiert und Bildung als idealistische Konstruktion kritisiert. (Tatsächlich war die praktizierte Bildung Anfang des 20. Jahrhunderts, wie oben beschrieben, längst nicht mehr im idealistischen Sinn Persönlichkeitsbildung in Auseinandersetzung mit den deutschen Dichtern und Denkern, sondern vielfach zweckorientierte, funktionale Ausbildung. Die Kritik reproduziert damit die Vorstellung von hehrer Bildung jenseits der realisierten Bildung.) In den sechziger und siebziger Jahren der BRD schließ-

Sozialisations-euphorie lich gelangt die Rezeption von Sozialisationstheorien als Kritik an einem normativ-idealistischen Bildungsbegriff zu ihrem Höhepunkt (vgl. Rolff 1967; Fend 1969; Habermas 1973; Oevermann 1976). Die Produktion sozialer Ungleichheit in den Bildungsinstitutionen wird mit Hilfe von Sozialisationstheorien untersucht. Dabei ist ein bekanntes Phänomen, dass Kritik einen Gegenstand erst populär macht. So wie ein Musiker durch schlechte Presse berühmt werden kann, so ergeht es auch dem Bildungsbegriff in der Soziologie. In kritischer Auseinandersetzung wird der Begriff und das Feld der Soziologie der Bildung und Erziehung als Kernbereich der Soziologie etabliert (vgl. ausführlich das folgende Kapitel).

Bildung als Resource Ein weiterer Grund, auch in der Soziologie am Bildungsbegriff festzuhalten, ist politischer Natur. Nach wie vor definiert sich die deutsche Gesellschaft als Nation über Bildung. Man kann es täglich in den Medien vernehmen. Der ehemalige Bundespräsident Roman Herzog verkündet zum Beispiel: „Wissen ist heute die wichtigste Ressource in unserem rohstoffarmen Land. Wissen können wir aber nur durch Bildung erschließen. (...) Bildung ist der Schlüssel zum Arbeitsmarkt und noch immer die beste Prophylaxe gegen Arbeitslosigkeit. Sie hält die Mechanismen des sozialen Auf- und Abstiegs offen und damit unsere offenen Gesellschaften in Bewegung. Und sie ist zugleich das Lebenselixier der Demokratie in einer Welt, die immer komplexer wird, in der kulturelle Identitäten zu verschwimmen drohen und das Überschreiten der Grenzen zu anderen Kulturen zur Selbstverständlichkeit wird" (Herzog 1997, S. 1f.). Der Bildungsbegriff, so diffus er auch sein mag, ist aus dem Alltagsbewusstsein nicht fort zu denken. Diese Betonung der Bedeutung der Wissensvermittlung und der Auseinandersetzung mit als Wissen klassifizierter Inhalte bedarf einer kritischen soziologischen Reflexion, welche gezielt die widersprüchliche Spannung des Begriffs aufgreifen muss.

Collège de France Bildung wird daher heute in der Soziologie (wie in den meisten anderen wissenschaftlichen Disziplinen) nicht mehr auf die aktive Auseinandersetzung mit höheren auf die griechische Antike oder deutsches Kulturgut bezogenen Inhalten begrenzt, sondern als ein Prozess gefasst, der „geistige Aufgeschlossenheit zum Ziel haben muss, Einstellungen und Kenntnisse von der Art, wie man sie braucht, um sich immer neues Wissen anzueignen und mit immer neuen Situationen zurechtzukommen" (Collège de France 1987, S. 253). In einer solchen Definition gibt es nicht mehr den Zustand des Gebildet-Seins, sondern Bildung benennt die Aneignung der Kenntnisse und der kognitiv-emotionalen Motivation, um flexibel gesellschaftlich notwendiges Wissen immer neu zu erwerben. Die Professoren des Collège de France (darunter Pierre Bourdieu), die auf „Wunsch des Präsidenten der Republik" Vorschläge für das Bildungswesen der Zukunft erarbeiten, akzeptieren, dass Bildungsinhalte abhängig vom gesellschaftlichen Geschehen sind und ihnen damit immer etwas Willkürliches anhängt. Bildung ist demzufolge ein reflexives Geschehen, dessen Inhalte immer neu bestimmt werden müssen: „in Abhängigkeit vom Wandel der Wissenschaft, die eine fortwährende Neudefinition der Vorstellungen von Natur und Gesellschaft bedeutet, aber auch in Abhängigkeit vom Wandel der wirtschaftlich-sozialen Umwelt und insbesondere von den Veränderungen am Arbeitsmarkt, die auf technologische Innovationen und auf Umstrukturierungen der Betriebe in Industrie, Handel und Landwirtschaft zurückgehen" (Collège de France 1987, S. 253).

Der Schwerpunkt einer Soziologie der Bildung und Erziehung liegt folglich in der theoretischen und empirischen Untersuchung des Bildungssystems und der in den Bildungsinstitutionen (Kindergarten, Schule, Universität, außerschulische Bildungsträger) vollzogenen Bildungsprozesse. Erziehung im Sinne der geplanten Beeinflussung der Heranwachsenden beobachtet die Soziologie der Bildung und Erziehung vor allem als professionelles Handeln der Lehrenden und ErzieherInnen. Grundannahme einer soziologischen Herangehensweise an Bildungs- und Erziehungsprozesse ist, dass diese nicht nur durch gezielte Einwirkungen, sondern auch durch unbeabsichtigte Folgen des Handelns, durch strukturelle Bedingungen, durch familiäre Beeinflussung und durch Prägung in der Peer Group (also unter Gleichaltrigen) zustande kommen. Bildungs- und Erziehungsprozesse sind demnach immer auch Sozialisationsprozesse. Die Soziologie der Bildung und Erziehung fokussiert in dem lebenslang andauernden und alle Lebensbereiche durchziehenden Verlauf der Sozialisation auf jene Aspekte, die das Bildungswesen betreffen (Hochschulsozialisation, Schulsozialisation usw.). Durch die Konzentration auf die Analyse von Bildungsphänomenen beschäftigt sich die Soziologie der Bildung und Erziehung mehrheitlich (aber nicht ausschließlich) mit Kindheit und Jugend als Lebensphase. Die Soziologie der Bildung und Erziehung untersucht aber auch das Zusammenwirken und die Widersprüche zwischen der Bildungs- und Erwerbssphäre und damit die Auswirkungen von Bildungsprozessen auf die Biographien Erwachsener.

Gegenstand der Soziologie der Bildung und Erziehung

Ziel der Soziologie der Bildung und Erziehung ist es, Prozesse der Bildung und Erziehung sowie deren Institutionalisierung im historisch-gesellschaftlichen Kontext zu betrachten und die Bedeutung von Bildung für eine moderne Gesellschaft zu rekonstruieren.

Ziel

2. Bildung und Erziehung – ein klassisches, soziologisches Feld

Die Soziologie hat sich von Anbeginn an (auch) über die Erforschung von Bildungs- und Erziehungsprozessen profiliert. So gilt zum Beispiel Lester F. Ward nicht nur als klassischer Autor der Soziologie der Bildung und Erziehung, sondern auch als Begründer der amerikanischen Soziologie. Der erste Lehrstuhl für Sozialwissenschaften ist gleichzeitig ein Lehrstuhl für Pädagogik und wird mit Emile Durkheim besetzt. Da die Pädagogik ihr Erkenntnisinteresse im ausgehenden 19. Jahrhundert in erster Linie auf das Individuum und kaum auf die gesellschaftliche Bedeutung von Erziehung und Bildung richtet, findet die Soziologie hier eines ihrer Tätigkeitsfelder.

2.1 Die erste Phase der Institutionalisierung der Soziologie der Bildung und Erziehung

Die amerikanischen Forscher Lester F. Ward und Franklin H. Giddings betonen schon früh die zentrale gesellschaftliche Bedeutung des Erziehungssystems und die soziale Prägung des Erziehungsgeschehens. Ihre Einsicht in den gesellschaftlichen Charakter der Erziehung führt in den USA zu einer öffentlichen Diskussion darüber, ob nicht die bestehende Erziehungswissenschaft in eine Soziologie der Erziehung und Bildung überführt werden solle. Auch in Frankreich leitet insbesondere Emile Durkheim mittels eines Gesellschaftsvergleichs Erziehung als gesellschaftliches Produkt und damit als soziologischen Gegenstand her. Durkheim nimmt an, über soziologische Erkenntnisse auch Erziehungsziele und optimales pädagogisches Handeln bestimmen zu können und deklariert damit implizit die Soziologie zur Leitwissenschaft für die Pädagogik. *(Leitwissenschaft)*

Die deutsche Debatte läuft dagegen langsamer an und nimmt auch, da sie mehrheitlich von PädagogInnen geführt wird, eine andere Richtung. Zwar veröffentlicht zum Beispiel Paul Barth im „Encyclopädischen Handbuch der Pädagogik" bereits 1896 einen Artikel zum Verhältnis von Pädagogik und Gesellschaft, aber erst in den 20er Jahren des 20. Jahrhunderts beginnt eine ausführliche Diskussion über das Verhältnis der beiden Disziplinen zueinander (vgl. Geiger *(Hilfswissenschaft)*

1974, original 1930). Der Pädagoge Paul Luchtenberg plädiert 1925 in den Kölner Vierteljahresheften für Soziologie für eine klare Trennung zwischen der Pädagogik mit ihrem Ganzheitlichkeitsanspruch und der Soziologie mit ihrer Orientierung auf soziale Beziehungen. Andere ErziehungswissenschaftlerInnen, zum Beispiel Aloys Fischer und Carl Weiß, tendieren dazu, die Soziologie der Erziehung, häufig auch als „Pädagogische Soziologie" bezeichnet, als „Hilfswissenschaft" der Pädagogik zu verankern. Mit Hilfe soziologischer Methoden solle die Frage nach der gesellschaftlichen Prägung und nach dem Einfluss des sozialen Umfelds auf Erziehung in die Erziehungswissenschaft integriert werden (vgl. Plake 1987). Dem halten Soziologen wie Theodor Geiger entgegen, dass die Relevanz der Soziologie der Erziehung nicht nur in der Bereitstellung von Erkenntnissen für die PädagogInnen liege, sondern sich aus dem Erziehungsgeschehen Wirkungsweisen der Gesellschaft herausfiltern lassen, die von allgemeinem Interesse seien (vgl. Geiger 1974, original 1930). Er entwickelt eine Konzeption für die Soziologie der Erziehung als Nebenzweig der allgemeinen Soziologie bzw. als besondere Soziologie. In der deutschen Debatte Anfang des letzten Jahrhunderts geht es also weniger als in den USA oder Frankreich um die Frage, ob die Erziehungswissenschaft durch die Soziologie abgelöst werden kann, als vielmehr um das Problem der Abgrenzung zwischen den Fächern oder gar um eine Funktionalisierung der Soziologie für die Erziehungswissenschaft.

Doppelleben   Die Auseinandersetzungen zwischen Soziologie und Erziehungswissenschaft brechen mit der Machtergreifung der Nationalsozialisten und der Emigration zahlreicher SoziologInnen ab. Geblieben ist bis heute die doppelte Bedeutung der Soziologie der Erziehung und Bildung sowohl als eigenständige soziologische Teildisziplin als auch als Bestandteil der erziehungswissenschaftlichen Ausbildung. In Deutschland sind die Professuren für dieses Fach teilweise den soziologischen Instituten, aber häufig auch den erziehungswissenschaftlichen Fachbereichen zugeordnet. Im letzteren Fall übernehmen die Lehrenden dann in erster Linie Aufgaben in der Ausbildung der ErziehungswissenschaftlerInnen sowie LehrerInnen und erst in zweiter Instanz sind sie in die soziologische Disziplin eingebunden. Es existieren nach wie vor vereinzelte Versuche, eine eigenständige pädagogische Soziologie neben der Soziologie der Bildung und Erziehung durchzusetzen (z.B. Böhnisch 1996). Dabei geht es darum, die pädagogische Transformation des soziologischen Wissens stärker in den Vordergrund der fachlichen Diskussion zu rücken. Umgekehrt hat sich durch die geschilderten Auseinandersetzungen die geisteswissenschaftliche Pädagogik mit ihrer individualistischen und idealistischen Bildungstradition weitgehend in eine sozialwissenschaftlich orientierte Erziehungswissenschaft gewandelt (vgl. Krüger/Rau-

Soziologisch   schenbach 1994), so dass die Erziehungswissenschaft selbst „soziologischer"
orientierte   geworden ist. Die Grenzen zwischen der Soziologie der Bildung und Erziehung
Erziehungs-   und einer sozialwissenschaftlich orientierten Erziehungswissenschaft können da-
wissenschaft   her nicht immer klar gezogen werden.

Im folgenden sollen exemplarisch für die Fülle klassischer Analysen in der ersten Phase der Institutionalisierung der Soziologie der Bildung und Erziehung zwei Theoretiker ausführlich vorgestellt werden: Emile Durkheim, weil er das

Gesellschaftliche am Erziehungsgeschehen als einer der ersten und bis heute besonders prägend expliziert hat, und Karl Mannheim, da dieser durch die Erfahrung mit dem deutschen Faschismus besonders pointiert hergeleitet hat, wie notwendig es ist, sich mit der gesellschaftlichen Dimension von Erziehung zu beschäftigen. Wer sich mit weiteren KlassikerInnen der Erziehungs- und Bildungssoziologie beschäftigen will, dem sei von Klaus Plake „Klassiker der Erziehungssoziologie" (1987) empfohlen, weil dort nicht nur Auszüge aus zahlreichen klassischen Texten abgedruckt, sondern auch erläuternde Einführungen zu den Texten zu finden sind.

2.1.1 Emile Durkheim

Emile Durkheim wird am 15. April 1858 im lothringischen Epinal geboren. Er gilt nicht nur als einer der entscheidenden Gründungsväter der Soziologie der Bildung und Erziehung, sondern überhaupt als erster Fachwissenschaftler der Soziologie. Durkheims kritisch-moralische Perspektive auf Gesellschaft ist sowohl durch sein Elternhaus, als auch durch den Zeitgeist beeinflusst. Schon in den frühen Jahren seiner wissenschaftlichen Karriere betont er die Notwendigkeit, eine auf der Soziologie basierende Morallehre für die LehrerInnenausbildung und in der Folge für die Schulausbildung zu entwickeln. Durkheim verfolgt das Ziel, über das Erziehungssystem den moralischen Zusammenhalt der Gesellschaft zu erheben. Mit einem extra auf ihn zugeschnittenen Lehrstuhl für Pädagogik und Sozialwissenschaft an der Universität von Bordeaux wird 1896 zum ersten Mal in der Geschichte „Sozialwissenschaft" als Universitätsfach verankert. Später vertritt Durkheim die beiden Fächer Pädagogik und Soziologie als Ordinarius an der Sorbonne in Paris. Bemerkenswert ist, dass auf Durkheims Betreiben die Teilbezeichnung des Lehrstuhls von Pädagogik in Erziehungswissenschaft gewandelt wird und damit die Notwendigkeit empirischer Forschung statt normativer Begründungszusammenhänge betont wird.

Kritisch-moralische Perspektive

Durkheim zeichnet für mehrere bildungssoziologische Werke verantwortlich. Die bekanntesten sind „Die Entwicklung der Pädagogik. Zur Geschichte und Soziologie des gelehrten Unterrichts in Frankreich" (1977, original 1938), in dem er sich historisch mit den Erscheinungsformen von Bildung und Erziehung auseinandersetzt, „Erziehung und Soziologie" (1972, original 1911), in welchem er sich mit den wissenschaftlichen Grundlagen von Erziehung aus soziologischer Perspektive beschäftigt und „Erziehung, Moral und Gesellschaft" (1999[3]a, original 1902/03), welches Moral als gesellschaftliche Verhaltensregeln im Gegensatz zu dem Druck innerer Triebe entfaltet.

Durkheims Werke

Erziehung ist für Durkheim „die Einwirkung, welche die Erwachsenengeneration auf jene ausübt, die für das soziale Leben noch nicht reif sind. Ihr Ziel ist es, im Kinde gewisse physische, intellektuelle und sittliche Zustände zu schaffen und zu entwickeln, die sowohl die politische Gesellschaft in ihrer Einheit als auch das spezielle Milieu, zu dem es in besonderer Weise bestimmt ist, von ihm verlangen" (Durkheim 1972, S. 30). Durkheim versteht demzufolge Erziehung

Definition von Erziehung

als Vergesellschaftungsprozess, d.h. als Prozess der Eingliederung eines Individuums in die Gesellschaft. Diese Definition von Erziehung entspricht seinem soziologischen Grundverständnis. Durkheim bestimmt in seinem Grundlagenwerk „Regeln der soziologischen Methode" die Soziologie als die „Wissenschaft von den Institutionen, deren Entstehung und Wirkungsart" (Durkheim 1961, original 1895, S. 100). Institutionen sind Durkheim zufolge soziale Phänomene, die dem Menschen äußerlich sind, d.h. sie sind ihm nicht angeboren, sondern anerzogen. Sie üben auf den Willen des einzelnen sozialen Druck aus. Sie haben den Status der Allgemeingültigkeit innerhalb einer Gesellschaft. Obwohl sie das Verhalten jedes einzelnen beeinflussen, sind Institution mehr als die Summe der individuellen Handlungen. Sie sind eigenständige „soziale Tatsachen". In wissenschaftlichen Arbeiten gilt es, sie wie Dinge zu beschreiben und zu analysieren. Die Sprache zum Beispiel wird dem Menschen anerzogen, zwingt ihm Strukturen auf, gilt weitgehend allgemein innerhalb einer Gesellschaft und ist doch, obwohl sie nur über die Handlungen der Individuen existiert, eine eigenständige Institution.

Daraus leitet sich ab, dass das Gesellschaftliche nicht über psychologische, biologische oder physikalische Theorien zu erklären ist, sondern nur über soziologische. Durkheims erster methodologischer Satz lautet daher, dass Soziales sich nur durch Soziales erklären lässt. Erziehung ist der Vorgang, bei dem das Soziale in den Menschen kommt. Soziologie ist die Wissenschaft, die diesen Vorgang untersucht. Bei seiner Definition nimmt Durkheim eine bedeutende Einschränkung vor. Anders als in der modernen Sozialisationstheorie untersucht er explizit weder den Einfluss der Gleichaltrigen noch die Prägung des Menschen durch die dingliche Umwelt (vgl. Durkheim 1972, S. 26ff.), sondern fasst unter Erziehung einzig und allein den Eingriff der Erwachsenen in das Aufwachsen der Kinder.

Dabei muss diese Erziehung gleichzeitig auf gesamtgesellschaftliche und auf gruppenspezifische Interessen ausgerichtet sein. Ausgehend von dem Befund einer zunehmenden gesellschaftlichen Differenzierung, welche er ausführlich in seinem Buch „Über soziale Arbeitsteilung" (1999³b, original 1893) herleitet, entwickelt er die These, dass nur prähistorische Gesellschaften, die nicht arbeitsteilig und spezialisiert organisiert sind, eine einheitliche Erziehung gewährleisten können. Differenzierte Gesellschaften (nach Kasten, Klassen, Milieus usw.) dagegen müssen sowohl einen gemeinsamen Kodex als auch gruppen-/kasten-/milieuspezifische physische und geistige Zustände vermitteln. Das Kind muss auf die spezielle Funktion, die es in der Gesellschaft zu erfüllen hat, ausgebildet werden. „Da das Kind im Blick auf die Aufgabe, die es einmal erfüllen soll, vorbereitet werden muss, kann die Erziehung von einem gewissen Alter an nicht mehr für alle, an die sie sich wendet, die gleiche sein" (Durkheim 1999³a, S. 40).

Daraus leitet sich die Vielgestaltigkeit von Erziehungspraktiken und -inhalten ab. Diese Spezialisierung kann nicht, wie Durkheim explizit betont, mit der Natur des Menschen, sondern nur über die Notwendigkeit der Arbeitsteilung legitimiert werden. Der Durchschnittsmensch ist zu vielen Berufen fähig. Die Spezialisierung leitet sich nur aus der Notwendigkeit ab, die gesellschaftlichen Aufgaben zwischen den Mitgliedern verteilen zu müssen. Gleichzeitig müssen alle Kinder dieser Gesellschaft die schichtübergreifend spezifischen Normen einer Gesellschaft internalisieren. Da Vorstellungen und Praktiken von Erziehung und Bildung gesellschaftsabhängig sind, ist es die Aufgabe von Erziehung neben der Spezialisierung auch das Gemeinsame einer Kultur zu vermitteln (vgl. sowohl Durkheim 1972, S. 26ff als auch Durkheim 1977). „Es gibt kein Volk, in dem nicht eine gewisse Anzahl von Ideen, von Gefühlen und von Praktiken existiert, die die Erziehung unterschiedslos allen Kindern beibringen muss, welcher sozialen Kategorie sie auch angehören" (Durkheim 1999³a, S. 42). Damit ist Erziehung nach Durkheim weit mehr als die Prägung eines Individuums. Es ist das Mittel, mit dem eine Gesellschaft ihre Existenzgrundlagen immer wieder erneuert. Zusammenfassend betont er: „Der Mensch, den die Erziehung in uns verwirklichen muss, ist nicht der Mensch, den die Natur gemacht hat, sondern der Mensch, wie ihn die Gesellschaft haben will; und sie will ihn so haben, wie ihn ihre innere Ökonomie braucht" (Durkheim 1999³a, S. 44).

Zum Weiterlesen empfehlen wir: Walford (1998); Luhmann (1999³), Müller (1983); Giddens (1978); König (1978).

2.1.2 Karl Mannheim

Karl Mannheim wird am 27. März 1893 in Budapest geboren. Er entstammt einer bürgerlichen, jüdischen Familie. Die ersten 26 Jahre, in denen er hauptsächlich in Ungarn studiert und 1917 an der Universität Budapest im Fachbereich Philosophie über die „Strukturanalyse der Erkenntnistheorie" promoviert, werden nur von einem mehrsemestrigen Studienaufenthalt in Berlin unterbrochen. Dort hört er vor allem die Vorlesungen von Georg Simmel. Im Dezember 1919, als die kommunistische Regierung in Ungarn gestürzt wird, flüchtet Mannheim über Österreich nach Deutschland. Als Habilitand von Alfred Weber findet er in Heidelberg eine neue Wirkungsstätte.

Mannheims zentrale Frage wird der Zusammenhang zwischen dem Sein und dem Bewusstsein. Mit Arbeiten wie „Konservatismus: Ein Beitrag zur Soziologie des Wissens" (1984, original 1925) oder „Ideologie und Utopie" (1929a) trägt Mannheim wesentlich zur Etablierung einer speziellen Wissenssoziologie [Wissenssoziologie] bei. Mannheim vertritt die These, dass die Vielfalt der Ideensysteme auf drei Typen reduziert werden könne: Liberalismus, Konservatismus und Sozialismus. Jede dieser als „Ideologien" bezeichneten Richtungen deutet er als Funktion einer besonderen Seinsart, welche durch sich wandelnde Klassen- und Generationsstrukturen bestimmt sei. Daraus leitet Mannheim ab, dass das soziologische Wissen immer in Weltauslegungen eingebettet ist (Mannheim 1929b, S. 45). Aufgabe der Wissenssoziologie sei es nun, die Zeit- und Ortsgebundenheit des Denkens immer wieder neu zu untersuchen.

1929 erhält Mannheim einen Lehrstuhl für Soziologie an der Universität [Totalitäre Bedrohung] Frankfurt/Main, doch schon kurz nach der Machtergreifung der Nationalsozialisten muss Mannheim erneut fliehen. Im englischen Exil findet er eine neue An-

33

stellung an der London School of Economics. Hier findet er zu der Überzeugung, dass weder seine persönliche Situation noch die politischen Bedingungen seiner Zeit es zulassen, weiter Wissenssoziologie zu betreiben. Er sieht es nun als seine Aufgabe an, die globale Krise, die seines Erachtens den deutschen Faschismus möglich gemacht hat, zu analysieren. Seine Perspektive ist auf die sozialen Bedingungen gerichtet, unter denen demokratische Gesellschaften angesichts der totalitären Bedrohung überleben können. Fragen der Erziehung rücken in den Vordergrund seines Werkes.

Allerdings kann Mannheim die verschiedenen Manuskripte zur Erziehungssoziologie bis zu seinem Tod im Jahre 1947 nicht mehr selbst für die Veröffentlichung fertig stellen. Sein Assistent William A. C. Stewart übernimmt diese Aufgabe posthum (Mannheim/Stewart 1973, original 1962). Ungeklärt ist nun, welche Passagen originär von Mannheim stammen und an welchen Stellen Stewart in die Struktur der Texte eingegriffen hat.

Bereits in seinem 1935 erschienenen Werk „Mensch und Gesellschaft" definiert Mannheim als soziologische Perspektive auf Erziehung: „Die Soziologie betrachtet die Erziehung nicht nur als Mittel zur Erreichung abstrakter Bildungsideale, wie zum Beispiel des Humanismus oder der technischen Spezialisierung, sondern als einen Teil der schrittweisen Eingliederung des Menschen in die Gesellschaft. Man kann eine Erziehung nur dann verstehen, wenn man weiß, für welche Gesellschaft und für welche soziale Stellung die Schüler erzogen werden" (Mannheim 1967, S. 316f.). Erziehung wird hier demzufolge als Vergesellschaftung begriffen und zwar als eine langsame Eingliederung, da erstens die Individuen Entwicklungen durchlaufen müssen und zweitens Gesellschaft sich ebenfalls entwickelt und wandelt (vgl. Mannheim/Stewart 1973, S. 34). Erziehung braucht Zeit. In dieser Definition impliziert ist eine Kritik an der klassischen Pädagogik, die Bildungsideale allgemein festzulegen versucht, ohne den gesellschaftlichen Kontext zu berücksichtigen. Unterstellt werde dort, dass die Wirkung der Erziehung nur an den Individuen sichtbar werde (Mannheim/Stewart 1973, S. 68). Diese Kritik bedeutet jedoch keineswegs, dass Mannheim sich nun einer kollektivistischen Perspektive anschließt. Diese kennzeichnet er als jene Formen der Pädagogik, welche Erziehung nur als Methode begreifen, mit der jede neue Generation auf zuvor festgelegte Funktionen und vor allem auf Staatsbürgerschaft hin ausgebildet wird (Mannheim/Stewart 1973, S. 69).

Mannheim schlägt einen dritten Weg vor. „In dieser Sicht ist ein Individuum nicht eine abstrahierte Persönlichkeit, sondern entwickelt sich als ein soziales Selbst in der Gesellschaft, die zu einer bestimmten Zeit in der Geschichte existiert" (Mannheim/Stewart 1973, S. 69). Es gibt also für Mannheim keine menschliche Natur an sich und keine erbliche Vorbestimmung der individuellen Entwicklung, sondern das Selbst entwickelt sich im gesellschaftlichen Kontext, welcher jedoch keineswegs kontinuierlich gleich, sondern generations- und schichtspezifisch ist. Das heißt, in den Erziehungsbedingungen unterscheiden sich Kinder von ihren Eltern und Kinder von Kindern anderer Schichten. Dabei versteht Mannheim unter Erziehung, anders als Durkheim, auch den Einfluss der Primärgruppen Gleichaltriger oder der Nachbarschaft (Mannheim/Stewart 1973, S. 141ff.). Sekundäre sozia-

Erziehung als Vergesellschaftung

Soziales Selbst

34

le Gruppen, zum Beispiel für Mannheim die Schule, erziehen ebenfalls die Kinder jeder Generation. Wichtig ist Mannheim und Stewart dabei, dass stets die Menschen in einer konkreten, geschichtlich-gesellschaftlich gewordenen und sich immer weiter wandelnden Gesellschaft (und für diese) erzogen werden. Will man also die Demokratie vorantreiben und sich gegen totalitäre Tendenzen zur Wehr setzen, dann muss Erziehung die „Mitglieder der Gesellschaft darauf vorbereiten (...), sich einerseits anzupassen und andererseits (...) Möglichkeiten und Spielraum für eine Individualität" (Mannheim/Stewart 1973, S. 28) zu finden. Die soziologische und gesellschaftliche Aufmerksamkeit muss demzufolge darauf gerichtet werden, Menschen zu bilden und die gesellschaftlichen Strukturen hierfür zu schaffen, dass sowohl individuelle Freiheit als auch kollektive Fähigkeiten ausgebildet werden. Das bedeutet, mit dem Gebrauch von Verboten und Hemmungen so sparsam wie möglich zu sein, zwischen humanen und schädlichen Verboten zu unterscheiden sowie die Erziehungseinrichtungen so zu konzipieren, dass sie helfen, sich einzufügen (vgl. Mannheim 1951, original 1943, S. 117). Deshalb, so folgern Mannheim/Stewart (1973, S. 117), müsse jede erzieherische Tätigkeit und Forschung (auch) als Soziologie der Erziehung konzipiert werden.

Wenn Sie Mannheim vertiefend studieren wollen, lohnt es sich, folgendes zu lesen: Blomert (1999); Huke-Dedier (1995); Kettler u.a. (1989); Longhurst (1989); Boris (1971).

(Randnotizen: Sekundäre soziale Gruppen; Verbote)

2.2 Die zweite Phase der Institutionalisierung der Soziologie der Bildung und Erziehung

Die SoziologInnen, die während der nationalsozialistischen Herrschaft in Deutschland bleiben wollen und können, beschäftigen sich – soweit bekannt ist – kaum mit Bildungsfragen. Es gibt zwar Parallelen zwischen dem Primat des Volksbegriffs in den soziologischen Arbeiten von zum Beispiel Max Rumpf, Hans Freyer oder Gunther Ipsen und der nationalsozialistischen Politik, welche darauf zielt, alle (deutschen, arischen) Schüler und Schülerinnen zur Pflichterfüllung und gehorsamen Einordnung in das politische System zu erziehen, die Soziologie ist jedoch in dieser Zeit stärker mit einer nationalsozialistischen Selbst- und Standortbestimmung als mit bildungssoziologischen Fragen beschäftigt (zur Soziologie und Nationalsozialismus siehe zum Beispiel Jaeggi u.a. 1983; Paulsen 1988). Die Nationalsozialisten selbst wenden sich explizit gegen alle liberalen Bildungsvorstellungen von individueller Förderung und verfolgen die Idee einer Gruppenerziehung im Sinne der Anpassung an gesellschaftspolitisch bestimmte Ziele.

Außerhalb der Grenzen Deutschlands jedoch wächst das Interesse an einer Soziologie der Bildung und Erziehung, wie man am Beispiel von Karl Mannheim sieht, durch die Offensichtlichkeit, mit der Faschisten Erziehung für die politischen Ziele der Regierung instrumentalisieren. Der soziale Charakter von Erziehung und die Notwendigkeit intellektuellen Engagements tritt so deutlich wie

(Randnotizen: Soziologie im NS-Staat; Instrumentalisierung der Erziehung)

35

selten zuvor hervor. In Deutschland dauert es noch bis in die 1960er Jahre hinein, bis die Soziologie der Bildung und Erziehung flächendeckend an den Hochschulen und Forschungszentren institutionalisiert wird. Es bedarf noch einer tief greifenden Krise des Bildungssystems.

In den 1950er Jahren nimmt der Anteil der Studierenden eines Jahrgangs kontinuierlich zu. Da es sich gleichzeitig um geburtenstarke Jahrgänge handelt, entstehen an den Universitäten bald räumliche, personelle und finanzielle Engpässe (Friedeburg 1992, S. 336). Die Unzufriedenheit an den Hochschulen wächst. 1957 ereignet sich dann noch der so genannte Sputnik-Schock, als die UdSSR als erstes Land einen Satelliten in eine Umlaufbahn der Erde schickt. Die Forderungen nach einer Bildungsreform, auch um reale oder wahrgenommene Technologiedefizite aufzuholen, werden immer dringlicher. Die Lage spitzt sich weiter zu, als durch eine gute Konjunktur und anhaltende Vollbeschäftigung die AbsolventInnen der gymnasialen Oberstufe abnehmen, da viele Jugendliche die guten Beschäftigungsmöglichkeiten sofort nutzen wollen. 1964 veröffentlicht Georg Picht in der konservativen Wochenzeitschrift „Christ und Welt" eine Analyse der „deutschen Bildungskatastrophe": Geringere Abiturientenzahlen als alle Nachbarländer, sinkende öffentliche Bildungsausgaben bei gestiegenem Bruttosozialprodukt etc. Modernisierungsrückstände im Bildungswesen werden nun endgültig zu einem viel diskutierten Topos (vgl. zusammenfassend auch Goldschmidt 1991).

Seit Bildung existiert, gibt es auch Bildungsreformen (vgl. zusammenfassend Friedeburg 1992; zu neueren Entwicklungen auch Reinhardt 1999). Zu Beginn des 20. Jahrhunderts entsteht im Zusammenspiel von sozialen Bewegungen (Arbeiterbewegung, Frauenbewegung), Reformpädagogik und Regierungspolitik eine allgemeine Grundschulbildung (vgl. z.B. Parsons 1997[5], S. 180), höhere Mädchenschulen (vgl. Kleinau/Opitz 1996) und das duale System der Berufsausbildung (Friedeburg 1992). Das Neue der Bildungsreform der 1960er Jahren ist nun, dass die Soziologie erstmalig die Reformen mit beeinflusst. 1958 gründet sich, unter der Leitung von Helmuth Plessner, der Fachausschuss für Soziologie der Bildung und Erziehung in der Deutschen Gesellschaft für Soziologie. 1962 ruft Hellmut Becker das Berliner Institut für Bildungsforschung in der Max-Planck-Gesellschaft (das spätere Max-Planck-Institut für Bildungsforschung) ins Leben, welches unter der Leitung von Dietrich Goldschmidt einen wichtigen soziologischen Schwerpunkt hat.

Durch die Einsicht in die Notwendigkeit einer Bildungsreform wird die Soziologie der Bildung und Erziehung mit den notwendigen Forschungsgeldern ausgestattet, die es dieser wiederum ermöglichen, den öffentlichen Diskurs um Bildungsfragen weiter anzuregen. So paart sich der Gedanke, dass Deutschland als Bildungsland leistungsfähiger werden muss, mit dem zentralen soziologischen Thema, der Frage nach sozialen Ungleichheiten bestehender Strukturen. Über „Chancengleichheit" soll gleichermaßen der Bedarf an Fachkräften gedeckt und Nachteile an Lebenschancen abgebaut werden. Das katholische Mädchen vom Lande, welches nun auch die Chance auf ein Studium erhält, wird zur Kunstfigur, die immer wieder zitiert und diskutiert wird, weil hier alle Benach-

Marginalien: Sputnik-Schock — Deutsche Bildungskatastrophe — Bildungsreform

teiligungen, nämlich weibliches Geschlecht, aus ländlichen Regionen und aus den eher bildungsfernen katholischen Haushalten stammend, zusammengefügt werden.

In empirischen Untersuchungen wird die Funktion der Auslese (Selektion) und der Zuteilung von Bildungs- und somit Lebenschancen (Allokation) im Erziehungssystem analysiert (z.B. Grimm 1966; Peisert 1967; Rolff 1967; Goldschmidt/ Sommerkorn 1970; Ortmann 1971; vgl. zusammenfassend Krais 1996b). Ralf Dahrendorf (1965) begreift Bildung als Bürgerrecht und fordert eine aktive Bildungspolitik. Denn nur sie ist, Dahrendorf zufolge, in der Lage, traditionelle Verhaltensweisen aufzubrechen und somit nicht nur die Praxis der Schulen, sondern auch Entscheidungen der Eltern über die Schullaufbahn der Kinder zu verändern.

Bildung als Bürgerrecht

Wichtige Impulse, insbesondere für die Hochschulbildung, kommen auch von der Studentenbewegung, welche sich Ende der 1960er Jahre in Auseinandersetzung mit der nationalsozialistischen Vätergeneration, der Diskriminierung von Minderheiten und den imperialistischen Bestrebungen, insbesondere der USA (Vietnamkrieg), bilden. Mit Sprüchen wie „Unter den Talaren – der Muff von 1000 Jahren" (wobei sich „1000 Jahre" auf den Anspruch der Nationalsozialisten, das 1000jährige Reich zu errichten, bezieht) werden die autoritären Strukturen der Hochschulen und der Fortbestand der faschistischen Tradition an den Universitäten angeprangert. Dies führt zu einer grundsätzlichen Hochschulreform, in deren Folge nun freie HochschullehrerInnen-Stellen öffentlich ausgeschrieben werden und Studierende ein größeres akademisches Mitspracherecht bekommen (Friedeburg 1992, S. 387f.). Auch dieser Prozess wird unterstützend und analytisch von Bildungssoziologen begleitet (z.B. Friedeburg 1969; Habermas 1969). Im Folgenden werden deshalb exemplarisch einige Gedanken und Texte, die die Bildungssoziologie nachhaltig beeinflusst haben und bis heute prägen, kurz vorgestellt.

Studentenbewegung

2.2.1 Talcott Parsons

Der amerikanische Soziologe Talcott Parsons, 1902 in Colorado Springs geboren, hat die Soziologie insbesondere in den fünfziger und sechziger Jahren so nachhaltig beeinflusst, dass seine strukturell-funktionale Theorie gelegentlich für die einzig mögliche Form der Soziologie gehalten wird. Dementsprechend einflussreich sind auch seine Ausführungen zur Schule als soziales System (Parsons 1997[5], original 1964). Noch heute wird das Erziehungssystem, angeregt durch Parsons, häufig unter der Frage seiner Funktionalität für die Gesellschaft behandelt (vgl. Kapitel 5.2).

Revolutionärer Strukturwandel

Parsons geht von der Annahme aus, dass die moderne Gesellschaft durch drei Prozesse „revolutionären Strukturwandels" (Parsons 1990, original 1972, S. 11) gekennzeichnet sei: die industrielle Revolution, die demokratische Revolution und die Revolution des Bildungswesens. Durch die Bildungsrevolution, das heißt durch die Universalisierung der Schulbildung und die Differenzierung des Hochschulwesens, wird Wissen – Parsons zufolge – zur Voraussetzung der Handlungsfähigkeit jedes einzelnen und der Gesellschaft. Wissen werde eingesetzt, um menschliche Ziele und Werte zu verwirklichen (Parsons 1990, S. 13ff.).

Schule als soziales System

Durch die allgemeine Aufwertung von Bildung wächst die Bedeutung des Erziehungssystems. Die Schule wird neben der Familie zur entscheidenden Sozialisationsinstanz. Dementsprechend zentral sieht Parsons auch die Rolle der Soziologie der Bildung und Erziehung in der Soziologie: „Die Struktur des öffentlichen Schulsystems und die Analyse der Formen, in denen es sowohl zur Sozialisation der Individuen als auch zu ihrer Verteilung auf gesellschaftliche Rollen beiträgt, ist meiner Ansicht nach für alle, die sich als Wissenschaftler mit der amerikanischen Gesellschaft befassen, von entscheidender Bedeutung" (Parsons 1997[5], S. 192f.).

Rollen

Prozesse der Erziehung und Bildung zu untersuchen, ist dem zufolge nicht nur deshalb von Interesse, weil Wissen die Handlungsfähigkeit stärkt, sondern auch und vor allem, so verdeutlicht das Zitat, weil Erziehung sowohl Rollenübernahme als auch Rollenverteilung gewährleistet. Wie Durkheim geht auch Parsons davon aus, dass Erziehung der Differenzierung der Gesellschaft Rechnung tragen und die Individuen dementsprechend auf spezielle Rollen bzw. Berufe vorbereiten muss. Für Parsons wird diese Aufgabe nicht durch Erziehung allgemein bewältigt, sondern durch Schulerziehung im Speziellen.

Funktionen

Die Schule muss gleichermaßen Persönlichkeiten ausbilden, die fähig und motiviert sind, Erwachsenenrollen zu übernehmen sowie dieselbe Institution die menschlichen Ressourcen innerhalb der Rollenstruktur der Erwachsenengesellschaft verteilen muss. Anders gesagt, hat die Schule zwei Funktionen: Sie sozialisiert für das Erwachsenenleben und sie organisiert die Verteilung auf zukünftige Berufssparten.

Normen und Werte

Wie erfüllt sie diese Funktionen? In seinem ersten Grundlagenwerk „The Structure of Social Action" (1968, original 1937) gelangt Parsons zu der Erkenntnis, dass soziale Ordnung nur auf der Basis eines Wert- und Normkonsens möglich ist. Dabei reicht es nicht, dass Normen und Werte verpflichtend festgelegt werden, sondern der einzelne Akteur muss darüber hinaus motiviert sein, die Normen und Werte in seinem Handeln zu verwirklichen. Damit nicht nur die Fähigkeit, sondern auch die Bereitschaft zur Normübernahme entfaltet wird, bedarf es der Identifikation.

In der Familie wird sowohl die Bereitschaft, mit den Normen konform zu gehen, als auch die Bereitschaft, kognitive Leistung zu erbringen, ausgebildet. Dennoch sind die Kinder – so Parsons – zu Beginn der Grundschulphase noch wenig „determiniert" (Parsons 1997[5], S. 166). Wirklich festgeschrieben ist zu diesem Zeitpunkt nur die Geschlechtsrolle. Da die Grundschule ihr Klientel, die Kinder, aus der unmittelbaren Nähe akquiriert, sei die Sozialstruktur, die sich in der Klasse abbilde, sehr homogen. Dementsprechend würden sich die Ausgangsbedingungen für alle Kinder, mit Ausnahme der Geschlechtszugehörigkeit, gleichen. Die Grundschule ist „eine Verkörperung des fundamentalen amerikanischen Werts der Chancengleichheit" (Parsons 1997[5], S. 180). Die Startbedingungen seien weitgehend gleich. Erfolg könne durch Leistung erzielt werden.

Leistung

Dabei mischen sich gerade in den unteren Klassen zwei verschiedene Formen von Leistung: kognitive Leistung (Informationen, Fertigkeiten, Wissen) und

38

moralische Leistung (Betragen, Respekt, Rücksichtnahme etc.). Sehr gute Schüler und Schülerinnen erbrächten beide Leistungen, welche dann von der Schule durch Noten und Beurteilungen bewertet werden. Parsons sieht zwar sehr wohl, dass der Status des Berufs des Vaters mit dem Schulerfolg der Kinder korreliert, er führt dies jedoch auf unterschiedliche intellektuelle Fähigkeiten zurück. So bleibt er bei seiner These, dass die Schule über Noten und Beurteilungen auf der Basis von Leistungen ihre Selektionsfunktion erfülle.

Die Bereitschaft zur Leistung, und zwar sowohl zur kognitiven Leistung wie zur moralischen Leistung, fördere die Schule durch die Identifikation mit der Lehrerin. Die Lehrerin, in der Grundschule in der Regel eine Frau, biete sich als mutter-ähnliche Identifikationsperson an. Sie ist zunächst kontinuierlich und in vielen Fächern gleichzeitig für die Kinder da. Später unterrichten verschiedene Lehrerinnen und darauf folgend Lehrer wie Lehrerinnen. So lerne das Kind, sich von der individuellen Persönlichkeit zu lösen und mit der Rolle zu identifizieren. Damit werde die Voraussetzung geschaffen, universelle Muster zu übernehmen. Wenn das Kind nun im Elternhaus gelernt hat, sich mit den Eltern zu identifizieren, wird es in der Schule auch lernen, um der Lehrerin zu gefallen. Wenn das Kind sich in der Familie jedoch eher von den Eltern abgegrenzt hat, wird es nicht in gleichem Maße effektiv lernen wie das identifizierte Kind. Es wird das Bildungssystem früher verlassen und sich einen Beruf suchen (vgl. zum Identifikationsprozess auch ausführlich Parsons u.a. 1955).

Zusammenfassend heißt das, Parsons zufolge wird die Verteilung (Allokation) und die Auslese (Selektion) über Identifikation als Prozess und über Beurteilung von Leistung organisiert. Ein geringerer Intelligenzquotient verweist auf unterschiedliche intellektuelle Fähigkeit je nach Schicht, unterschiedliche Erziehungspraxen auf differente Muster der Identifikation und damit auf unterschiedliche Leistungsmotivation. Für die Soziologie der Bildung und Erziehung folgt aus der Erkenntnis, dass die Herstellung von sozialer Schichtung eine Funktion des Bildungssystems ist, dass Schichtungstheorie (bzw. Klassentheorie) und Bildungstheorie eng zusammen gehören.

Zur kritischen Auseinandersetzung mit Parsons Werk sei empfohlen: Münch (1982); Münch (1989); Wenzel (1990); Joas (1992); Alexander (1993); Schwinn (1993); Barber/Gerhardt (1999).

2.2.2 Theodor W. Adorno

Die Person des 1903 in Frankfurt am Main geborenen Theodor Wiesengrund-Adorno, der sich später Theodor W. Adorno nennt, ist auf das Engste mit dem 1920 gegründeten, marxistisch orientierten Institut für Sozialforschung verknüpft. Tatsächlich entsteht die enge Zusammenarbeit mit dem ehemaligen Leiter des Instituts, Max Horkheimer, und damit das soziologische Profil des Philosophen und Musikkritikers/Komponisten Adorno erst im Exil. Adorno, der 1931 die Lehrbefugnis an Universitäten erhält, verliert diese schon 1933 mit der Machtergreifung der Nationalsozialisten wieder. Wie auch bei Mannheim wächst bei

Identifikation (margin note)

Institut für Soziallforschung (margin note)

Adorno der Wunsch, Gesellschaft zu begreifen, mit der Erfahrung des Faschismus und des Exils. Nach einigen Jahren am Oxforder Merton College nimmt Adorno die Einladung Horkheimers an, Mitarbeiter am Institute of Social Research an der Columbia University in New York zu werden. Die enge Zusammenarbeit mündet in der gemeinsam verfassten „Dialektik der Aufklärung" (Horkheimer/Adorno 1988, original 1947), die auch Adornos erziehungssoziologisches Denken stark beeinflusst. Die Autoren problematisieren, dass der Vernunftglauben totalisierende Tendenzen annehmen kann. Einerseits sei Freiheit ohne Auf-

Dialektik der Aufklärung klärung nicht denkbar, andererseits bringe der Rationalitätsglaube jedoch auch die Probleme blinder Naturbeherrschung und der Versachlichung der Verhältnisse mit sich. Gemeinsam mit Horkheimer kehrt Adorno 1950 in seine Heimatstadt Frankfurt am Main zurück und übernimmt dort eine Professur für Philosophie und Soziologie.

Hier greift er in den gesellschaftlichen Diskurs u.a. ein, indem er die Frage

Erziehung nach Auschwitz aufwirft, welche Lehren Erziehung aus der Existenz von Auschwitz ziehen kann. „Die Forderung, dass Auschwitz nicht noch einmal sei, ist die allererste an Erziehung" (Adorno 1977, original 1966, S. 674). Auschwitz ist – so Adorno – der Rückfall in die Barbarei. Diese Barbarei bestehe fort, solange die Bedingungen, die diesen Rückfall möglich machten, nicht beseitigt sind. Da mit objektiven, gesellschaftlichen Mitteln faschistische Vernichtungsfeldzüge nicht verhindert werden könnten, müsste auf der subjektiven Seite, bei der Erziehung des Menschen, angesetzt werden. Dabei reichten Informationen oder Wertappelle, die von außen an die Individuen herangetragen werden, nicht aus, um Veränderung denkbar werden zu lassen. Erziehung nach Auschwitz, so Adorno, müsse vielmehr Erziehung in Form kritischer Selbstreflexion sein. Diese müsse ergänzt werden durch allgemeine Aufklärung (Adorno 1977, S. 677).

Adorno sieht die zentrale Ursache dafür, dass Konzentrationslager und Terror im Sinne von Auschwitz möglich sind, im Zerfall etablierter Autoritäten des Kaiserreichs. Die Menschen seien psychologisch noch nicht in der Lage gewesen, ohne Rückgriff auf Autoritäten über sich selbst zu bestimmen. Um nun Auschwitz ein für alle mal unmöglich werden zu lassen, bedarf es – so Adorno

Autonomie im Geist der Aufklärung – menschlicher Autonomie. „Die einzig wahrhafte Kraft gegen das Prinzip von Auschwitz wäre Autonomie, wenn ich den Kantschen Ausdruck verwenden darf; die Kraft zur Reflexion, zur Selbstbestimmung, zum Nicht-Mitmachen" (Adorno 1977, S. 679). Gegen die Appelle für soziale Bindungen wendet Adorno ein, dass Bindungen leicht Gesinnungsterror und das Ausnutzen von Schwächen anderer mit sich bringen. Betont man zunächst die Bindungen, so legt man leicht den Akzent auf das Sich-Abhängig-Machen, anstelle der eigenen Vernunft vertrauen zu lernen. Nur ein autonomer Mensch kann auch freiwillig Bindungen eingehen. Erziehung nach Auschwitz müsse gegen die „blinde Vormacht aller Kollektive" (Adorno 1977, S. 681) gerichtet sein.

Teil der Selbstreflexion sei auch, Angst und Schwäche anzuerkennen. Gera-

Männer und Schmerz de Männer würden mit der Gleichgültigkeit gegenüber dem Schmerz Masochismus und damit potentiell ihr Gegenteil, nämlich Sadismus, einüben. „Dieser Mechanismus ist ebenso bewusst zu machen wie eine Erziehung zu fördern, die nicht, wie früher, auch noch Prämien auf den Schmerz setzt und auf die Fähigkeit, Schmerzen auszuhalten" (Adorno 1977, S. 683). Gerade die Gefühlskälte und die Unfähigkeit zu lieben, die Auschwitz möglich machen, entstünden aus dieser angst- und schmerzverleugnenden Erziehung. Eine weitere Komponente der Emotionslosigkeit, gleichzeitig eine Folge der Aufklärung, sei ein „verdinglichtes Bewusstsein" (Adorno 1977, S. 684). Erst wird das (männliche) Kind selbst zum Ding gemacht, dann behandelt das erwachsen gewordene Kind die anderen wie Dinge und macht sie „fertig".

Erziehung nach Auschwitz ist also – Adorno zufolge – eine psychoanalytisch orientierte, autonomiefördernde Kleinkinderziehung. Es ist eine Schulerziehung, die ohne Angst vor Mächtigen, Diskurse und Analysen zulässt. Es ist auch die selbstreflexive Kultur der Erwachsenen, die ihr eigenes Geworden-Sein kritisch beleuchten. Hintergrund dieser Erziehung ist nach Adorno eine Soziologie, die die gesellschaftlichen Kräfteverhältnisse hinter der Oberfläche öffentlich macht.

Wir empfehlen zur weiteren Lektüre: Ritsert (1995); Dubiel (1997); Hilbig (1997); Kunnemann/de Vries (1989).

2.2.3 Michel Foucault

Michel Foucault wird 1926 in Poitiers (Frankreich) geboren. Der studierte Philosoph arbeitet ein Leben lang an der Schnittstelle zwischen Philosophie, Geschichtswissenschaft und Soziologie. Foucaults Vorgehensweise kann als diskursanalytisch bezeichnet werden. Das bedeutet, er untersucht wer, wo, wann und vor allem wie über was redet. Der Diskursbegriff bezeichnet also die Formationsregeln des Redens. An historischen Texten erforscht Foucault, wie Wirklichkeiten gemacht werden. Foucault betrachtet, ganz anders als Adorno, die moderne Konstruktion eines Subjektes, welches qua Vernunft Entscheidungen treffen kann, mit größter Skepsis und richtet sein Augenmerk stattdessen auf die historisch-gesellschaftlichen Bedingungen, in denen Bedeutungen generiert werden, die dann allen Beteiligten selbstverständlich erscheinen. Dabei geht er keineswegs von einer historisch linearen Entwicklung aus, sondern nimmt an, dass verschiedene Bedeutungskontexte nebeneinander existieren, Entwicklungen abreißen, sich wiederholen etc. können. Das heißt, Geschichte verläuft ihm zufolge diskontinuierlich und in Sprüngen.

Foucault interessieren vor allem die Machtverhältnisse, die die Formierung von Wissen und Verhalten durchziehen. Seine These ist, dass es weder ausreicht, **Macht** sich Macht als eine Dynamik vorzustellen, die von oben nach unten wirkt, noch Macht ausschließlich als negative Kraft, nämlich zensierend, unterdrückend etc., zu imaginieren. Stattdessen betont er: „In Wirklichkeit ist die Macht produktiv; und sie produziert Wirkliches" (Foucault 1977, original 1975, S. 250; ausführlich erläutert Foucault seinen Machtbegriff 1983, original 1976, S. 113ff.).

Die Bedeutung und Durchdringung der Gesellschaft von Macht eruiert und erläutert Foucault u.a. an der Geschichte des ärztlichen Blicks (1973, original **Überwachung und** 1963), an den Institutionen der Psychiatrie (1969, original 1961) und des Ge- **Kontrolle**

41

fängnisses (1977, original 1975) sowie – stärker verinnerlicht – an den Praktiken der Sexualisierung (1983, original 1976). Mit den Praktiken der Schule beschäftigt sich Foucault nicht zufällig in seinen Studien zur Geburt des Gefängnisses (1977, original 1975; zur Schule insbesondere S. 220ff.). Überwachungs- und Kontrollverfahren in der Pädagogik und Justiz, vielfach aber auch in der Medizin und im Militär, weisen übereinstimmende Grundstrukturen auf. Schule, Armee, Gefängnis, Krankenhaus sind seit dem 19. Jahrhundert – so der Autor – expandierende Institutionen, die mit neuen Mitteln der Abrichtung wie hierarchische Überwachung, normierende Sanktion und Prüfung arbeiten.

Der typische Klassenraum ist zunächst mit einem erhöhten Pult, später durch den stehenden Lehrer, so ausgerichtet, dass dieser das Klassengeschehen mit einem Blick überwachen kann. Die Zimmer werden entlang des Korridors wie kleine Zellen angeordnet. Im Speisesaal des 19. Jahrhunderts steht der Tisch der Studieninspektoren auf einem Podest. Die Toiletten sind mit Halbtüren ausgestattet, so dass der Aufseher Kopf und Beine der SchülerInnen sehen kann. In den Schlafsälen der Internate trennen dichte Stellwände die Betten, der Blick für die Lehrer auf das Geschehen in den Betten ist jedoch frei. Macht, so Foucaults These, entfaltet sich nicht mehr, indem der Monarch sie – und damit sich – zeigt, zum Beispiel indem er durch die Menge schreitet. Sie entwickelt sich, indem die „Schützlinge" zur Beobachtung vorgeführt werden. Macht entfaltet sich durch die gegliederte und detaillierte Kontrolle und Sichtbarmachung der Insassen. Sie verwirklicht sich in den vielen Prüfungen, die jede/r Einzelne für alle sichtbar zu absolvieren hat. Auf diese Art und Weise bleibt die Macht den Menschen nicht äußerlich, sondern sie durchdringt sie. Die Schule lehrt die Kinder, sich in einer normierten Art zu verhalten, mit der Konsequenz, dass Macht sich voll entfalten kann. Jeder Einzelne muss unter Androhung von Strafe dafür Sorge tragen, aufrecht zu sitzen, Verspätung zu vermeiden etc. und damit kontrollierbar zu bleiben.

Gleichzeitig wird das System der Strafen verfeinert. Es gibt nicht Strafe oder Lob, sondern viele feine Möglichkeiten, unterschiedliche Strafen auszusprechen. Die Menge der Schüler oder Schülerinnen kann damit differenziert werden: Jede/r erhält seine eigene Strafe. Es ist ein Prozess, so Foucault, in dem sowohl der Einzelne/das Individuum konstituiert wird, weil er/es als Einzelperson angesprochen, beurteilt und bestraft wird, als auch gleichzeitig alle einer gemeinsamen Normierung unterliegen. Alles, was abweicht, wird bestraft. Zum „Fehler" wird schon, das vorgeschriebene Niveau nicht zu erreichen. Die Disziplinarstrafe dient dazu, Abweichungen zu reduzieren. „Das Normale etabliert sich als Zwangsprinzip im Unterricht zusammen mit der Einführung einer standardisierten Erziehung und der Errichtung der Normalschulen" (Foucault 1977, S. 237). Nur vor dem Hintergrund der imaginären Normalität kann die Abweichung verfolgt und bestraft werden. Diesen Prozess zu etablieren, weiterzuführen und in jeden Einzelnen einzupflanzen, leistet nach Foucault auch die Schule.

Michel Foucault können Sie vertiefen mit folgenden Büchern: Dane u.a. (1985); Weedon (1990); Marshall (1996); Hekman (1996); Kneer (1996); Ashenden (1999); McWhorter (1999).

(Marginal note:) Individualisierung und Normierung

3. Soziologische Bildungs- und Erziehungstheorie heute

Soziologinnen und Soziologen, die sich umfassend mit der Theorie der Bildung und Erziehung beschäftigen, sind heute selten geworden. Der französische Soziologe Pierre Bourdieu und der deutsche Soziologe Niklas Luhmann gehören zu den wenigen, die Bildungs- und Erziehungsfragen in ihrem Werk systematisch berücksichtigen.

3.1 Pierre Bourdieu

Der französische Soziologe Pierre Bourdieu wird 1930 in Béarn (Pyrénées Atlantiques) geboren. Als Junge vom Land schafft er nicht nur den Sprung in die französischen Eliteschulen und -hochschulen, sondern später auch als Professor an das renommierte Collège de France in Paris berufen zu werden. Dieser für das französische Bildungssystem spektakuläre Werdegang weckt nicht nur Bourdieus Interesse an Bildungsprozessen, sondern schärft auch seinen Blick für die Reproduktionsmechanismen der „herrschenden Klasse" über Bildung. Bourdieu bearbeitet in seinem Werk eine Vielzahl von Themen, deren Kern aber immer wieder die Frage nach den Bildungsarrangements und -verhältnissen ist.

Im Laufe seiner Berufsbiographie erstellt er ein theoretisches Gerüst, welches eine Basis für seine Analysen bietet. In einem gemeinsam mit Loïc D. J. Wacquant verfassten Band mit dem Titel „Reflexive Anthropologie" werden diese theoretischen Grundlagen sowie die Abgrenzungen und Bezüge zu anderen Theorien sehr treffend erläutert (vgl. Bourdieu/Wacquant 1996; insbesondere Wacquant 1996). Am 23. Januar 2002 starb Pierre Bourdieu nach langer Krankheit.

3.1.1 Zum Werk

Bourdieu geht von der soziologischen Basisannahme aus, dass Gesellschaft von „sozialen Strukturen", das heißt von einer systematischen und statistisch erhebbaren Verteilung der materiellen Ressourcen und der Aneignungsmöglichkeiten

Soziale Strukturen

seltener und begehrter Güter und Werte durchzogen ist. Diese Verteilungsformationen bilden die Matrix, welche Handlungsmöglichkeiten kanalisiert. Dabei nimmt er an, und das unterscheidet ihn von vielen anderen SoziologInnen, dass Strukturen ein „Doppelleben" (Wacquant 1996, S. 24) führen. Sie existieren nicht nur als Verteilungskonstellation, sondern auch inkorporiert als symbolische Matrix des praktischen Handelns. Das heißt Strukturen bleiben dem Menschen nicht äußerlich, sondern verwirklichen sich im Verhalten, in Gedanken, Gefühlen, Wahrnehmungen und Urteilen sozialer Akteure. Strukturen existieren also sowohl als Gesellschaftsstrukturen als auch als mentale Strukturen. Die Grundhypothese der Bourdieu'schen Soziologie ist, dass zwischen den gesellschaftlichen Strukturen und den inkorporierten Strukturen eine Korrespondenz besteht. Handeln richtet sich nach den verinnerlichten Strukturen und reproduziert auf diese Weise die gesellschaftlichen Strukturen erneut.

Sozialer Raum Um diesen zentralen Gedanken besser entfalten zu können, schlägt Bourdieu ergänzend zur Kategorie der Struktur das Begriffspaar „Sozialer Raum/Feld" und „Habitus" vor. Ein Feld, von Bourdieu auch „sozialer Raum" genannt, ist das Ensemble der Relationen zwischen Gruppen von Menschen, das auf bestimmten Formen von Macht bzw. von Kapital basiert. Es ist ein Spannungsfeld, welches sich zwischen (Berufs-)Gruppen und deren Kämpfe und Konkurrenzen aufspannt:

Klasse Auf der Abbildung sieht man, wie Bourdieu die soziale Welt in Form eines Raums darstellt, welcher sich primär aus den Verteilungen von Berufsgruppen (und damit auch über Einkommen und Ausbildungsniveau) ergibt. In Erweiterung des marxistischen Gedankenguts (vgl. Kapitel 4.1.1 dieses Buches) werden Gruppen von Menschen, die unter homogenen Lebensbedingungen leben, zu „Klassen" zusammengefasst (vgl. Bourdieu 1983[2], S. 175). Dabei unterscheidet Bourdieu zwischen „objektiven Klassen" im Sinne von Menschen, die analytisch aufgrund homogener Merkmale (strukturell im Sinne von Besitz an Gütern oder Macht und inkorporiert im Sinne gleicher Wahrnehmungen und Handlungen) unter eine Klasse subsumiert werden können, und „mobilisierter Klasse", die sich ebenfalls aufgrund homogener Merkmale zum Kampf um Bewahrung oder Änderung der Verteilungsstruktur zusammenfinden (vgl. ebda. sowie bei Karl Marx die Unterscheidung „Klasse an sich" und „Klasse für sich", dargelegt in Kapitel 4.1.1).

Die Akteure und Gruppen pflegen Unterscheidungen. Die Merkmale, über die sie sich von anderen abgrenzen, sind in der Graphik dargestellt. Während die einen Fußball lieben, präferieren die anderen die Oper. „Akteure oder Gruppen von Akteuren sind anhand ihrer relativen Stellung innerhalb dieses Raums definiert" (Bourdieu 1991[2], S. 9f). Das bedeutet, dass Klassen nicht in erster Linie über *ein* Merkmal, welches sie aufweisen, definiert werden können, sondern durch die Beziehung, in der sie zu anderen Klassen stehen. In dem gleichzeitigen Prozess des Unterscheidens von anderen und des Angleichens an sozial Nahestehende bilden sich homogene Gruppen, die zu „Klassen" zusammengefasst werden können. „Eine soziale Klasse ist vielmehr definiert durch die *Struktur der Beziehungen zwischen allen relevanten Merkmalen"* (Bourdieu 1983[2], S. 182; Hervorhebung im Original).

44

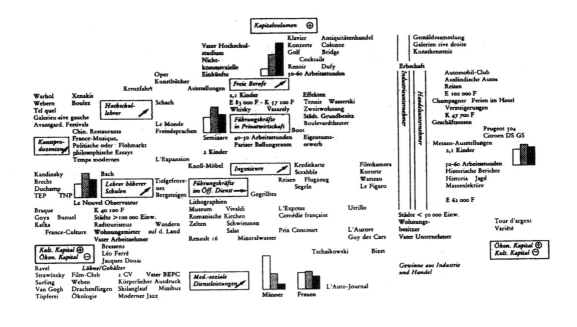

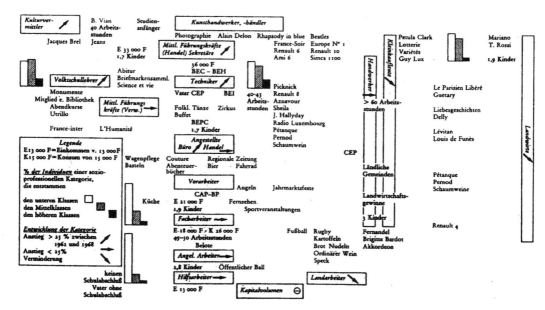

(Quelle: Bourdieu 1983², S. 212f.)

Geschlecht ist für Bourdieu ein Merkmal, welches klassenbildend wirkt. Die Art und Weise, wie Geschlecht gelebt wird, welchen Wert den jeweiligen Geschlechtern zugewiesen wird und wie Weiblichkeit oder Männlichkeit definiert wird, ist klassenspezifisch. „Die geschlechtsspezifischen Merkmale sind ebenso wenig von den klassenspezifischen zu isolieren wie das Gelbe der Zitrone von ihrem sauren Geschmack: eine Klasse definiert sich wesentlich auch durch Stellung und Wert, welche sie den beiden Geschlechtern und deren gesellschaftlich ausgebildeten Einstellungen einräumt. Darin liegt begründet, warum es ebenso viele Spielarten der Verwirklichung von Weiblichkeit gibt wie Klassen und Klassenfraktionen, und warum die Arbeitsteilung zwischen den Geschlechtern auf der Ebene der Praxis wie der Vorstellungen innerhalb verschiedener Gesellschaftsklassen höchst unterschiedliche Ausprägungen annimmt" (Bourdieu 1983^2, S. 185).

Bourdieu benutzt den Begriff des sozialen Raums häufig als Alternative zum Gesellschaftsbegriff, um damit die Beziehungsgefüge innerhalb einer Gesellschaft zu verdeutlichen. Die ausdifferenzierten Teilbereiche der Gesellschaft bezeichnet er als Felder. Er unterscheidet zum Beispiel zwischen dem künstlerischen, dem ökonomischen, dem akademischen Feld. Jedes Feld weist eine eigene Logik auf. Bourdieu denkt Felder als Kräftefelder. In ihnen entsteht im sozialen Handeln unterschiedlich kapitalstarker und sozial positionierter Akteure eine Dynamik, welche das Feld in einen mehr oder minder autonomen Mikrokosmos verwandelt. Da Bourdieu jedoch für „offene Begriffe" plädiert, welche wie Werkzeuge helfen sollen, Probleme zu verstehen, benutzt er Begriffe auch graduell verschieden (vgl. Wacquant 1996, S. 55). So kommt es vor, dass die Gesellschaft als Feld und ein Teilbereich als sozialer Raum bezeichnet wird, was die inhaltliche Nähe der beiden Begriffe verdeutlicht.

Die wissenschaftliche Einteilung von Klassen basiert für Bourdieu auf einer empirisch beobachtbaren Handlungs- und Beurteilungspraxis der Akteure: dem „Habitus". Der Habitus sind die „geistigen und körperlichen Denk- Wahrnehmungs- und Handlungs-Schemata" (Wacquant 1996, S. 37). Es ist eine Matrix, die immer wieder gleiche Gefühle, Handlungen, Wahrnehmungen, Gedanken, Geschmackspräferenzen nach Klasse, Milieu oder Geschlecht reproduziert. Durch den gruppenspezifischen Habitus finden zum Beispiel Mitglieder einer Klasse Plastikblumen einen hervorragenden und schönen Dekorationsgegenstand, während Mitglieder einer anderen Klasse dieselben Blumen als hässlich verwerfen; finden Kinder der einen Klasse, dass JuristIn ein nahe liegender Berufswunsch ist, wohingegen andere sich bestenfalls Pädagogik als akademisches Fach vorstellen können; finden Mädchen Liebesfilme spannend und Abenteuerfilme langweilig, während Jungen genau umgekehrt werten usw. Mit dem Habitusbegriff richtet Bourdieu den Blick auf das handelnde Subjekt.

Da Bourdieu in seinem Werk vielfach belegen kann, dass es eine Übereinstimmung von Feld und Habitus gibt, folgert er daraus, dass über die Übereinstimmung, also quasi über eine unbewusste Unterwerfung unter gesellschaftliche Verteilungsprinzipien, Gesellschaft und vor allem Herrschaft reproduziert wird. Indem, um beim Beispiel zu bleiben, die Mädchen (und Jungen) der unteren Mittelschicht „freiwillig" Pädagogik und nicht Jura studieren, reproduzieren sie ihre soziale Position und das Herrschaftsverhältnis zwischen den Klassen. Indem vor allem Frauen Erziehungswissenschaft studieren stellen sie gleichzeitig das Geschlechterverhältnis mit der Zuständigkeit von Frauen für Kindererziehung immer wieder neu her. Bourdieu spricht daher sowohl vom Klassenhabitus als auch vom vergeschlechtlichten Habitus (Bourdieu 1997, S. 167).

Durch die Entstehung von klassifizierbaren, habituell gleichen Praxisformen zum einen und die gesellschaftliche Beziehungsstruktur zwischen diesen entsteht der soziale Raum auch als ein „Raum der Lebensstile" (z.B. Bourdieu 1983[2], S. 277ff). Es sind die gruppenspezifisch homogenen aber gesellschaftlich unterschiedlichen, relationalen Praxisformen. Während der Raum der sozialen Positionen, also die Klassenlage, im Schwerpunkt die objektiven sozialen Strukturen erfasst, beschreibt der Raum der Lebensstile, welche durch den Habitus generiert werden, die subjektive Lebenspraxis. Bourdieu zeigt für Frankreich, dass zwischen den milieuspezifischen Praktiken und der Klassenlage eine systematische Beziehung existiert (vgl. für Deutschland z.B. Schulze 1997[7], Vester u.a. 2001, Keim 1997).

Wie man am oben abgebildeten Schema erkennen kann, differenziert Bourdieu zwischen einer hierarchischen Klassenstruktur mit mehr oder weniger Kapital und einer vertikalen Struktur je nach der Art des eingesetzten Kapitals und weicht damit die Vorstellung antagonistisch sich gegenüber stehender Klassen auf. Er entwickelt ein differenziertes Bild von vielfältigen Klassenrelationen. Bourdieu übernimmt aus der marxistischen Tradition nicht nur den Klassen-, sondern auch den Kapitalbegriff, meint damit aber nicht nur ökonomisches Kapital (materieller Besitz an Geld und Eigentum), sondern auch kulturelles Kapital (Bildung und Ausbildung) und soziales Kapital – auch symbolisches Kapital genannt – (soziale Beziehungen). Macht entwickelt sich ihm zufolge durch Kapitalakkumulation. Da niemand kein Kapital hat, ist Macht immer eine Bezeichnung für ein Verhältnis. Es gibt nicht einfach Mächtige und Opfer, sondern Bourdieu betrachtet die Relationen, also das Machtverhältnis zwischen Menschen und Menschengruppen. Dennoch spricht er von Herrschaft im Sinne einer Handlungspraxis von Privilegierten (Reiche, Intellektuelle, Männer, Weiße), welche andere Klassen (oder Frauen, Schwarze) von Ressourcen und Aneignungsmöglichkeiten abhalten. Die Bourdieu'sche Soziologie besteht maßgeblich aus Studien über die Reproduktions- (Wiederherstellungs-) und Konversionsstrategien (die Umwandlungen, Veränderungen), die Gruppen entwickeln, um ihre soziale Position zu erhalten oder zu verbessern. Soziologie hat ihm zufolge die Aufgabe, die verborgensten Strukturen der sozialen Welt, ihre Reproduktion und Transformation, aufzudecken. Soziologie zerstört die Mythen, mit denen Machtausübung verschleiert und Herrschaft reproduziert wird.

Kapital

3.1.2 Das akademische Feld

Zu den wesentlichen bildungssoziologischen Werken von Bourdieu gehören „Homo academicus" (1998^2, original 1984), „Titel und Stelle. Über die Reproduktion sozialer Macht" (1981), eine Zusammenstellung von Aufsätzen, welche er in den 1970er Jahren zusammen mit seinen MitarbeiterInnen Luc Boltanski, Monique de Saint Martin und Pascale Maldidier verfasst hat sowie auch der Text „Vom Gebrauch der Wissenschaft. Eine klinische Soziologie des wissenschaftlichen Feldes" (1998). Bourdieu und sein MitarbeiterInnenkreis interessieren sich, entsprechend der oben skizzierten gesellschaftstheoretischen Einsichten, für den Stellenwert von Bildung im Prozess der sozialen Reproduktion. Sie untersuchen die Strategien mittels derer Individuen ihre soziale Position in einer Gesellschaft behaupten oder verbessern wollen. Dazu nutzen diese Bildungsinhalte und vor allem Bildungsinstitutionen. Bildungszertifikate, also Schulabschlüsse, Diplome, Titel etc., begreift Bourdieu als kulturelles Kapital, über welches Zugangschancen zu sozialen Positionen und Lebensformen „erkauft" werden.

Relative Autonomie der Bildung

Das Feld der Bildung ist „relativ autonom". Einerseits versucht das ökonomische Feld Einfluss auf das Bildungssystem zu nehmen und durch eigene Ausbildungskonzepte dem Bildungssystem Konkurrenz zu machen, andererseits ist das Bildungssystem in der privilegierten Lage, Titel vergeben zu können, die einen universellen und relativ zeitlosen Wert haben (vgl. Bourdieu u.a. 1981, S. 89ff). Durch die Titel werden Zugangsberechtigungen und Lohnerwartungen (z.T. sogar Lohngarantien) geschaffen, die auch dann noch gelten, wenn sich Arbeitsplatzmerkmale längst verändert haben. Die Ökonomie hat, so Bourdieu u.a., das Interesse, dass Titel an Stellen gebunden sind; das Bildungssystem dagegen beharrt auf der eigenen Kontrolle über die Vergabe von Titeln. So bleibt das Bildungssystem und seine Titel ständig Gegenstand politischer Auseinandersetzungen.

Titel und Zertifikate

Aus dem Anwachsen der Zahl der Diplomierten folgt, das problematisieren Bourdieu und seine MitarbeiterInnen schon in den 1970er Jahren und das bekommt heute angesichts der Bildungsentwicklungen (siehe Kapitel 4.2.1) neue Bedeutung, erstens die völlige Abwertung Nicht-Diplomierter (heute in Deutschland vor allem der HauptschülerInnen), zweitens der Bedeutungsverlust früherer Aufstiegsmechanismen und drittens die Abwertung jedes einzelnen Titels und damit Vergrößerung der Spielräume des ökonomischen Systems. Man könne, so führt er aus (vgl. Bourdieu/Champagne 1997, S. 529), nicht Zeugnisse und Diplome an breite Schichten vergeben, ohne den Wert dieser Titel zu schmälern. Dabei seien es dann vor allem die Neuankömmlinge, die als erstes die Opfer der Entwertung werden.

Klassenspezifische Effekte

Daher sind seine Arbeiten von einer großen Skepsis gegenüber der Politik der Bildungsexpansion geprägt. Viele PolitikerInnen, insbesondere in den 1970er Jahren (siehe Kapitel 4.2.1) vertreten die Auffassung, dass über die Zulassung breiter Schichten zu höherer Bildung soziale Ungleichheit gemindert, vielleicht sogar beseitigt, werden könne. Bourdieu betont dagegen, dass das Bildungssystem prinzipiell selektiv arbeite und sich „feine Unterschiede" zwischen den Bildungsinstitutionen entwickeln, die die soziale Differenz perpetuieren. Ökonomisches, soziales und kulturelles Kapital ergänzen sich gegenseitig. Wer über ökonomisches Kapital verfügt, muss zum Beispiel seine Kinder nicht auf das nächstbeste Gymnasium bringen, sondern kann das „beste" auswählen. Bourdieu zufolge stellt das Universum der schulischen Einrichtungen ein Kontinuum zwischen zwei Extremen dar: „Auf der einen Seite die Noteinrichtungen, die man hastig in den verwahrlosten Vorstädten vervielfacht hat, um die zahlenmäßig ständig anwachsenden und mit immer geringerer kultureller Mitgift versehenen Schülergruppen aufzunehmen, die auch nicht mehr viel mit dem Gymnasium, wie es sich bis in die 1950er Jahre gehalten hat, zu tun haben; auf der anderen Seite die in höchstem Maße behüteten Einrichtungen, wo Gymnasiasten aus guter Familie auch heute noch eine Schulzeit durchlaufen können, die sich nicht radikal von der unterscheidet, die ihre Väter oder Großväter gekannt haben" (Bourdieu/Champagne 1997, S. 527). Die dort erworbenen Zertifikate und sozialen Beziehung werden zum Schlüssel zu sozialen Positionen, die andere Kinder nie erreichen werden. SchülerInnen aus „gutem Hause" hätten von ihren Familien einen Platzierungssinn mitbekommen, der es ihnen ermöglicht, zum richtigen Zeitpunkt die richtige Entscheidung (für welche Fremdsprache, für einen Auslandsaufenthalt, für ein Praktikum, für die Studienwahl etc.) zu treffen, die aus benachteiligten Familien stammenden Kinder, häufig aus Einwandererfamilien, investieren ihr eh schon geringes Kapital dann häufig an der falschen Stelle. Nach einer Phase der Euphorie begriffen die Kinder der Kleinhändler, Handwerker und Industriearbeiter, so Bourdieu u.a., dass ihre Fertigkeiten entweder nicht ausreichen, um in der Schule erfolgreich zu sein, oder dass das Abitur nicht ausreicht, um beruflich erfolgreich zu sein. Wer nur über ein Kapital, in diesem Fall kulturelles Kapital im Sinne der Bildungszertifikate verfügt, hat immer schlechtere Chancen als jene, die verschiedene Kapitalsorten akkumulieren. Allerdings wird das Scheitern zeitlich hinausgezögert. Es ist nicht mehr als klassenspezifischer Effekt erkennbar, sondern geschieht schleichend in verschiedenen Lebensphasen.

Die Schule und die Hochschule wiederum geraten durch die Widersprüche und Konflikte in eine Krise. Wie Demonstrationen und Proteste zeigen, können sie weder den Massenandrang noch die Unzufriedenheit und Aggression der SchülerInnen und StudentInnen verarbeiten. Die Kinder kulturell benachteiligter Familien, deren Eltern die größten Opfer für die Ausbildung erbringen, deren schulischer Erfolg bzw. beruflicher Aufstieg unsicher ist, erleben schließlich statt des gesellschaftlichen „Aufstiegs", dass ihre Stigmatisierung sich erhöht. Sie hatten „ihre Chance" und haben sie vertan.

Dass die steigende Bedeutung nun, die Bildung in den Reproduktionsstrategien aller Klassen einnimmt, für einzelne Gruppen nicht nur nicht hilfreich, sondern sogar schädlich sein kann, zeigt sich zum Beispiel an der Situation von Bauern und Bäuerinnen (vgl. Bourdieu u.a. 1981, S. 62ff). Durch die Sekundarschulerziehung der Kinder unterwerfen sich die Bauern bzw. die Bäuerinnen der symbolischen Herrschaft der StädterInnen. Da die Schule verspricht, auch die auf einem modernen Bauernhof dringend notwendigen Fertigkeiten wie Hochspra-

Bauern

49

che und Wirtschaftsrechnung zu vermitteln, widersetzen sich die Bauern/Bäuerinnen nicht der fremden Kultur, sondern akzeptieren diese als einen auch für ihre Kinder notwendigen Schritt. Mit dieser „freiwilligen" Unterwerfung werden jedoch auch sukzessive die Werte der städtischen Kultur übernommen: „Der gesellschaftliche Raum des Dorfes, ein geschlossener Mikrokosmos mit eigenen Hierarchien (...), wird dabei durch ein weiteres gesellschaftliches Feld ersetzt, in dem die Bauern und Bäuerinnen sich allesamt »irgendwo weit unten« wieder finden" (Bourdieu u.a. 1981, S. 64). Die lokale Anbindung, auch deutlich im Dialekt, geht durch das Studium verloren. Die Bauern und Bäuerinnen begeben sich in eine Konkurrenzbeziehung zu Angestellten und Arbeitern. Sie lernen die gleichen Dinge wie LohnempfängerInnen und sie unterwerfen sich den gleichen zeitlichen Rhythmen. Damit entfremden sie sich von der Bauernklasse und verlieren das Interesse am Bauernberuf. Die Klasse der Bauern eliminiert sich auf diese Weise selbst.

Hochschule   Besonders ausführlich beschäftigt sich Bourdieu mit dem (französischen) Hochschulsystem. „Universitäres Kapital erhält und behält, wer Positionen innehat, mit denen sich andere Positionen und deren Inhaber beherrschen lassen" (Bourdieu 1998[2], S. 149). Bourdieu interessiert an der Bildungsinstitution „Universität", wie diese sich selbst und damit die Positionen der Akteure im sozialen Raum reproduziert. Dazu gehört zum ersten die Beobachtung, dass Studierende und DozentInnen je nach Herkunft sich im gleichen Fach wieder finden (vgl. für die philosophischen und humanwissenschaftlichen Fächer Bourdieu 1998[2], S. 140, siehe auch Engler 1993) sowie die Rekrutierung des wissenschaftlichen Nachwuchses. Bis ein Mensch in die Position des Professors oder der Professorin ernannt wird, vergeht eine lange Zeit. Diese oft über zwanzig Jahre andauernde Zeit der Abhängigkeit ist – so Bourdieu – gleichzeitig die Phase, in der der universitäre Habitus entwickelt wird. Die Gesetze des Systems werden schleichend verinnerlicht, weil sie die Voraussetzung für den universitären Erfolg sind. Jene, die Positionen in der Universität zu vergeben haben, überlassen diese in der Regel Menschen, die das gleiche Eintrittsalter haben wie sie selbst hatten (vgl. Bourdieu u.a. 1981, S. 135) bzw. Menschen, welche glaubhaft machen können, dass sie entsprechend der Regeln des Feldes mitspielen, was vor allem beim gleichen Geschlecht (sprich bei Männern) erwartet wird (vgl. Bourdieu 1998[2], S. 155ff). Zu diesen Spielregeln gehört auch, sich den Ritualen von Promotion und Habilitation (bzw. vergleichbaren Abschlüssen in anderen Ländern) zu unterwerfen, welche Bourdieu u.a. drastisch auch als „Ritus der Selbstverstümmelung" (Bourdieu u.a. 1981, S. 147) bezeichnen.

Strategien zu Reproduktion   Einmal HochschullehrerIn geworden, finden die Strategien der Reproduktion jedoch nicht ihr Ende. Erstens ist der „Doktorvater" (Doktormutter) nun selbst für Zöglinge und deren Eingliederung zuständig und kann über diese selbst Reputation erlangen. Dabei sind die berühmtesten Ordinarien, wie er im Einzelfall für Frankreich belegen kann, in der Regel diejenigen, welche die wenigsten DoktorandInnen betreuen. Umgekehrt sind aber jene Universitätskarrieren besonders erfolgreich, wenn derjenige (diejenige) sich auf einen einflussreichen Ordinarius berufen kann und zwar unabhängig davon, ob man ihm (oder ihr) inhaltlich nahe

50

steht. Mit anderen Worten: Bourdieu zeigt auf, dass die Universitätslaufbahn von der Wahl des/der BetreuerIn, der eingesetzten Zeit und der „freiwilligen" Selbstunterwerfung abhängt. Die Themenstellung ist insofern interessant, als mit der Schwierigkeit der gestellten Aufgabe, der Kandidat/die Kandidatin dokumentiert, zu welchen Weihen er/sie sich berufen fühlt. Es geht also, so lautet Bourdieus Fazit, nicht um hehre Bildung, sondern um die Strategien zur Reproduktion oder zur Verbesserung der sozialen Position und dabei haben jene, deren Familie selbst bereits kulturelles und soziales Kapital angehäuft hat, womöglich auch noch über ökonomisches Kapital verfügt, immer eine bessere Ausgangsposition.

Dabei entwickeln sich in einem relativ autonomen Feld wie die Wissenschaft Mechanismen der Selbstkontrolle (vgl. ausführlich Bourdieu 1998, S. 28ff.). Das wissenschaftliche Feld bringe gleichzeitig das Bestreben der Subjekte hervor, zu den Besten, Außergewöhnlichsten zu gehören und kontrolliere die Antriebe. So könne ein Mathematiker andere im Feld eben nur durch mathematische Leistungen ausstechen. Je heteronomer ein Feld sei, desto leichter falle es den Mitwirkenden, Kräfte aus anderen Feldern einzuschleusen. Je autonomer es sei, desto „reiner" sei der Wettbewerb. Im Feld der Wissenschaft mischen sich „reines" wissenschaftliches Kapital, das durch anerkannte Beiträge zur Wissenschaft angehäuft wird, und institutionelles wissenschaftliches Kapital, welches auf spezifischen politischen Strategien basiert (Mitgliedschaft in Kommissionen, Ausschüssen etc.). Die gleichzeitige Akkumulation beider Kapitalsorten ist – nach Bourdieu – aus zeitökonomischen Gründen heraus äußerst schwierig. So lassen sich WissenschaftlerInnen auch über die soziale Position im wissenschaftlichen Feld und ihrer Strategie der Anhäufung des jeweiligen Kapitals einteilen. „So sind all diese Universen aufgrund der Tatsache, dass ihre Autonomie gegenüber äußeren Mächten niemals vollständig ist und sie gleichzeitig von zwei Herrschaftsprinzipien, einem weltlichen und einem spezifischen bestimmt werden, durch eine strukturale Zwiespältigkeit gekennzeichnet: intellektuelle Konflikte sind in gewisser Hinsicht immer auch Machtkonflikte. Jede Strategie eines Wissenschaftlers hat gleichzeitig eine (spezifisch) politische und eine wissenschaftliche Seite, und Erklärungsversuche müssen immer beide im Auge behalten" (Bourdieu 1998, S. 36f.).

Diese pessimistische Analyse der Lage bedeutet nun nicht, dass Bourdieu die Schule und Hochschule perspektivisch nur für die Reichen und bereits Gebildeten geöffnet wissen will, vielmehr geht es ihm um eine Entschleierung der Machtverhältnisse und um eine Neuformulierung schulischer und universitärer Grundlagen.

Auf Wunsch des französischen Präsidenten hat Bourdieu zusammen mit seinen KollegInnen vom Collège de France Vorschläge für das Bildungswesen der Zukunft vorgelegt (Collège de France 1987). Als ersten Grundsatz formulieren sie, dass das Bildungssystem in der Lage sein muss, „den dem (natur)wissenschaftlichen Denken eigenen Universalismus mit dem Relativismus der Humanwissenschaften, denen es um die Pluralität der kulturgebundenen Lebensweisen, Erkenntnisformen und Arten des Empfindens geht, in Einklang zu bringen" (Collège de France 1987, S. 255). Damit gemeint ist, dass Menschen gleichzeitig Mittel gegen Formen des Irrationalen als auch gegen eine übersteigerte Rationa-

Wettbewerb

Bildungswesen der Zukunft

lität brauchen. Die Sozialwissenschaft lehrt die historischen und kulturspezifischen Wurzeln kognitiver und emotionaler Leistungen, die Naturwissenschaft zwingt zu einem rationalen auf das Universale gerichteten Blick. Es bedürfe einer über Bildungsprozesse organisierten rationalen Auseinandersetzung mit der Mannigfaltigkeit und Historizität von Kulturleistungen. Nur so könne gleichermaßen der Wissenschaft vertraut gemacht und dennoch immer die Vielfältigkeit kulturspezifischer Rationalitäten vor Augen geführt werden.

Ferner, so der zweite Grundsatz, müsse die monistische Vorstellung von „Intelligenz" verabschiedet werden, weil sie Leistung hierarchisiert, stattdessen muss das Bildungssystem für eine größere Vielfalt sozial anerkannter Formen kultureller Leistung sorgen. Weiter sollen die negativen Urteile und Stigmatisierungen abgebaut werden, indem eine breitere Auswahl von Bildungsgängen und eine stärkere Durchlässigkeit zwischen ihnen ermöglicht würde. Autonome Bildungseinrichtungen sollten in den Wettstreit um die beste Bildung treten, wobei gleichzeitig benachteiligte Personen und Institutionen vor ungezügelte Konkurrenz geschützt werden. Der Lehrstoff sei periodisch zu revidieren. Die innere Einheit der angebotenen Bildungsinhalte müsse deutlich gemacht werden. Vorgeschlagen wird eine kontinuierliche Bildung im Wechsel mit Berufstätigkeit. Mit Hilfe moderner Technologien könnten Standortnachteile ausgeglichen werden. Schließlich solle die Schule ein offener Ort eines Gemeinschaftslebens sein, der Außenstehende in die Diskussion über Entscheidungen einbezieht. Dies setze auch voraus, dass die Autonomie der Lehrerschaft durch Steigerung ihrer fachlichen und pädagogischen Kompetenzen gesteigert wird.

Zum weiteren Studium der Bourdieu'schen Thesen und Theorien empfehlen wir folgende Werke: Ecarius (1996); Krais (1996b); Schimank/Volkmann (1999, S. 23ff); Bittlingmayer u.a. (2002); Fuchs-Heinritz/König (2011); Krais/Gebauer (2013). Um die Erklärungspotentiale und Anwendungsmöglichkeiten der Theorie abzuschätzen, ist es hilfreich, sich mit Folgestudien zu beschäftigen. Hier empfehlen wir: Wacquant (1995a/b); Frerichs (1997); Engler (1997); Vester u.a. (2001); Schultheis (2005); Fröhlich/Rehbein (2009).

3.2 Niklas Luhmann

Niklas Luhmann wird am 8. Dezember 1927 in Lüneburg geboren. Er studiert Rechtswissenschaft in Freiburg und arbeitet einige Jahre in verschiedenen Funktionen der öffentlichen Verwaltung. 1960/61 wird er für das Studium der Verwaltungswissenschaft und der Soziologie an der amerikanischen Harvard University beurlaubt. Dort trifft er mit Talcott Parsons zusammen, dessen Theorie ihn nachhaltig beeinflusst. Zurück in Deutschland absolviert er den Aufbaustudiengang „Verwaltungswissenschaft" in Speyer. Darauf aufbauend promoviert und habilitiert Luhmann in Münster und wird 1968 Professor für Soziologie an der Universität Bielefeld, wo er bis zu seinem Tod am 6. November 1998 in Oerlinghausen bleibt.

Die Luhmann'sche Systemtheorie geht aus der kritischen Auseinandersetzung mit den Parson'schen strukturell-funktionalen Systemtheorie (vgl. Kapitel 2.2.1) hervor und bezieht die wesentlichen Anregungen für Novellierungen und Neudefinitionen der Parson'schen Theorie aus modernen interdisziplinären (vor allem biologisch/neurophysiologischen) systemtheoretischen Entwürfen. Gedanklicher Ausgangspunkt ist ein kybernetisches Modell, demzufolge gleiche Schemata von Systemen, Steuerung, Kontrolle, Selbstreferenz und Selbstorganisation in der Technik, der Biologie und in sozialen Prozessen unterstellt werden können (vgl. Maturana 1982; Varela 1982).

3.2.1 Zum Werk

Im Unterschied zu Parsons, in dessen Theorie Systeme klare Strukturen aufweisen, nach deren Funktionen er dann fragt, interessiert Luhmann in seiner, nun funktional-strukturell genannten, Theorie wie System funktionieren und wie einzelne Funktionen sich historisch verändern. Unter einem sozialen System versteht Luhmann zunächst eine Konfiguration sinnhaft aufeinander verweisender Handlungen. Jedes System besitzt eine Umwelt, von der es abgegrenzt ist. Zu der Umwelt gehören alle Handlungen, die nicht in den Sinnkontext des Systems gehören (Luhmann 1991[4], S. 9). Auch hier unterscheidet sich Luhmann von Parsons, da er nicht länger davon ausgeht, dass kollektiv geteilte Normen und Werte die gemeinsame Grundlage von Systemen oder gar von Gesellschaften sind. Stattdessen wird der Sinnzusammenhang zum konstituierenden Element. Systeme leisten in einer hyperkomplexen Welt – so Luhmann – die Funktion, Komplexität zu reduzieren (Luhmann 1970, S. 116). In seinem späteren Werk (z.B. Luhmann 1986) trennt sich Luhmann zur Bestimmung von Systemen vom Handlungsbegriff und betont – gerade um den Sinnzusammenhang hervorzuheben – Kommunikationen als das verbindende Element. *(Soziale Systeme)*

Es lassen sich die verschiedensten Systeme unterscheiden: lebende, neuronale, psychische, technische, soziale Systeme. Luhmann interessiert sich als Soziologe in erster Linie für soziale Systeme. Diese versteht er, wie auch psychische oder neuronale Systeme in der neueren Systemtheorie, als autopoietische Systeme. Das bedeutet, dass Systeme operativ geschlossen sind und durch ihre eigenen Elemente sich immer wieder neu reproduzieren. Systeme sind in diesem Sinne autonom. Allerdings kann die Umwelt eines Systems irritierend auf dieses einwirken, d.h. sie irritiert die Kommunikation eines Systems. *(Autopoisis)*

Ein System besteht – nach Luhmann – nicht aus Menschen, weil Menschen selbst zu komplexe Gebilde sind. In ihnen steckt ein Immunsystem, ein neurophysiologisches System, ein psychisches System, ein organisches System usw. Luhmann konzentriert sich daher in seiner Begriffswahl auf den Kommunikationsbegriff. Dabei versteht er Menschen nicht als Urheber der Kommunikation, sondern Kommunikation wird als Produkt sozialer Systeme gefasst (Luhmann 1990b, S. 31). Das soziale Geschehen wird demnach von Luhmann als eigenständige analytische Dimension jenseits der kognitiven oder psychischen Opera- *(Kommunikation)*

53

tionen von Menschen begriffen. Kommunikation ist die elementare Einheit von Systemen. Sinnproduktion unterscheidet soziale Systeme von anderen Systemen. Nur psychische Systeme sind ebenfalls sinnproduzierend.

Jede Kommunikation ist selektiv, das heißt, es besteht die Auswahl aus verschiedenen Möglichkeiten. Sie ist – Luhmann zufolge – sogar in dreifacher Weise selektiv. Die „Information" ist eine Auswahl aus den vielfältigen Möglichkeiten zu kommunizierender Informationen; auch zur „Mitteilung" stehen verschiedene Varianten zur Verfügung (schreien, flüstern, schreiben, sprechen etc.); schließlich gibt es zahlreiche Möglichkeiten die mitgeteilte Information zu „verstehen" (Luhmann 1993⁴, S. 191ff). Da Kommunikation also die Synthese einer dreifachen Selektionsleistung ist, schlussfolgert Luhmann, dass Kommunikation theoretisch nicht als das Resultat des Handelns eines Individuums begriffen werden kann. Sie ist eine eigene analytische Dimension.

Diese hier notgedrungen sehr knapp geschilderten theoretischen Grundlagen nutzt Luhmann, und dies wird in der Fachöffentlichkeit am ausführlichsten diskutiert, zur Analyse gesellschaftlicher Prozesse. Prinzipiell unterscheidet Luhmann drei Typen sozialer Systeme: Interaktion, Organisation und Gesellschaft (vgl. Luhmann 1991⁴, S. 10ff). Interaktionssysteme entstehen in der gegenseitigen Wahrnehmung von Anwesenden. Ihre Wirksamkeit ist auf die Dauer der Anwesenheit beschränkt. Organisationen (oder Organisationssysteme) sind über Mitgliedschaft und Entscheidungstechniken formalisierte Sozialtypen. Gesellschaft schließlich ist das umfassendste Sozialsystem, dem Luhmann das meiste Interesse schenkt.

Differenzierungs-typen
Die auf der Theorie autopoietischer sozialer Systeme aufbauende Gesellschaftstheorie geht von drei evolutionären Typen gesellschaftlicher Differenzierung aus. Einfachstes Differenzierungsprinzip ist die segmentäre Differenzierung, wie sie archaischen Gesellschaften zugeschrieben wird. Die Gesellschaft teilt sich hier in gleiche Teile, zum Beispiel Familien, Stämme, Dörfer. Mit einer Zunahme an Komplexität entwickelt sich die stratifikatorische Differenzierung. Es entwickelt sich eine Teilung in ungleiche Schichten. Sie gilt für Luhmann als Kennzeichen der Vormoderne und wird bis in das 16. Jahrhundert hinein veranschlagt. Für sie gilt, dass es eine gesamtgesellschaftliche Grundsymbolik der Hierarchie gibt (Luhmann 1980, S. 29). Jede/r hat durch eine religiös fundierte Weltanschauung seinen Platz in der Geschichte. Das Ganze kann durch eine Person repräsentiert werden (z.B. den Kaiser). Ab dem 16. Jahrhundert lässt sich Gesellschaft – so Luhmann – nicht länger als schichtförmig gegliederte Einheiten mit einem gemeinsamen normativen Kontext beschreiben. Es entsteht eine funktionale Ausdifferenzierung, indem sich die Politik von der Religion trennt, die Erziehung sich als eigenes Feld etabliert, die familiäre Privatsphäre sich herauskristallisiert, das Recht sich von der Politik trennt, Wissenschaft und Wirtschaft als eigene Sinnkontexte entstehen. Mitte bis Ende des 19. Jahrhunderts habe sich die funktionale Differenzierung endgültig zur primären Differenzierungsform entwickelt. Dabei ist entscheidend, dass Luhmann diese Differenzierung als „primär" kategorisiert, was nicht bedeutet, dass es keine stratifikatori-

54

sche Differenzierung mehr gäbe, sie ist ihm zufolge jedoch – ganz anders als im Konzept von Bourdieu – sekundär geworden (Luhmann 1985, S. 130).

	Beobachtungseinheit	Funktion	Leistung	Medium	Code	Programm
Funktionale Teilsysteme	Religion	Kontingenz-ausschaltung	Diakonie	Glaube, Gott-Seele-Diff.	Immanenz/Transzendenz	Offenbarung, Heilige Schrift, Dogmatik
	Recht	Ausschaltung der Kontingenz norma-tiven Erwartens	Erwartungserleich-terung, Konfliktre-gulierung	Recht (Rechtsprechung)	Recht/Unrecht	Konditionalprogram-me, Rechtsnormen, Gesetze
	Erziehung	Selektion für Karrieren	Ermöglichung un-wahrscheinlicher Kommunikationen	Lebenslauf (Kind)	besser lernen/schlechter lernen, Lob/Tadel	Bildung, Lehr- und Lernpläne
	Politik	Ermöglichung kol-lektiv bindender Entscheidungen	Umsetzung kollek-tiv bindender Ent-scheidungen	Macht	Macht haben/keine Macht haben, Regierung/Opposition	Regierungs-, Parteiprogramme, Ideologien
	Wirtschaft	Knappheits-minderung	Bedürfnis-befriedigung	Geld	Zahlung/Nichtzahlung	Zweckprogramme, Budgets
	Wissenschaft	Erzeugung neuen Wissens	Bereitstellung neuen Wissens	Wahrheit	Wahrheit/Unwahrheit	Theorien und Methoden

(Quelle: Krause 1999², S. 36)

Binäre Codes

Die einzelnen Systeme, Wirtschaft, Politik, Recht, Religion, Erziehung, Wissenschaft, Kunst etc. operieren autonom und können durch keine gemeinsame Symbolik ausgedrückt werden. Die Systeme operieren auf der Basis von binären Codes: Recht-Unrecht, wahr-falsch etc. Die Systeme beobachten einander und reagieren aufeinander, aber immer in ihrer eigenen Logik. Das Wirtschaftssystem spricht in Erziehungsfragen über wirtschaftlichen Erfolg, das Wissenschaftssystem über wahre und falsche Aussagen und die Religion über den moralischen Standart. Die Systeme operieren also in ihrem eigenen Sinnhorizont. Das bedeutet, dass über den Code sowohl festgelegt wird, welchen Ausschnitt der Welt die Systeme beobachten, als auch Wirklichkeit selbst geschaffen wird. Das Rechtssystem zum Beispiel findet nicht nur Recht und Unrecht vor, sondern definiert und erzeugt auf diese Weise Recht und Unrecht. Gleichzeitig ist genau dieser Code auch der blinde Fleck des Systems. Das Rechtssystem kann selbst nicht entscheiden, ob es rechtens ist, Recht und Unrecht zu unterscheiden.

Multiinklusion

Die Inklusion von Personen erfolgt in der funktional differenzierten Gesellschaft nicht mehr über den gemeinsamen Ideenhorizont, sondern als Multiinklusion. Fast alle sind gleichzeitig in die verschiedenen Teilsysteme mit ihren spezifischen Kommunikationen integriert (Luhmann 1994), dabei sind Menschen nie gänzlich in ein System integriert, sondern immer nur rollenspezifische Teilaspekte einer Person.

3.2.2 Luhmanns soziologische Erziehungsreflexion

Soziale Systeme beobachten sich selbst. Sie haben dabei das Problem des „blinden Flecks". So wie das Rechtssystem nicht durch Beobachtung entscheiden kann, ob es rechtens ist, zwischen Recht und Unrecht zu unterscheiden, so steht auch das Erziehungssystem bei der Selbstbeobachtung vor enormen Problemen. Niklas Luhmann und Karl Eberhard Schorr (1988) analysieren explizit als Soziologen die Reflexionsprobleme des Erziehungssystems. Sie nutzen dabei den Reflexionsprobleme fremden Blick derjenigen, die nicht in pädagogische Prozesse involviert sind. Die von ihnen in Augenschein genommenen Probleme des Erziehungssystems, sich selbst zu reflektieren, untersuchen sie exemplarisch für die Schwierigkeiten vieler Systeme. Es handelt sich – so Luhmann/Schorr – um verallgemeinerbare Schwierigkeiten dabei, die gewandelte Ausdifferenzierung und Autonomie der Systeme sozialwissenschaftlich zu begreifen.

Pädagogik und
Erziehungs-
wissenschaft

Luhmann/Schorr gehen von der Annahme aus, dass sich im Zuge der funktionalen Differenzierung das Erziehungssystem (wie auch das Wissenschaftssystem) als autonomes Teilsystem etabliert hat. „Funktionale Differenzierung bedeutet in Hinsicht auf »Erziehungswissenschaft«, dass für wissenschaftliche Forschung und für Erziehung *verschiedene* Sozialsysteme ausdifferenziert worden sind" (Luhmann/Schorr 1988, S. 8, kursiv im Original). Die „Erziehungswissenschaft" sei im Hochschulsystem verankert, während die „Pädagogik" Teil des Erziehungssystems sei. Die Pädagogik stehe unter der Anforderung, Situationsdeutungen, wenn nicht gar Handlungsanleitungen, zu liefern (Luhmann/Schorr 1988, S. 7). Wie jedes System reflektiere die Pädagogik ihre eigene Praxis. Diese Reflexion werde häufig mit „Wissenschaft" gleichgesetzt, tatsächlich mache die gleichzeitige Erwartung von Handlungsanleitung und Selbstlegitimation als System Wissenschaft unmöglich. Das System brauche Reflexion zur Weiterentwicklung, die Wissenschaft jedoch müsse und werde in einem anderen System geleistet, was es anzuerkennen gilt. Die Erziehungswissenschaft ist eine „besondere Art der Sichtung und Produktion von Wissen für das Geschäft der Erziehung" (Luhmann/Schorr 1988, S. 368).

Luhmann und Schorr stellen sich also die Aufgabe, Reflexionsprobleme des Erziehungssystems aus soziologischer Perspektive zu diskutieren. Sie wählen dazu drei Felder: Die Autonomie des Erziehens, die Ambivalenz zwischen Technik und Reflexion sowie die Frage der sozialen Selektivität. Für das Verständnis der Ausführungen ist es wichtig, dass es den Autoren nie um Lösungen der pädagogischen Probleme, sondern um Reflexion, d.h. um ein komplexes, differenziertes Verständnis der Probleme auf der Basis der Systemtheorie, geht.

Leitmotive

Soziale Systeme weisen prinzipiell – nach Luhmann – einen Bezug auf die Gesamtgesellschaft auf, indem sie eine Funktion erfüllen. Diese Funktion wird durch ein Leitmotiv bzw. eine Kontingenzformel zum Ausdruck gebracht (Luhmann/Schorr 1988, S. 36). Hier zeigen Luhmann/Schorr, und damit kommen sie zum ersten Reflexionsproblem, in Bezug auf das Erziehungssystem, dass sich das Selbstverständnis der Funktion historisch wandelt und konkretisiert. Während zunächst „humane Perfektion" im Mittelpunkt der Selbstbeschreibung gestanden habe, wäre darauf folgend „Bildung" zum Leitmotiv geworden und vielfach bis heute geblieben. Luhmann/Schorr bezweifeln nun, dass es angemessen ist, über die Idee von Bildung, Erziehung zu definieren. Sie schlagen stattdessen „Lernfähigkeit" als eine adäquate Kontingenzformel vor. Humane Perfektion sei eine Formel, die sowohl für Familienerziehung als auch für Schulerziehung greife und daher noch sehr weit gefasst sei. Bildung definiere das Erziehungssystem in Hinblick auf das Hochschulsystem und gewährleiste daher die für ausdifferenzierte Systeme typische Autonomie noch nicht. Man wähle mit dem Leitmotiv „Bildung" den einfachen Weg, da nur Pädagogen sagen könnten, was Bildung sei und sichere sich so gegen Eingriffe von Priestern, Politikern etc. ab (Luhmann/Schorr 1988, S. 366). Über das Konzept von Lernfähigkeit werde die Autonomie anderen Systemen gegenüber substanzieller. „Lernfähigkeit schließlich formuliert eine Kondition, die vor allem auf spätere Verwendung im beruflichen Leben blickt und besagt, dass die Erziehung, was immer sie sonst mitgibt, vor allem zum Lernen von Lernfähigkeit führen müsse, um für jede spätere Lebenslage zu wappnen" (Luhmann/Schorr 1988, S. 62).

Systeme stellen zweitens nicht nur zur Gesamtgesellschaft einen Bezug her, sondern sie stehen auch in Beziehung zu anderen Systemen. Im Fall des Erziehungssystems wird diese Beziehung über Produktion von „Leistung" beschrieben. Daraus ergibt sich als zweites Reflexionsproblem des Erziehungssystems, dass das eigene Technologiedefizit nicht hinreichend diskutiert werde. Der Begriff des Technologiedefizits bezieht sich auf die Erkenntnis, dass eine direkte und in ihren Folgen klar umgrenzbare Einflussnahme auf die Zöglinge nicht möglich ist. Weder ist kontrollierbar, was in das Bewusstsein der zu Erziehenden dringt, noch wie es dort verarbeitet wird. Die Pädagogik könne weder die Selbstreferenz im Menschen noch im Erziehungssystem leugnen und fühle sich doch gehalten, die Erziehungsaufgabe zu operationalisieren sowie als „Leistung" nachvollziehbar und in andere Systeme vermittelbar zu machen. Daher verlasse es sich immer stärker auf „Organisation" von Erziehung. Statt das eigene Dilemma ernst zu nehmen, werde Erziehung immer neu reformiert und als organisatorisches Problem definiert (vgl. Luhmann/Schorr 1988, S. 177ff). Didaktik und Methode dienen dazu, Ziele festzulegen, die dann überprüfbar werden. Messbare Leistung ersetzt die Einsicht in die Unmöglichkeit, erzieherisches Handeln in ihren Folgen zu bestimmen.

Aus der Zuspitzung auf Leistung ergibt sich das dritte Reflexionsproblem. Soziale Systeme beziehen sich, wie schon festgestellt, nicht nur auf andere Systeme und die Gesamtgesellschaft, sondern auch auf sich selbst in Form von Selbstreflexivität. Als zentrales Problem entziffern Luhmann/Schorr hier einen endlosen Diskurs um das Problem der Chancengleichheit. Während das Erziehungssystem notwendig, und gerade über die Differenz von gebildet/ungebildet sowie über die Fokussierung auf Leistung, unterschiedliche Karrierechancen eröffnet, wird gleichzeitig jede Selektionsfunktion abgelehnt. Pädagogen reagieren darauf, indem sie die Probleme an den Rand des Systems verschieben (in den Übergang zum Beruf) und sich damit der Verantwortung entziehen. Durch Massenbildung, so argumentieren Luhmann/Schorr ähnlich wie Bourdieu, sei die Zahl der Absolventen mit höheren Abschlüssen gestiegen, ohne dass für adäquate Beschäftigung gesorgt sei. Die Selektion fände nun nicht mehr direkt durch das Bildungssystem statt, sondern indirekt im Übergang in den Beruf. Luhmann/Schorr zufolge habe dies das Selektionsproblem „erheblich verschärft" (Luhmann/Schorr 1988, S. 274). Statt Chancengleichheit schlagen sie „Karriere" als Reflexionsbegriff vor, welcher es erlaubt mitzubedenken, dass die Kinder aus den Familien bereits mit unterschiedlichen Fertig- und Fähigkeiten in das Erziehungssystem kommen.

Später stellt Luhmann (1996) darüber hinaus die These auf, dass das Erziehungssystem von grundlegenden Paradoxien durchzogen sei. Eine formuliert er

Technologiedefizit

Chancengleichheit

Grundlegende
Paradoxien

57

folgendermaßen: „Das Erziehungssystem behandelt Ungleiches gleich, um die Auflösung dieser Paradoxie, die Erzeugung schulleistungsbedingter Ungleichheiten, sich selbst zurechnen zu können" (Luhmann 1996, S. 25). Die ungleichen Kinder werden also als gleich eingestuft, um dann Leistungsdifferenzen (scheinbar) hervorbringen und messen zu können. Voraussetzung – so die Selbstbeschreibung – sei eine „gerechte", d.h. „im System kontrollierte Herstellung von Ungleichheit" (Luhmann 1996, S. 26).

Eine andere Paradoxie ergibt sich aus der über den Bildungsgedanken vermittelten Orientierung am Wissenschaftssystem. Nach der Ablösung des Religionssystems stütze sich das Erziehungssystem auf wissenschaftlich bewährte Wahrheiten und wandle diese in der Transformation zu Schulwissen in Wahrheitsverzerrungen: „Es gibt schon nichteuklidische Geometrien, aber der Schulunterricht hält sich an Euklid. Die Atome werden (noch heute) als kleine Kügelchen oder Hütchen veranschaulicht. Vor allem aber schafft das Erziehungssystem sich «Klassiker», also Fünf-Sterne-Helden der Tradition, an denen die in Schulklassen verwendeten Bücher (...) sich orientieren können" (Luhmann 1996, S. 36). Das Erziehungssystem verkenne, dass Wissenschaft (auch Erziehungswissenschaft) sich von der Pädagogik grundlegend unterscheide.

Gesellschaftliche Funktion der Erziehung

In seinem letzten Werk „Das Erziehungssystem der Gesellschaft" – posthum von Dieter Lenzen herausgegeben – (vgl. Luhmann 2002) wechselt Luhmann die Perspektive und fragt nach der gesellschaftlichen Funktion von Erziehung. Das Erziehungssystem trage zum Erhalt der Gesellschaft bei, so argumentiert er, durch die Erziehung der Menschen zu Personen. Es produziere Eigenschaften der Menschen, die für die Übernahme von Pflichten und Aufgaben, auch für die statusadäquate Positionierung notwendig seien. In diesem Sinne sind „Personen" durch Sozialisation und Erziehung entstandene Menschen. Als Personen sind Menschen in der Lage, an der sozialen Interaktion teilzunehmen. Bildungsinstitutionen stellen den Rahmen für die Aktivitäten zur Herstellung von Personen dar. Sie bieten den Ort, an dem Erziehung in von der Gesellschaft geregelten Bahnen stattfindet, und stellen sicher, dass Erziehung jeden und jede erreicht.

Zur Einführung in die Luhmann'sche Systemtheorie empfehlen wir: Kneer/Nassehi (1997[3], original 1993); Schimank/Volkmann (1999) sowie Jahraus/Nassehi u.a. (2012). Die Theorie diskutieren: Knorr-Cetina (1989); Bude (1990); Münch (1991); Schimank (1996, S. 135ff); Schwinn (1998); Nassehi (1999 u.a.). Die Erziehungsthesen diskutieren: Ruhloff (1996); Schäfer (1983); Lenzen (1996, 2003). Lesenswerte Folgestudien sind: Drewek/Harney (1986); (Stichweh 1987). Ein Glossar zur Theorie haben Baraldi u.a. (1997) zusammengestellt.

4. Soziale Ungleichheit

4.1 Definition sozialer Ungleichheit

Das Phänomen der sozialen Ungleichheit als strukturierende gesellschaftliche Dimension gilt als „theoretisches Schlüsselthema" (Kreckel 1992, S. 21) der Soziologie. Soziale Ungleichheit meint in der Soziologie in der Regel nicht einfach nur Ungleichartigkeit. Die Heterogenität der Menschen zum Beispiel in der Ohrengröße oder eine Präferenz für fleischlose bzw. fleischhaltige Speisen interessiert die Soziologie erst dann, wenn Gruppen von Menschen deshalb privilegierten Zugang zu Ressourcen gewinnen oder aber vom Zugang ausgeschlossen bleiben. Die soziologische Ungleichheitsforschung konzentriert sich auf gesellschaftsstrukturierende und Personengruppen benachteiligende Lebensbedingungen. Diese entstehen insbesondere durch Geschlechts- oder Klassenzugehörigkeit, aber auch durch sexuelle Präferenzen, körperliche und mentale Möglichkeiten (Behinderung, Körpergröße, Haarfarbe), durch das Alter sowie durch ethnische Zuschreibung etc. Ungleichartigkeit

„Soziale Ungleichheit im weiteren Sinne liegt überall dort vor, wo die Möglichkeiten des Zuganges zu allgemein verfügbaren und erstrebenswerten sozialen Gütern und/oder zu sozialen Positionen, die mit ungleichen Macht- und/oder Interaktionsmöglichkeiten ausgestattet sind, dauerhaft Einschränkungen erfahren und dadurch die Lebenschancen der betroffenen Individuen, Gruppen oder Gesellschaften beeinträchtigt bzw. begünstigt werden" (Kreckel 1992, S. 17). Der Begriff der strukturierten sozialen Ungleichheit meint „langfristig wirksame, die Lebenschancen ganzer Generationen prägende Ungleichheitsverhältnisse" (Kreckel 1992, S. 19). Reinhard Kreckel unterscheidet in seinem Buch „Politische Soziologie der sozialen Ungleichheit" zwei Aggregatzustände sozialer Ungleichheit: asymmetrische Beziehungen zwischen Menschen und ungleiche Verteilung von Gütern. Ersteres ist eine relationale Form sozialer Ungleichheit, letztgenanntes eine distributive Form. Analytisch können die distributiven Aspekte sozialer Ungleichheit unterschieden werden in eine „Reichtums-Dimension" und eine „Wissens-Dimension" (Kreckel 1992, S. 78ff.). Unter der Reichtums-Dimension versteht Kreckel die Zugangschancen zu primär materiellen Produkten und Bedingungen, unter der Wissens-Dimension die Zugangschancen zur primär symbolischen Kultur. Da Handelnde sich nicht nur an den materiellen und symbolischen Vergegenständlichungen orientieren, sondern auch an den anderen Han- Zugangschancen Reichtum und Wissen delnden, prägen relationale Formen ebenfalls die Entstehung und Reproduktion sozialer Ungleichheit – und zwar sowohl als Beziehung zwischen Gleichen als auch zwischen Ungleichen. Kreckel unterscheidet daher bei den relationalen Aspekten zwischen „hierarchischer Organisation" und „selektiver Assoziation". In dem einen Fall sind Verfügungschancen aufgrund der sozialen Position innerhalb einer Hierarchie gemeint, im anderen Fall symmetrische Beziehungen zwischen Gleichen, die für andere Ausschlusscharakter haben bzw. die Integrierten begünstigen, zum Beispiel studentische Verbindungen, politische Loyalitäten etc. Diesen vier Dimensionen Reichtum, Wissen, Organisation und Assoziation lassen sich institutionalisierte Tauschmittel zuordnen: Geld, Zeugnis, Rang und Zugehörigkeit als „Währungen sozialer Ungleichheit" (Kreckel 1992, S. 86).

In der soziologischen Ungleichheitsforschung kommt den Kategorien „Klasse" (oder Schicht, Milieu etc.) und „Geschlecht" eine besondere Bedeutung zu. Im Unterschied zu anderen Feldern sozialer Ungleichheit kann sehr umfassend nachgewiesen werden, dass Klasse und Geschlecht jede Handlung durchziehen und gleichzeitig als Ordnungsmuster des Gesellschaftlichen fungieren. Deshalb spricht man von ihnen auch als „Strukturkategorien". Diese sehr grundlegenden soziologischen Begriffe werde ich im Folgenden erläutern, bevor ich den Gesamtzusammenhang auf Bildung beziehe.

4.1.1 Klasse

Der Begriff der sozialen Klasse bezieht sich in der Soziologie in besonderem *Karl Marx* Maße auf die Theorien Karl Marx und Max Webers. Marx versteht unter einer Klasse eine Gruppe, die eine gemeinsame Beziehung zu dem Produktionsmittel, also zu den Mitteln, mit denen sie ihren Lebensunterhalt verdient, hat. In der Industriegesellschaft sind die beiden wichtigsten Klassen die Arbeiterklasse bzw. das Proletariat auf der einen Seite und die Kapitalisten bzw. Industrielle auf der anderen Seite. Sie unterscheiden sich vor allem darin, dass die einen (die Minderheit) über die Produktionsmittel verfügen, wohingegen die anderen (die Mehrheit), da sie keine Produktionsmittel (mehr) besitzen, gezwungen sind, ihre Arbeitskraft zu verkaufen. Das Verhältnis zwischen den Klassen ist Marx zufolge eines von Ausbeutung, da der Kapitalist mehr Geld für die Produkte erzielt als *Mehrwert* er für deren Produktion aufwendet. Der so genannte Mehrwert ist der Profit des Kapitalisten, den dieser zur Stabilisierung des asymmetrischen Machtverhältnisses nutzen kann, welchen er jedoch nur durch die Ausbeutung der Arbeit des Proletariats erzielt. Das Klassenverhältnis ist somit sowohl ein ökonomisches Verhältnis als auch ein politisches Herrschaftsverhältnis (vgl. auch Giddens 1984). Der Begriff der Klasse ist für Marx folglich gleichzeitig eine analytische Kategorie und ein politischer Begriff. Das zusammen mit Friedrich Engels verfasste Manifest der Kommunistischen Partei beginnt mit der Feststellung: „Die Geschichte aller bisherigen Gesellschaft ist die Geschichte von Klassenkämpfen" (Marx/Engels 1984, original 1848, S. 44). Seit dem Verlassen der archaischen Gemeinschaften stünden sich antagonistische Klassen gegenüber, wobei immer die eine über die erforderlichen ökonomischen Ressourcen verfüge und somit die andere unterwerfe. Zum Klassenkampf kommt es jedoch nur, wenn die Menschen ein „Klassenbewusstsein" entwickeln und ihre soziale Lage begreifen lernen. Durch die Stellung zu den Produktionsmitteln bildet das Proletariat eine „Klasse an sich". Allein daraus leite sich jedoch keine Handlungsfähigkeit ab. Erst durch das „Klassenbewusstsein" und die Einsicht in die Widersprüche der Klassengesellschaft kann sich das Proletariat zu einer „Klasse für sich" formen: (MEW Bd. 4, 1964, S. 180ff.).

Max Weber bezieht sich auf den Klassenbegriff bei Marx und geht mit diesem soweit konform, dass auch er die Klassenbildung auf wirtschaftliche Bedingungen zurückführt. „Wir wollen da von einer ‚Klasse' reden, wo 1. einer Mehrzahl von Menschen eine spezifische ursächliche Komponente ihrer Lebenschancen gemeinsam ist, soweit 2. diese Komponente lediglich durch ökonomische Güterbesitz- und Erwerbsinteressen und zwar 3. unter den Bedingungen des (Güter- oder Arbeits-)*Markts* dargestellt wird" (Weber 1980[5], S. 531; Hervorhebung im Original). Jedoch erweitert Weber das Klassenkonzept von Marx erheblich. In seinen unter dem Titel „Wirtschaft und Gesellschaft" (Weber 1980[5]) versammelten Arbeiten argumentiert er, dass Klassenunterschiede nicht nur auf der Verfügungsgewalt über Produktionsmittel basieren, sondern im Besonderen auch auf Leistungsqualifikationen und damit auf Bildungsprozessen (Weber 1980[5], S. 177ff.). Weber unterscheidet zwischen der Erwerbsklasse und der Besitzklasse. Menschen, die zur Erwerbsklasse gezählt werden können, sind auf Erwerb angewiesen und müssen folglich arbeiten gehen. Die anderen verfügen über Besitz und können davon leben. Im Unterschied zu Marx ist der Wechsel von einer Klasse zur anderen jedoch in der theoretischen Konzeption von Weber durchaus möglich. Darüber hinaus besteht für die Erwerbsklasse die Möglichkeit, durch Qualifikationserwerb die eigenen Chancen auf dem Arbeitsmarkt zu erhöhen. Somit ist die Klassenlage bei Weber nicht nur durch die Verhältnisse geprägt, sondern auch durch die „Lebensstellung" und das „Lebensschicksal" der Menschen.

Erwerbs- und Besitzklassen

Aufgrund dieser Betonung von Bildungsprozessen betrachtet Weber es nicht als das Interesse der Arbeiterklasse/Erwerbsklasse, die Spielregeln des Marktes durch Revolution umzugestalten, sondern die Interessen sieht er in der Verbesserung der eigenen Chancen durch Spezialqualifikationen, Standortvorteile etc.

Weber differenziert in Klassen, Ständen und Parteien. Die Klassenlage wird ihm zufolge durch die Ständebildung überlagert. Stände basieren auf Gemeinschaftsbildungen von Gruppen (z.B. durch Religion, Ethnizität, Hautfarbe, Berufe). Sie implizieren im Unterschied zur Klasse ein subjektives Zusammengehörigkeitsgefühl und basieren nicht notwendig auf ökonomischen Faktoren. „Im Gegensatz zur rein ökonomisch bestimmten ‚Klassenlage' wollen wir als ‚ständische Lage' bezeichnen jene typische Komponente des Lebensschicksals von Menschen, welche durch eine spezifische positive oder negative Einschätzung der ‚Ehre' bedingt ist, die sich an irgendeine gemeinsame Eigenschaft vieler knüpft" (Weber 1980[5], S. 534).

Stände

Parteien wiederum sind auf ein planvoll angestrebtes Ziel gerichtet, welches sowohl sachlicher als auch persönlicher Natur ist. Parteien sind Zusammen-

Parteien

schlüsse, um Einfluss auf das Gemeinschaftshandeln auszuüben. Insofern sind Parteien nicht wie Stände oder Klassen Dimensionen der sozialen Ungleichheit, sondern vielmehr Zusammenschlüsse, die sich aus Stand oder Klasse ergeben, allerdings auch auf ganz anderen Interessen basieren können (vgl. zum Stand z.B. Weber 1980[5], S. 539).

Zusammenfassend heißt das, die Klassenlage bestimmt nach Marx und Weber die Position eines Individuums oder einer Gruppe in der Gesellschaft. Nach Marx bestimmt sich die Position primär über die Teilhabe bzw. den Ausschluss von Eigentum an dem Produktionsmittel. Bei Weber ist die Klassenlage über die Chance zur Versorgung mit Ressourcen bestimmt, welche sowohl auf die äußeren Lebensumstände als auch auf die subjektiven Bewältigungen zurückzuführen ist. Klasse ist demnach ein analytischer Begriff, um die Lebensumstände von Personengruppen in der Regel auf der Basis ökonomischer Faktoren zu analysieren.

Wandel der Erwerbsstruktur

Ein wesentlicher Einwand, der gegen die Marxsche Klassentheorie vorgetragen wird, ist, dass der soziale Wandel in der Erwerbsstruktur in diesem theoretischen Modell nicht erfasst werden kann (vgl. Gottschall 2000, S. 71). Auf Weber trifft diese Kritik nicht in gleichem Maße zu, weil er in seiner Konzeption nicht auf die Produktion, sondern auf den Markt fokussiert, Bildungsqualifikationen als strukturierenden Faktor berücksichtigt sowie sich durch die Unterscheidung von Klasse und Stand einem mehrdimensionalen Modell sozialer Ungleichheit annähert. Dadurch hat Weber die deutsche Ungleichheitsforschung schließlich stärker geprägt als Marx.

Soziale Schichten

Der Klassenbegriff wird vielfach durch den Begriff der „sozialen Schicht" ersetzt, um die politischen Implikationen der Klassentheorie zu vermeiden, aber auch aufgrund einer auf eine quantitative Bestimmung von Status verkürzte Rezeption der Weberschen Theorie (vgl. Kreckel 1982). „Schicht" wird zu einem rein deskriptiv genutzten Ordnungsbegriff. Dabei werden die Schichten eingeteilt, indem die Berufsstruktur als Indikator für die soziale Position genutzt wird (vgl. Hradil 1987).

Allerdings muss man berücksichtigen, dass der Schichtbegriff so in das Alltagsvokabular eingegangen ist, dass auch jene Theorien, die nach wie vor dem marxistischen Grundgedanken, dass Industriegesellschaften sich in einem Zustand von Widersprüchen und sozialen Konflikten befinden, folgen, den Begriff synonym mit „Klasse" verwenden. Letztlich folgen beide Richtungen und damit die soziologische Ungleichheitsforschung einem gemeinsamen „Hintergrundkonsens" (Kreckel 1983, S. 3), dass eine einheitliche und dominante gesellschaftliche Struktur auf der Basis der Erwerbsarbeit herausgefiltert werden kann, die eine – alle gesellschaftlichen Bereiche durchziehende – Struktur sozialer Ungleichheit darstellt.

Diese ausschließliche Akzentuierung auf Erwerbsarbeit erwies sich jedoch als reduktionistische Herangehensweise, da hierbei die Frauen bruchlos der Position des erwerbstätigen Mannes zugeordnet werden. Reinhard Kreckel (1992) kritisiert an der Zuordnung der Frauen zum Status der Männer, dass eine stabile

Stabile Gattenfamilie

Gattenfamilie in modernen westlichen Gesellschaften nicht länger unterstellt werden könne. Sie existiere zwar weiterhin als Norm, könne jedoch als durchgängige Praxis in der Forschung nicht mehr angenommen werden. Man müsse daher parallel zur klassenspezifischen Vergesellschaftung und zur klassenspezifischen Ungleichheit auch die institutionalisierte Zweigeschlechtlichkeit (vgl. Kapitel 4.1.2 im Folgenden) und die daraus folgende geschlechtsspezifische Vergesellschaftung sowie die geschlechtsspezifische Ungleichheit betrachten.

Petra Frerichs und Margareta Steinrücke (1997) zeigen darüber hinaus, dass sich Paare zwar mehrheitlich innerhalb der gleichen Schicht finden, jedoch ist der Status der Frau in der Regel etwas niedriger als der des Mannes. So beziehen Frauen klassenübergreifend auf der gleichen sozialen Stufe bzw. in der gleichen beruflichen Stellung ein geringeres Einkommen als Männer, was, wie Ursula Rabe-Kleberg (1987, 1993) und Reinhard Kreckel (1992) belegen, nicht länger mit Qualifikationsunterschieden begründet werden kann (vgl. Kapitel 4.2.3 in diesem Buch). Mit Bezug auf Michael Mann (1986) argumentiert Frerichs (1997), dass Frauen eine Art „Pufferzone" zwischen der Klasse ihres Mannes und der nächst niedrigeren Klasse bilden und damit eine wesentliche gesellschaftliche Vermittlungsleistung erbringen. Frauen als „Pufferzone"

Zusammengenommen bedeutet dies, dass das Phänomen der sozialen Ungleichheit zum einen an die Klassenlage (oder unpolitischer formuliert an die Schicht) geknüpft ist, aber parallel dazu sich die Geschlechtszuweisungen auf den sozialen Status auswirken. Die Klassenlage wird über die Struktur der Erwerbsarbeit aber, wie sich in der eingangs referierten Position von Kreckel und durchaus mit Bezug auf Weber zeigt, auch über die Bildungsverhältnisse bestimmt (welche, wie später noch genauer zu zeigen sein wird, in Wechselwirkung mit dem Arbeitsmarkt wirksam werden). Neben den Dimensionen Wissen und Reichtum existieren quer liegende Vergesellschaftungsformen (bei Weber „Stand", bei Kreckel „hierarchische Organisation" und „selektive Assoziation"), welche Zugangschancen zu gesellschaftlichen Ressourcen eröffnen oder verschließen und damit an der Entstehung, Aufrechterhaltung oder Veränderung von sozialer Ungleichheit mitwirken.

Diese quer liegenden Vergesellschaftungsformen haben unter dem Begriff der „sozialen Milieus" oder der „Lebensstile" in den letzten Jahren den Klassen- und Schichtbegriff in Teilen der Soziologie, vor allem aber im öffentlichen Diskurs, in den Hintergrund gedrängt. Insbesondere Ulrich Beck vertrit die These, dass sich moderne Industriegesellschaften „jenseits von Klasse und Schicht" (Beck 1986, S. 121) entwickeln. Der Prozess der Individualisierung und Diversifizierung von Lebenslagen und Lebensstilen ließe sich in einem starren Modell hierarchischer Klassen und Schichten nicht ausreichend erfassen. Die Becksche Überlegung trifft in einer Gesellschaft, die sich selbst gern als egalitär und voll von gleichen Chancen für alle Menschen beschreibt, auf fruchtbaren Boden. Vergessen wird dabei schnell, dass Beck nie die nach wie vor existierende soziale Ungleichheit geleugnet hat. „Auf der einen Seite sind die Relationen sozialer Ungleichheit in der Nachkriegsentwicklung der Bundesrepublik weitgehend *konstant* geblieben. Auf der anderen Seite haben sich die Lebensbedingungen der Bevölkerung radikal verändert. Die Besonderheit der sozialstrukturellen Ent- Lebensstile

63

wicklung in der Bundesrepublik ist der *‚Fahrstuhl-Effekt':* die ‚Klassengesellschaft' wird *insgesamt* eine Etage höher gefahren" (Beck 1986, S. 122; Hervorhebung im Original).

Dass die Ausformung unterschiedlicher Milieus und Lebensstile, die Zuordnung dieser zu Klassen und die parallele Analyse von Geschlechterverhältnissen nicht in einem Widerspruch stehen muss, hat Pierre Bourdieu in seiner Theorie bewiesen (vgl. ausführlich Kapitel 3.1.1 in diesem Buch). Mit Bourdieu gesprochen kann abschließend Klasse als „Ensembles von Akteuren, die homogenen Lebensbedingungen unterworfen sind" (Bourdieu 1983², S. 175) definiert werden. Die Klassenlage ist systematisch mit der Geschlechtslage verknüpft.

4.1.2 Geschlecht

Der Begriff des Geschlechts ist ein ähnlich komplexer Begriff wie der der Klasse, akzeptiert als Strukturkategorie der Gesellschaft wird er jedoch erst seit ca. zehn Jahren. Die meisten Menschen glauben zu wissen, dass es zwei Geschlechter gibt, die aufgrund biologischer Merkmale voneinander unterschieden werden können. Die Soziologie verfolgt eine andere Perspektive: Es ist ein weithin akzeptierter Konsens, dass jener soziologisch denkt, „wer Wirklichkeit als soziale Konstruktion, also als sozial konstruiert, aber eben als prinzipiell sozial konstruiert begreift" (Hitzler 1997, S. 11). Das heißt, es geht u.a. darum, die Herstellung sozialer Tatsachen im gesellschaftlichen Prozess zu betrachten. Untersucht man die scheinbare Tatsache einer geschlechtsspezifischen Differenz (einer scheinbar objektiven Natur in Form von Körpern, Charaktermerkmalen oder spezifischen Emotionen) auch als soziale Konstruktion, so zeigt sich ein Herstellungsprozess auf zwei Ebenen. Es handelt sich zunächst um einen sozial überaus komplexen *Sortierungsvorgang.* Bei Neugeborenen ausgehend von den Genitalien, bei LeistungssportlerInnen ausgehend von den Chromosomen, im Alltag durch Kleidung, Gestik, Mimik oder Sprache werden Menschen in zwei Gruppen eingeteilt und müssen sich, selbst handelnd als das richtige Geschlecht zu erkennen geben.

Dieser Sortierungsvorgang basiert zunächst auf unterschiedlichen biologischen Gegebenheiten, die aber sozial vereinheitlicht werden müssen, um eine eindeutig zweigeschlechtliche Aufteilung zu ermöglichen. Das Kontinuum zwischen weiblich und männlich, welches sich durch die Variationsbreite von Anatomie, Chromosomen und Hormonen ergibt, wird zu einer zweipoligen Einteilung vereinfacht (vgl. Gildemeister/Wetterer 1992). Die eigentliche Aufgabe jedes einzelnen besteht darin, das eigene Geschlecht angemessen darstellen zu lernen und die Inszenierungen anderer entschlüsseln zu müssen, ohne dass die Kleidungsstücke entfernt werden können. Kinder lernen diese Aufgabe zu bewältigen, ohne auf die Erkennungsmerkmale der Erwachsenen wie Lippenstift oder Krawatte zurückzugreifen. Gerade hierin liegt die Begründung, warum Mädchen und Jungen oft die einem Geschlecht zugewiesenen Eigenschaften wie Aggressivität oder Koketterie über die Maßen betonen (vgl. Hagemann-White 1984). Die Irritation, die Menschen auslösen, die nicht klar zuzuordnende Signale senden,

Soziale Konstruktion

Sortierungsvorgang

64

oder die Unfähigkeit fast jedes Menschen mit einem Baby zu kommunizieren, dessen Geschlecht man zuvor nicht erfragt hat, zeigt die unterschwellig stets aktuelle Bedeutung geschlechtsspezifischer Zuordnung.

Die zweigeschlechtliche Sortierung ist nicht nur unvermeidbar, sie ist auch Teil des Bildungsprozesses. Gerade in der Schule lassen sich die Sortierungsprozesse gut beobachten und zwar nicht nur von den Lehrern und Lehrerinnen in Bezug auf die Schüler und Schülerinnen, sondern auch unter den Kindern und Jugendlichen. Georg Breidenstein (1997) analysiert, dass Kinder andere Kinder des gleichen Geschlechtes oft namentlich ansprechen, wohingegen sie Kinder des anderen Geschlechts über die Genusgruppe definieren. Typische Aussprüche sind: „Ich fänd's gut, wenn zwei Mädchen mitspielen" oder „Nee, Jungen wollen wir nicht dabei haben". Die Konstruktion einer grundlegenden Differenz schafft Fremdheit und damit Neugier oder Abwehr. „Die Mädchen" oder „die Jungen" werden in schulischen Interaktionen als grundlegend Andere etabliert (ausführlich zur Studie Breidenstein/Kelle 1998). *(Schule und Zweigeschlechtlichkeit)*

Der Sortierungsvorgang entsprechend den Prinzipien der Zweigeschlechtlichkeit wird durch Strukturen vorgegeben (z.B. Namensrecht, Geschlechtszuweisung bei der Geburt). Diese Strukturen werden, so betonen diskurstheoretisch orientierte AutorInnen (z.B. Butler 1991), im performativen Akt der Rede stets aufs Neue wiederholt. „Es ist ein Mädchen", sagt die Krankenschwester, und gibt dabei nicht nur die Geschlechtszugehörigkeit wieder, sondern konstruiert sie auf diese Weise. Stärker handlungstheoretisch argumentierende AutorInnen untersuchen die Reproduktion im Alltagshandeln. Gerade in der Transsexuellenforschung zeigt sich, welchen Aufwand Menschen betreiben (müssen), um als das „richtige" Geschlecht erkannt zu werden (vgl. z.B. Lindemann 1993). Dies beginnt mit der Art, die Zigarette zu halten, geht über die Wahl der Getränke und Speisen, den Gang, die Körperhaltung, die Kleidung, Mimik (die Art des Lächelns), Gestik bis hin zur Wahl des Autos oder der Lieblingslektüre. *(Der Akt der Rede und der Handlung)*

Auf diese Weise geht das Geschlecht in Fleisch und Blut – oder mit Bourdieu gesagt (vgl. Kapitel 3.1) – in den Habitus über. Dieser ist jedoch nicht für alle Menschen einer Genusgruppe gleich. Wir erkennen Frauen unabhängig von der Schicht als Frauen und dennoch sind die Prinzipien der Darstellung ihrer Geschlechtszugehörigkeit unterschiedlich – sie unterscheiden sich aber prinzipiell von denen der Männer (vgl. z.B. zur Klassen- und Geschlechtsspezifik im Kochen: Frerichs/Steinrücke 1997).

Über diese Praxis des Handelns wird jedoch nicht nur die zweigeschlechtliche Sortierung reproduziert, sondern auch darüber hinaus – und das ist die zweite Ebene – eine hierarchische *Differenzierungsform* geschaffen und bestätigt (vgl. zum Differenzierungsbegriff Löw 2002). Ein typisches Beispiel hierfür ist der geschlechtsspezifisch segmentierte Arbeitsmarkt. Arbeit selbst wird vergeschlechtlicht und verselbständigt sich zu weiblich und männlich assoziierten Bereichen (Wetterer 1995), welche in Bezahlung, Rang und Aufstieg etc. unterschiedliche Chancen und Verhinderungen mit sich bringen (ausführlich Kapitel 4.2.3). *(Hierarchische Differenzierung)*

Die Geschlechterdifferenz ist also ein Kategorisierungsprinzip und ein Muster der Vergesellschaftung. Geschlecht ist dabei strukturell gesehen sowohl *(Geschlecht als soziale Tatsache)*

65

Strukturierungs- als auch Differenzierungsprinzip. Diese Strukturen verwirklichen sich im Handeln und Sprechen. Die Soziologie versucht demzufolge nicht zu bestimmen, was ein Mann und was eine Frau ist, sondern untersucht, wie Mann und Frau, Männlichkeit und Weiblichkeit als soziale Tatsache geschaffen werden. Die Kategorien Frau und Mann werden als soziale Konstruktionen begriffen, die nicht aus der Biologie abgeleitet werden können, da der Mensch selbst das Biologische betrachtet und dann in zwei Kategorien einteilt.

Prinzip der Zweigeschlechtlichkeit

Vielmehr formt das Prinzip der Zweigeschlechtlichkeit mit der Anforderung, Geschlecht eindeutig darzustellen und zu erkennen, und das Prinzip der geschlechtsspezifischen Differenzierung im Sinne einer hierarchischen binären Gegensatzkonstruktion von Mann und Frau eine „asymmetrische Geschlechterkultur" (Müller 2000). Diese Kultur begünstigt strukturell Männer als Gruppe. Auch Sexualität ist in diese Geschlechterkultur eingebunden und gliedert sich entsprechend den Kategorien Frau – Mann in Heterosexualität – Homosexualität auf. Sexualität wird wie Geschlecht in einem binären System verankert und basiert auf der genauen Zuordnung zu Geschlechtern (Frau mit Mann, Frau mit Frau, Mann mit Mann).

Öffentlichkeit und Privatheit

Ursachen für diese Geschlechterkultur werden meistens in der Spezifik der bürgerlichen Gesellschaft gesehen. Diese ist durch die Trennung von Öffentlichkeit und Privatheit sowie durch die Zuweisung von Frauen in die Sphäre des Privaten gekennzeichnet (vgl. Kapitel 7.1). Entwickelt hat sich so eine Organisationsform für Erwerbsarbeit und Generativität (die Regelung der Nachkommenschaft) (vgl. z.B. Hausen 1976), durch die Männer strukturell bessere Zugänge zu gesellschaftlichen Ressourcen haben und Männlichkeit gesellschaftlich höher bewertet wird als Weiblichkeit. Historische Unkenntnis und Ethnozentrismus führen häufig dazu, dieses spezifische moderne Muster für ein universelles und ahistorisches zu halten. Tatsächlich weiß man sehr wenig zum Beispiel über die verschiedenen (!) Kulturen der so genannten Jäger und Sammler. Die Interpretation zum Beispiel von Höhlenmalereien im Sinne der dem Hause nahen weiblichen Sammlerinnen und der in die Welt ziehenden männlichen Jäger geschieht auch auf der Basis der heute für natürlich erachteten kulturellen Konstruktion von Zweigeschlechtlichkeit und einer binären Differenzierung von Geschlecht.

4.1.3 Ethnizität

Ethnie, Ethnizität und soziale Ungleichheit

Die Begriffe Ethnie oder Ethnizität (vgl. Bukow/Llaryora 1988; Dittrich/Radtke 1990; Heckmann 1982, 1992) gewinnen im Laufe der 1990er Jahre an Bedeutung, um soziale Ungleichheit(en) zu beschreiben. Vorbild dafür ist die verstärkt einsetzende Rezeption angloamerikanischer Forschungsarbeiten (vgl. Bös 2008). Es folgt ein Prozess, in den einschlägigen Diskursen die bis dahin seit den 1970er Jahren verhandelten Begriffe der „kulturellen Differenz" und des sogenannten „Kulturkonflikts" (vgl. Hamburger 1983, 1988) zu ergänzen und teilweise zu ersetzen. Ethnie und Ethnizität werden zunächst mit dem Ziel eingeführt, im Kontext von Migrations- und Integrationsforschung (vgl. Kap. 9) Fragen von Herkunft und Zugehörigkeit zu thematisieren. Im Laufe der Zeit weicht dabei – erstens – die Vorstellung von Ethnizität als einer (quasi) natürlichen Eigenschaft von Individuen und Gruppen und deren kultureller Herkunft mehr und mehr einer Perspektive, die davon ausgeht, dass es sich dabei um eine soziale Konstruktion, folglich um eine Zuschreibung (Askription), handelt. In Bezug auf die gesellschaftlichen Praktiken gilt es, solche Zuschreibungsprozesse und ihre Funktion(en) zu analysieren. Als gesellschaftliche Prozesse lassen sich Askriptionen aber – zweitens – nur dann angemessen und unreduziert erklären, wenn ihre Analyse in den Kontext der sozialen Verhältnisse, d.h. der Strukturen sozialer Ungleichheit, eingebunden wird (vgl. Filsinger 2010). *Soziale Konstruktion Askription*

In öffentlichen und politischen Diskursen sowie in großen Teilen der Migrationsforschung wird jedoch demgegenüber wie selbstverständlich an ethnischen Gruppen als Beobachtungseinheit festgehalten, als handele es sich um eine Eigenschaft von Menschen. „Ethnizität ist in dieser Perspektive ein Merkmal der Einwanderer und der Einheimischen" (Filsinger 2010, S. 6), von dem sich weiterhin sowohl Erklärungspotentiale für ihr Handeln versprochen werden. Unterschiede, Annäherungen und Konflikte etwa zwischen Einwanderergruppen, anderen Migrierenden (vgl. Kap. 9.1) und der Aufnahmegesellschaft werden ungeachtet der beschriebenen fortgeschrittenen soziologischen Diskussion weiterhin mittels einer naturalisierenden Vorstellung von Ethnizität beschrieben und erklärt. Statt die sozialen Prozesse von Zuschreibungen stärker in den Blick zu nehmen, wird den Gruppen weiterhin ungebrochen attestiert, durch gemeinschaftliche Solidarität intern verbunden und durch kulturelle Differenz wesentlich voneinander abgrenzbar und identifizierbar zu sein (vgl. Wimmer 2008). Statt eines Soseins für sich selbst und andere wird lediglich von einem Sein als einem inneren unveränderbaren Kern gesprochen. Ein solcher Prozess, der *Beobachtungs*merkmale wie *Wesens*merkmale erscheinen lässt, kann kritisch als Essentialisierung begriffen werden. *Ethnizität als Merkmal*

Max Weber hat bereits 1922 in „Wirtschaft und Gesellschaft" eine soziologische Definition ethnischer Gruppen vorgelegt, die durch ihren Subjektivismus mit Blick auf die heutigen Debatten bereits einer konstruktivistischen Auffassung sozialer Prozesse nahekommt. Er wird daher auch in vielen aktuellen Studien zitiert: *Definition Ethnie von Max Weber*

> „Wir wollen solche Menschengruppen, welche auf Grund von Ähnlichkeiten des äußeren Habitus oder der Sitten oder beider oder von Erinnerungen an Kolonisation und Wanderung einen subjektiven Glauben an eine Abstammungsgemeinschaft hegen, derart, dass dieser für die Propagierung von Vergemeinschaftungen wichtig wird (...) ‚ethnische' Gruppen nennen, ganz einerlei, ob eine Blutsgemeinschaft objektiv vorliegt oder nicht" (Weber 1980, S. 238-239).

Hervorzuheben ist in seiner Fassung des Begriffes Ethnie, dass bei allen Unterschieden und Entsprechungen in sichtbaren äußerlichen Merkmalen, wie dem Lebensstil, d.h. der Kleidung, den Wohn- und Ernährungsweisen und ähnlichem, sowie der alltäglichen ökonomischen Lebensführung, vor allem der je subjektive Glaube daran, dass diese Unterschiede oder Gemeinsamkeiten auch sozial bedeutsam sind, von entscheidendem Belang für ihre Wirksamkeit ist. Zweitrangig für Weber ist folglich die Tatsache, ob eine tatsächliche und in diesem Sinne ‚natürliche' Abstammung vorliegt oder nicht.

Das Konzept des subjektiven Glaubens Weber'scher Prägung lässt sich nun vor dem eingangs erwähnten sozialkonstruktivistischen Hintergrund mit Hilfe des Konzepts von Selbst- und Fremdzuschreibungsprozessen von Ethnizität interpretieren. Soziale Akteure können sich *selbst* zuschreiben, etwa Teil einer kollektiven Identität zu sein und ein ihr entsprechendes Solidarbewusstsein zu haben, das auf gemeinsamen historischen und aktuellen Erfahrungen beruhen kann oder künftigen Erfahrungen beruhen wird. Ihnen kann eine kollektive Identität, dieser oder jener Gruppe zuzugehören, aber auch von außen, d.h. *fremd* durch andere Akteure zugeschrieben werden. Die Zugehörigkeitsdimensionen können in beiden Fällen variieren, Zuschreibungen also dabei die Form von Ethnizität annehmen. Sieht man die Zuschreibungsprozesse in interaktionistischer Perspektive, so wird rasch deutlich, dass die sozialen Akteure sich selbst in ihrem Handeln mit den jeweiligen Zuschreibungen durch die anderen Akteure auseinandersetzen müssen. Ethnizität oder ethnische Gruppen werden in diesem Sinne also sozial durch die Prozesse von Selbst- und Fremdzuschreibungen zuallererst hervorgebracht.

Eng mit Ethnizität ist der Begriff der Kultur verbunden. Gegenüber einem statischen Verständnis von Kultur, das davon ausgeht, jemand *habe* eine bestimmte Kultur und sie sei ihm eigen, gehöre zu seinem Wesen und mache aus ihm denjenigen, der er ist, hat sich bildungssoziologisch eher die Auffassung durchgesetzt, Kultur als Symbolsystem einer Gesellschaft (Habermas 1981) zu begreifen. Mittels dessen und in diesem System wiederum verstehen sich Menschen selbst und schreiben sich und anderen Sinn zu. In solchen Verstehens- und Zuschreibungsprozessen zirkulieren kulturelle Symbole. Sie können auch als Sinnressourcen oder Wissensvorräte begriffen werden. Als solche unterliegen sie einem gesellschaftlichen und historischen Wandel. Kultur in diesem Sinne ist folglich nicht statisch und wesenhaft, sondern vielmehr dynamisch, weil veränderbar. Durch Individualisierungsprozesse einer modernen Gesellschaft kommt dies auch in Biographisierungsprozessen zum Ausdruck. In ihrer Biographie legen sich Individuen mittels kultureller Elemente im Kontext von Lebenswelt und Gesellschaft aus und verorten sich damit im Symbolsystem Kultur. In verschiedenen Phasen ihrer biographischen Verläufe greifen sie auf ganz unterschiedliche Elemente aus diesem Symbolsystem zurück. Ebenso können die genutzten Symbole zu einer Zeit der Lebensgeschichte bedeutsam werden und zu einer anderen Zeit ihre Bedeutung wieder verlieren. In diesen Deutungsprozessen kann auch Ethnizität eine Rolle spielen.

Das kulturelle Symbolsystem einer Gesellschaft resultiert aber nicht nur aus individuellen Sinnzuschreibungs- und Verstehensprozessen, sondern ebenso aus gesellschaftlichen Kämpfen um die Deutungshoheit über Symbole (vgl. Bourdieu 1983[2], 1991[2]; Kap. 3.1). In diesen kommen machtvolle Praktiken (vgl. Mecheril u.a. 2010) zum Ausdruck, die wiederum gesellschaftliche (Handlungs-) Felder strukturieren. In der Migrationsgesellschaft können diese dann ethnisch aufgeladen sein, wenn man beispielsweise an segregierte Stadtteile denkt. Ethnizität kann hier als symbolische Ressource fungieren, Zuschreibungsprozesse mit abwertenden Klassifikationen zu verbinden (vgl. Sutterlüty 2010) und Orte eth-

Margin notes:
Selbst- und Fremdzuschreibung

Ethnizität und Kultur

Ethnizität als Ressource

68

nisch vorzustrukturieren. Für die derart Zugeschriebenen an solchen Orten sind die ethnischen Zuordnungen dann nicht länger frei wählbar. Sie sind im Gegenteil dazu gezwungen, sich damit auseinanderzusetzen und Ethnizität immer schon mitzuverhandeln. Über die (sozial-)räumliche Dimension (vgl. Kap. 8) hinaus gilt dieser Mechanismus für migrationsgesellschaftliche Diskurse insgesamt. In ihnen zirkulieren ebenfalls verschiedene, auch hegemoniale, Deutungen von Ethnizität. Die Bedeutung von Ethnizität kann individuell und kollektiv aber auch als subjektiv bindend erfahren und gelebt werden. Zugehörigkeiten somit beispielsweise angesichts von Erfahrungen von Ausgrenzung, Diskriminierung oder fehlender Anerkennung (re-)ethnisiert werden. Tertilt (1996) zeigt dies beispielsweise für jugendliche Migrantengruppen.

Gegenüber einer identifizierenden Sichtweise von Ethnizität als festgeschriebenem Merkmal kultureller Zugehörigkeit von Migranten und Migrantinnen lässt sich jedoch festhalten, dass ethnische Bedeutungen in gesellschaftlichen Praxen aus- und verhandelbar sind. Die Bedingungen aber, sie auszuhandeln, können extrem ungleich verteilt sein.

Aushandlungsprozesse

4.2 Bildung und soziale Ungleichheit

Wie man an den soziologischen Theorien gut sehen kann, gilt Bildung als ein Feld, über das soziale Ungleichheit in besonderem Maße hergestellt wird. Über die Differenz von gebildet/ungebildet bzw. über den Erwerb/Ausschluss von Bildungszertifikaten werden Bildungsinstitutionen als Horte der Reproduktion sozialer Ungleichheit und als Schaltstellen für mögliche Veränderungen angesehen (vgl. z.B. Kolbe/Sünker/Timmermann 1994, S. 19). Vor allem drei Problemkontexte, die im Folgenden genau betrachtet werden, beschäftigen die Fachleute: Die soziale Ungleichheit quantitativ in der Bildungsbeteiligung, die soziale Ungleichheit qualitativ im Bildungsgeschehen, die soziale Ungleichheit im Übergang vom Bildungs- in das Berufssystem.

4.2.1 Die soziale Ungleichheit in der Bildungsbeteiligung

Rein auf der Ebene der Bildungsbeteiligung lässt sich feststellen, dass sich die Unterschiede zwischen den Geschlechtern und zwischen den Konfessionen nivelliert haben (vgl. Eigler/Hansen/Klemm 1980). Auch die Stadt-Land-Disparitäten nehmen ab (vgl. Henz/Maas 1995). In der Literatur herrscht ferner Einigkeit darüber, dass durch die Bildungsreform alle Kinder und Jugendlichen insgesamt mehr in Bildungsprozesse integriert sind. Ob sich durch dieses Mehr an Beschulung auch die schicht- und klassenspezifische Ungleichheit reduziert, darüber herrscht keine Einigkeit. Diese Diskrepanz ist erklärungsbedürftig: Zunächst kann man feststellen, dass die Zahl der Kinder, die weiterführende Schulen besuchen, gestiegen ist. Während 1955 gerade mal 10% der 13jährigen eine weiterführende Schule besuchten, waren es 1970 bereits 40% und 1995 betrug

Besuch der weiterführenden Schulen

der Anteil schon 70% (vgl. Köhler 1992). Heute liegt der Anteil derjenigen, die schließlich erfolgreich eine weiterführende Schule abschließen, bei 65,4%. Die aktuelle Situation stellt sich wie folgt dar: Der Anteil der Schulabgängerinnen und -abgänger ohne Hauptschulabschluss konnte weiter gesenkt werden (2006: 8,0%, 2010: 6,5%). Zudem werden immer häufiger höherwertige allgemeinbildende Abschlüsse nachträglich erworben. Im Jahre 2010 haben von den Schulabsolventen 49% die Hochschulreife erlangt (34% die allgemeine, 15% die fachgebundene Hochschulreife) (vgl. Statistisches Jahrbuch 2012: 85).

(Quelle: Statistisches Bundesamt, Stat. Jahrbuch 2012, S. 85)

Das heißt, die Mehrzahl der deutschen Kinder und Jugendlichen ist heute wesentlich besser ausgebildet als noch vor dreißig oder gar 50 Jahren. Das gilt ebenfalls für die Bildungsentwicklung in der DDR. Diese Prozesse führen dazu, dass auch wesentlich mehr Kinder aus Arbeiterfamilien das Gymnasium besuchen. Bei den siebzehn- bis achtzehnjährigen Arbeiterkindern ist der Anteil der Gymnasiasten von 1976 bis 1989 von 7,1% auf 11,8% gestiegen. Allerdings ist die gymnasiale Beteiligung bei den Kindern von Angestellten im gleichen Zeitraum von 30,7% auf 40% gestiegen (vgl. Köhler 1992). Prinzipiell kann man festhalten, dass die Differenz von 11,8% zu 40% nach wie vor hoch und somit soziale Ungleichheit keineswegs beseitigt ist. Auch kann man betonen, dass fast 9% mehr Angestelltenkinder, aber nur knapp 5% mehr Arbeiterkinder durch die Bildungsreform dem Gymnasium zugeführt wurden. Dabei muss man jedoch beachten, dass die Steigerung um fast 5% bei den Arbeiterkindern den Ausgangswert um gut zwei Drittel erhöht, während der Ausgangswert der Angestelltenkinder nur um etwa ein Drittel gestiegen ist (vgl. zu den Interpretationen der Daten auch Krais 1996b). Je nach Deutung wird in der Literatur mehr Bildungsgewinn der Arbeiterkinder oder die Bildungsdifferenz zwischen den Schichten betont (zur unveränderten sozialen Ungleichheit vor allem Köhler 1992; Meulemann 1992; Blossfeld 1993; Büchner/Krüger 1996; zur verringerten sozialen Ungleichheit Müller/Haun 1994; Henz/Maas 1995; Schimpl-Neimanns 2000).

Bildungsarmut

Insgesamt bezweifelt niemand, dass es nach wie vor klassenspezifische soziale Ungleichheit gibt, fraglich ist nur, „ob es im Zeitablauf eine Angleichung im Gymnasial- und Hochschulbesuch der verschiedenen sozialen Schichten gegeben hat, die es wert ist, als solche bezeichnet zu werden" (Krais 1996b, S. 133). Dazu noch ein paar Zahlen: Unter den siebzehn- bis achtzehnjährigen SchülerInnen eines gymnasialen Jahrgangs kamen 1989 immerhin 16,9% aus Arbeiterfamilien (Köhler 1992) und 25–29% der Arbeitereltern streben das Abitur als Schulabschluss für ihre Kinder an (vgl. Rolff u.a. 1994). Andererseits reproduziert sich auch Bildungsarmut von Generation zu Generation in vielen Familien. Immerhin

70

haben 15% der Söhne und 26% der Töchter, deren Väter keinen Schulabschluss haben, selbst keinen Schulabschluss. Hat der Vater keinen Berufsabschluss, dann haben 21% der Söhne und 54% der Töchter keinen beruflichen Abschluss (worin sich auch zeigt, dass selbst auf der quantitativen Ebene in Bildungsfragen das Geschlechterverhältnis nicht irrelevant wird) (vgl. Allmendinger 1999). Bedenkt man dabei, dass von den SchulabsolventInnen ohne Schulabschluss lediglich ein Viertel einen Ausbildungsplatz findet (Klemm 2000), dann wird offensichtlich, dass Bildungsarmut in der Regel finanzielle Armut nach sich zieht und umgekehrt.

Jutta Allmendinger (1999) zeigt darüber hinaus auf, dass fehlende Bildung neben der finanziellen Situation auch die Familienplanung, das politische Interesse und die Lebenserwartung beeinflusst. Somit werden diejenigen, die – in der Regel aufgrund ihrer familiären Situation – mit der gestiegenen Bildungserwartung nicht mithalten können, zu den Verlierern der Bildungsreform, sie sind, wie Klaus Klemm (1991) es formuliert, die „Kellerkinder der Bildungsexpansion".

In der als PISA bekannt gewordenen Studie (vgl. Baumert/Schümer 2001, S. 323ff., insbesondere S. 359) wird deutlich, dass nicht Leistung über den Besuch einer Hauptschule oder einer Realschule entscheidet, sondern die soziale Herkunft: „So beträgt zum Beispiel die Chance eines Jugendlichen aus einem Facharbeiterhaushalt, ein Gymnasium anstelle einer anderen Schulform zu besuchen, ungefähr 3:17. (...) Für Jugendliche, die aus Familien der oberen Dienstklasse stammen, betragen die Chancen, ein Gymnasium statt einer anderen Schulform zu besuchen, in etwa 1:1" (Baumert/Schümer 2001, S. 356). Den ForscherInnen zufolge gelingt es der Schule nicht, Bildungsnachteile abzubauen, sondern im Gegenteil, in einem kumulativen Prozess wird die Spirale von Leistung und Schicht verstärkt (vgl. Baumert/Schümer 2001, S. 372). Dies ist, so bemerken die AurorInnen im internationalen Vergleich, für alle Schüler und Schülerinnen von Nachteil, da fehlende Fähigkeiten einiger, insbesondere in der Lesekompetenz, die Leistungen aller schmälern. „Eher deutet sich eine Tendenz an, dass bei einer Verminderung sozialer Disparitäten auch das Gesamtniveau steigt, ohne dass in der Leistungsspitze Einbußen zu verzeichnen wären" (Baumert/Schümer 2001, S. 393). In PISA 2009 lässt sich nach wie vor ein Zusammenhang zwischen dem sozioökonomischen Status des Elternhauses und den erreichten Kompetenzen nachweisen. Die Abstände im Kompetenzniveau zwischen den Sozialschichten haben sich jedoch seit PISA 2000 reduziert. Weiterhin unterscheiden sich die mittleren Lesekompetenzen von Jugendlichen, deren Eltern der oberen Dienstklasse angehören, und der Schülerinnen und Schüler aus Familien von un- und angelernten Arbeitern noch deutlich, jedoch ist die Differenz der Mittelwerte um 31 Punkte gesunken (vgl. Klieme/Artelt et al. 2009, S. 15).

„Kellerkinder" der Bildungsexpansion

PISA

4.2.2 Die soziale Ungleichheit im Bildungsgeschehen unter besonderer Berücksichtigung der Schule

Wie im Detail wird soziale Ungleichheit in der Schule, im Kindergarten, in der Hochschule reproduziert? Welche Rolle spielen Inhalte, Sprachstil, Habitus? Mit welchen Vorurteilen sind Lehrende behaftet, wie positionieren sich Lernende in der Institution? Mit solchen Fragen beschäftigt sich häufig (aber nicht ausschließlich) die qualitative Forschung zu sozialer Ungleichheit in den Bildungsinstitutionen. Die Forschungsliteratur wird im Verlauf des Buches noch anhand der einzelnen Institutionen vertiefend dargestellt werden, nun geht es zunächst, vor allem am Beispiel der Schule, um ein Verständnis für die Problemlage.

Bereits in den 1970er Jahren wurden sehr grundlegende Untersuchungen zu den Auswirkungen des Bildungsgeschehens auf die soziale Ungleichheit durchgeführt. Der Soziolinguist Basil Bernstein (1973) zum Beispiel argumentiert auf der Basis breiter empirischer Untersuchungen, dass sich je nach Klasse unter-
schiedliche Sprachstile und Codes entwickeln, die später den schulischen Erfolg nachhaltig beeinflussen. Kinder aus der Arbeiterklasse verfügten, so Bernstein, über einen *restringierten Code* (auch „public language" genannt). Kurze apodiktische Feststellungen bestimmen den Sprachstil. Die Aussagen sind deskriptiv und kaum verallgemeinernd. Die Jugendlichen zeichnen sich durch einen Sprachgebrauch aus, bei dem bei den Zuhörern permanent vorausgesetzt wird, dass Kontextkenntnisse bekannt sind. Betont werden die emotionalen Aspekte eines Inhalts und weniger die logischen. Dieser Sprachstil entwickle sich in den familiär und nachbarschaftlich organisierten Arbeitervierteln. Hier, wo erstens eher praktische Erfahrungen diskutiert würden und zweitens ein kollektives Wissen um Geschehnisse vorausgesetzt werden könne, sei eine Sprache, die Normen und Werte nicht expliziert, sondern implizit transportiert, zweckdienlich. In der Schule jedoch, in der die Diskussion abstrakter Gedanken, Prozesse oder Beziehungen verhandelt würde, scheiterten die Arbeiterkinder mit ihren implizierenden Sprachmustern.

Im Unterschied dazu entwickelten Kinder aus der Mittelschicht einen *elaborierten Code* (auch als „formal language" bezeichnet), das heißt einen Sprachstil, bei dem die Bedeutung der Worte und das Kontextwissen der Zuhörenden beim Reden reflektiert werden. Die Rede wird der jeweiligen Situation angepasst, gleichzeitig können Prinzipien eloquent erläutert werden. Diese Kinder haben weniger Schwierigkeiten zu verallgemeinern oder abstrakte Gedanken zu formulieren. Sie sind in der Lage, sprachlich zwischen Logik, individuellen Intentionen und Gefühlen zu differenzieren. Bernstein begründet dies mit dem Erziehungsstil der Mütter, den Kindern das eigene Erziehungsverhalten zu begründen. Die akademische Ausbildung basiere, so Bernstein, auf einer vergleichbaren Begründungskultur, die Kinder aus der Mittelschicht besser reproduzieren können als Kinder aus der Arbeiterklasse.

Mittlerweile ist erwiesen, dass diese zwei Klassen kontrastierende Sicht von Bernstein zu einfach ist. In empirischen Folgeuntersuchungen (vgl. zusammenfassend Steinkamp 1991) konnte der Nachweis eines Kausalzusammenhangs zwischen Sprachcode und Schicht eindeutig gegliedert in zwei Klassen nicht überzeugend erbracht werden. Dennoch zeigt sich in Untersuchungen immer wieder, dass es unterschiedliche Sprachkulturen nach Klassen und Milieus gibt, die auf unterschiedliche Akzeptanz und differentes Verständnis der mehrheitlich aus der Mittelschicht kommenden Lehrer und Lehrerinnen treffen (z.B. Tough 1976; Tizard/Hughes 1984). Hans-Günter Rolff (1967) wertet eine Vielzahl empirischer Studien zur sozialen Herkunft der LehrerInnenschaft aus. Es zeigt sich, dass die Mehrzahl der LehrerInnen aus kleinbürgerlichen Milieus kommt, bei GymnasiallehrerInnen darüber hinaus fast die Hälfte aus Beamtenfamilien. Die Kultur einer Schule wird durch deren schichtspezifisches Berufsverständnis, Gesellschaftsbild und Sozialisationsvorstellung maßgeblich geprägt.

Sprachkulturen

Sprache ist auch ein umkämpfter Gegenstand in den Auseinandersetzungen zwischen MigrantInnen und Einheimischen. Nach wie vor sind in der Gruppe der SchulabgängerInnen ohne Hauptschulabschluss fast doppelt so viel Jugendliche aus Migrantenfamilien wie aus deutschen Familien (17,6 % zu 8,1%) (vgl. Bellenberg u.a. 2001, S. 106). In der so genannten PISA-Studie (Baumert/Schümer 2001, S. 374) wird deutlich, dass die Sprachkompetenz die entscheidende Schwierigkeit der eingewanderten Jugendlichen im deutschen Bildungssystem ist. Dementsprechend wird in Deutschland darüber gestritten, ob zum Beispiel der islamische Religionsunterricht in Deutsch oder in Türkisch abgehalten werden soll. Während die einen die Unvermeidbarkeit der kompetenten Anwendung des Deutschen für den Bildungserfolg betonen, streben andere danach, (auch) die Herkunftssprache zu fördern. In den USA wird bereits über die Akzeptanz verschiedener Varianten des Englischen diskutiert. Unter dem Begriff Ebonics wird gefordert, das Englisch der BewohnerInnen von Vierteln mit vorwiegend schwarzen Bevölkerungsgruppen als eigene, regelgeleitete Sprache anzuerkennen und nicht länger als „falsches Englisch" abzuwerten. Ebonics soll als eigenes Schulfach institutionalisiert werden (vgl. zusammenfassend Perry/Delpit 1998).

Migration und Sprache

Kulturkonfrontationen zeigt auch Paul Willis (1982[2]) in seiner Studie. Willis führt in den Jahren 1972 bis 1975 in Großbritannien eine Untersuchung über die Statuspassage von Jungen aus der Arbeiterklasse ohne höhere Schulbildung in die Erwerbsarbeit durch. Mittels Fallstudien, Interviews, Gruppendiskussionen und teilnehmender Beobachtung bei Jungengruppen während der letzten beiden Schuljahre und der ersten Monate im Arbeitsleben will er die Bildungs- und Aufstiegschancen dieser Jungen erforschen. Willis schreibt eine „Ethnographie der Gegenschulkultur der weißen männlichen Arbeiterjugend" (Willis 1982[2], S. 13). So ist es ihm möglich zu belegen, wie sich Arbeiterjungen durch ihre Kultur – auch und gerade durch ihre Widerstandskultur – effektiv darauf vorbereiten, unqualifizierte Fabriktätigkeiten auszuüben.

Paul Willis

Die zentrale Untersuchungsgruppe, die „Lads", so der selbstgewählte Name der Gruppe, umfasst zwölf nicht akademisch geschulte Arbeiterjungen, die als Clique zusammen agieren. Willis wählt diese Gruppe aufgrund ihrer oppositionellen Kultur in einer überwiegend aus der Arbeiterklasse stammenden Jungenschule. Willis zeichnet die permanente Rebellion der Arbeiterjungen im kleinbürgerlichen Schulsystem nach. Er zeigt dabei, dass sich die Jungen in ihrem

Oppositionskultur

Widerstand gegen das Autoritätssystem der Schule selbst in die Lage bringen, ohne Abschluss die Schule zu verlassen und somit – wie die Eltern – unqualifizierte, schlecht bezahlte Jobs annehmen zu müssen, dass also Widerstand zur Anpassung führen kann. Der Schule gelingt es demnach nicht, die schichtspezifische Ungleichheit an Lebenschancen und Zugang zu Ressourcen aufzuheben. Trotz Schulbeteiligung reproduzieren die Jugendlichen ihre Klassenlage.

Diese Rebellion gegen die Schule, so führt Willis weiter aus, ist weder konditioniertes Verhalten noch hilfloses Aufbegehren, sondern zielt so geschickt auf die Schwächen des Systems, dass genaue Kenntnisse der Funktionsweise der Schule bei den Jungendlichen vorausgesetzt werden können. Weder sind die Jugendlichen nicht gescheit genug, um die Schule zu bewältigen, noch verweigern sie den Abschluss, weil sie ihre Unfähigkeit zu akademischer Bildung akzeptieren, sie nutzen vielmehr ihre Intelligenz, um die als fremd und diskriminierend erlebte Kultur zu bekämpfen.

Diese Ergebnisse bieten sich für Anthony Giddens (1988, S. 343ff.) an, um an der Studie von Willis die Grundzüge seiner Theorie der Strukturierung zu illustrieren. Er hebt zunächst hervor, dass Willis die Jungen als Akteure thematisiert, die über ein praktisches, zum Teil auch diskursives Wissen über ihre Schulumwelt verfügen. So kann er die reflexive Steuerung des Handelns selbst in einer

Humor als Rebellion Kultur, deren Sprachcode nur als gering diskursiv gilt, erläutern. Die sprachlichen Fähigkeiten der Lads werden aber, so Willis und Giddens, vielmehr in Humor, Hänseln und aggressivem Sarkasmus deutlich. Gerade in der Witzkultur offenbare sich ein komplexes Verständnis der Institution Schule. Weiter bietet sich die Rebellion der Lads an, um zu zeigen, dass die reflexive Steuerung nicht mit den Handlungsfolgen identisch ist. Die Widerstandskultur führt in der Konsequenz zum Leben als ungelernter Arbeiter. Ihre „Durchdringung" der Institution Schule und das daran orientierte Aufbegehren bringt die Zementierung ihrer Lebensbedingungen mit sich. Im Handeln der Jungen werden wesentliche Züge industriekapitalistischer Arbeitsorganisation reproduziert. Gleichzeitig entfalten die strukturellen Bedingungen der Gesellschaft ihre Wirkung im begründeten Handeln der Einzelnen. Die Strukturen werden im Handeln aufrechterhalten und durch es reproduziert, aber nicht als einfache Widerspiegelung, sondern im komplexen Handlungsverlauf (vgl. zu Willis auch Kapitel 8 in diesem Buch).

Schulische
Belastungen Eine die Bundesländer Hessen und Sachsen-Anhalt vergleichende Studie (Büchner/Krüger 1996) zeigt, dass Kinder und Jugendliche aus der Arbeiterklasse deutlich stärker von schulischen Belastungen betroffen sind als Kinder und Jugendliche aus bildungsnahen Schichten. Als schulische Belastungen definieren die Autoren Klassenwiederholung, Nichtaufnahme in die Wunschschule, Schulwechsel, Versetzungsgefährdung und Nachhilfeunterricht. Die Kinder aus Familien mit niedrigem sozialen Status sagen häufiger von sich, dass sie weniger zustande bringen als andere (in den neuen Bundesländern 7 Prozent mehr, in den alten Bundesländern sogar 12 Prozent mehr) und dass die LehrerInnen nie richtig mit ihnen zufrieden sind (in den neuen Bundesländern 15 Prozent mehr, in den alten Bundesländern 14 Prozent mehr) (Büchner/Krüger 1996, S. 25). Zu einer Kumulation von Problemen kommt es, wenn Klasse und Geschlecht bzw. Klasse und Ethnizität zusammenkommen. Zum Beispiel haben Mädchen aus der Arbeiterklasse mit dem Phänomen zu kämpfen, dass sie sowohl als Mädchen wie auch als Arbeiterkinder relative Neulinge im höheren Bildungswesen sind. Verschiedene Untersuchungen (z.B. Bublitz 1980; Theling 1986) können aufzeigen, dass Arbeitertöchter subjektiv große Schwierigkeiten mit dem über Bildung vermittelten sozialen Aufstieg haben. Belastungen, Ängste und Versagenserfahrungen werden entweder in Form von Selbstzweifeln gegen die eigene Person gerichtet („Vielleicht wäre ich als Verkäuferin glücklicher", vgl. Theling 1986) oder in Wut über die diskriminierenden Anderen, zu denen man gar nicht gehören möchte, übersetzt (Schlüter/Metz-Göckel 1989). Umgekehrt tragen gerade Jungen aus unterprivilegierten Einwandererfamilien ein besonders großes Risiko, ohne Abschluss die Schule zu verlassen (Baumert/Schümer 2001, z.B. S. 401).

Die Schule ist eine Institution, die nicht nur die offiziell festgelegten Inhalte, sondern darüber hinaus einen so genannten *heimlichen Lehrplan* vermittelt. Ivan Illich (1995[4], original 1972) argumentiert, dass Kinder in der Schule durch die dort herrschende Disziplin und Ordnung einen passiven Konsum, d.h. eine unkritische Akzeptanz der existierenden gesellschaftlichen Strukturen erlernen und so auf ein entfremdetes Leben unter Leistungs- und Konsumdruck vorbereitet werden. Illich geht soweit, dass er eine Abschaffung der Schulpflicht zugunsten eines Netzes freiwilliger, kommunikativer Institutionen vorschlägt. Kinder, Jugendliche oder Erwachsene jeden Alters sollten jederzeit die Möglichkeit haben, Bildung zu erwerben, dies sollte jedoch auf dem Freiwilligkeitsprinzip basieren.

heimlicher Lehrplan

Besonders ausführlich ist der heimliche Lehrplan in den letzten Jahren im Zusammenhang mit der Koedukationsdebatte untersucht worden. Kinder durchlaufen in Schulen geschlechtsspezifische Sozialisationsprozesse, in denen sie sich neben dem offiziell vermittelten Lehrstoff auch Wissen über als angemessen geltendes geschlechtsspezifisches Handeln aneignen. Neben den Prinzipien der Selbstsortierung entsprechend der Zweigeschlechtlichkeit werden in der Koedukationsforschung vor allem Differenzierungsprobleme untersucht. Eine wesentliche Frage ist, wie Mädchen schleichend im Unterricht lernen, ihre geschlechtsspezifische (meist gesellschaftlich abgewertete und in Bezug auf beruflichen Erfolg häufig benachteiligte) Position einzunehmen. Die Diskussion setzt an dem Problem an, dass – quantitativ betrachtet – die Mädchen mittlerweile ähnliche, z.T. auch bessere, formale Qualifikationen (Schulabschlüsse) als Jungen aufweisen, gleichzeitig sie jedoch – so der durch verschiedene Studien abgesicherte Befund (zuerst: Horstkemper 1987) – trotz des schulischen Erfolgs ein geringeres Selbstwertgefühl und ein negativeres Selbstbild haben als Jungen. Ursachen hierfür werden u.a. in den geschlechtsspezifischen Fachpräferenzen, die gleichzeitig gesellschaftlich unterschiedlich bewertet werden, gesehen. So gelten die von Jungen favorisierten Fächer wie Naturwissenschaften und Technik als „schwere" Fächer, wohingegen Geisteswissenschaften und Sprachen, in denen Mädchen mehrheitlich ihre Kompetenzen entwickeln, als „weiche", „einfache" oder „Redefächer" gelten.

Koedukation

Es gelingt der Schule offensichtlich nicht, geschlechtsspezifische Kompetenzentwicklung, die sich später in einer geschlechtsspezifischen Berufs- oder

Studienwahl verstärkt und mit unterschiedlichen Chancen auf dem Arbeitsmarkt einhergeht, abzubauen. Im Gegenteil muss angenommen werden, dass schulische Lehr- und Lernformen geschlechtsspezifisch angeeignete Wissensreservate eher verstärken, denn kompensieren (z.B. Faulstich-Wieland 1991).

Geschlechtsspezifisch unterschiedliche Lernvoraussetzungen und Zugangsweisen finden im Unterricht keine Berücksichtigung. Besonders deutlich wird dies am Informatikunterricht. Obwohl bekannt ist, dass Mädchen weniger private Zugriffsmöglichkeiten auf Computer haben, über weniger technische Vorkenntnisse verfügen und mit anderen Interessen an die Computerarbeit herangehen, nämlich den Gesamtablauf, nicht nur einzelne Operationen verstehen zu wollen, wird im Unterricht nur ein an Jungen orientiertes didaktisches Konzept verfolgt (Faulstich-Wieland 1991). Mädchen, die sich für Computer interessieren, werden von anderen Mädchen, die dies nicht tun, als „männliche Mädchen" betrachtet. Die Grenzüberschreitung löst damit Verunsicherungen in der Identität aus, die im Unterricht kaum bearbeitet werden (vgl. Ritter 1994). Weibliche „Computerfreaks" müssen demnach die paradoxe Anforderung bewältigen, gleichzeitig ihr Geschlecht zu neutralisieren, um als Kompetenz anerkannt zu werden, und doch als Mädchen erkennbar zu bleiben, um die geschlechtsspezifische Sortierung nicht zu verwirren (vgl. zur grundsätzlichen Problematik auch Heintz u.a. 1997).

Christine Roloff kommt in einem Projekt zum Thema „Geschlechtsspezifische Umgangsformen mit dem Computer" zu dem Ergebnis, dass Mädchen im koedukativen Computerunterricht maßgeblich Zuschauerinnen und Zuarbeiterinnen sind (Roloff 1990). Während der Computerunterricht, ebenso wie naturwissenschaftliche Fächer, an der Interessenlage der Jungen orientiert wird, werden umgekehrt jedoch nicht Mädcheninteressen in deren leistungsstarken Fächern wie zum Beispiel Deutsch und Fremdsprachen stärker berücksichtigt. Wie Mädchen in einer SchülerInnenbefragung selbst kritisieren, werden auch hier männliche Autoren mit ihrem geschlechtsspezifischen Blick auf die Welt mehrheitlich gelesen (Faulstich-Wieland/Horstkemper 1995).

Bessere Zugangsweisen zu mathematisch-naturwissenschaftlichen und technischen Fächern finden Mädchen offensichtlich in Mädchenschulen. Eine Untersuchung zum Studienverlauf von Chemie- und Informatikstudentinnen in der Bundesrepublik kommt zu dem Ergebnis, dass immerhin 35% der Studentinnen Absolventinnen von Mädchenschulen waren (Roloff u.a. 1987). Eine Folgeuntersuchung gelangt zu der Erkenntnis, dass sogar 47% der Informatikstudentinnen Mädchenschulen besucht hatten. Da insgesamt im Untersuchungsland Nordrhein-Westfalen nur 14% der Mädchen monoedukative Schulen besuchen, zeigt sich sehr deutlich, dass Mädchenschulen erheblich erfolgreicher für das Studium von naturwissenschaftlich-technischen Fächern qualifizieren.

Sozialkonstruktivistische Herangehensweisen verfolgen andere Deutungsmuster für die geschlechtsspezifische Kompetenzentwicklung. Da Mädchen und Jungen in der Kindheit noch vergleichbare Schulleistungen erbringen und erst in der Adoleszenz die Leistungen der Mädchen in den mathematisch/technischen Fächern, die der Jungen in Sprachen abfallen, wird dieser Phase der Identitätsbildung besondere Bedeutung zugemessen. Die Pubertät ist der Zeitraum, in dem

Wissensreservate

Computerkompetenz

Mädchenschulen

Pubertät

spätestens von den Mädchen und Jungen erwartet wird, dass sie sich ihrem Geschlecht angemessen verhalten (Hagemann-White 1984; Sobiech 1991). Um also für alle sichtbar, aber eben ohne nackte Körper zu zeigen, ein Geschlecht repräsentieren zu können, müssen die Jugendlichen bewusst und unbewusst auf Stereotype zurückgreifen. Mädchen beginnen, als männlich assoziierte Verhaltensweisen abzulehnen, Jungen verweigern gesellschaftlich als weiblich verstandene Handlungsmuster. Mit der Ausbildung eines geschlechtsspezifischen Habitus sinken die Leistungen in den jeweils als männlich oder weiblich assoziierten Fächern. So lassen zum Beispiel die Leistungen der Mädchen in Tests nach, die mit Mathematik assoziiert werden (ausführlich Löw 1995; Rabe-Kleberg/Löw 1998).

Beide Geschlechter erfahren so in schulischen Interaktionsprozessen eine biographische Engführung. Mädchen lernen durch das brave, hilfsbereite Verhalten nicht, sich zur Wehr zu setzen. Dies bezieht sich sowohl auf ihre verbale Durchsetzungsbereitschaft, so erklären sie sich zum Beispiel mit Noten schneller einverstanden als ihre männlichen Mitschüler, als auch auf ihre Fähigkeiten, sich bei körperlichen Angriffen zur Wehr zu setzen. Mädchen werden als schutzbedürftig wahrgenommen und begreifen sich selbst als schutzbedürftig. Dies führt jedoch nicht dazu, dass sie von Jungen geschützt werden, sondern prädestiniert sie zum Objekt von Gewalt. Im Gegensatz dazu lernen Jungen, Aggressivität und Gewaltbereitschaft als Teil männlicher Identität wahrzunehmen. „Jungen dagegen neigen stärker als Mädchen zu individualistischen und aggressiven Orientierungen, und sie tendieren dazu, auf strukturelle Ungerechtigkeiten mit Verantwortungsabwehr zu reagieren" (Stanat/Kunter 2001, S. 311). Dieser Prozess ist für die Jungen selbst schmerzhaft und gefährlich. Die einseitige Sozialisation führt dazu, dass Jungen weniger soziale Kompetenzen erwerben und demzufolge in sozialen Beziehungen von Frauen abhängig werden oder bleiben.

In der Koedukationsforschung werden neben der fachlich-geschlechtsspezifischen Kompetenzentwicklung auch Verfestigungen sozialer Zuständigkeiten und Eigenschaften nach Geschlecht untersucht. Breite Aufmerksamkeit wird der Schulbuch- und Medienanalyse geschenkt, welche, von wenigen Ausnahmen abgesehen, einhellig zu folgenden Resultaten kommt (vgl. Brehmer 1982; Glumper 1995): Mädchen und Frauen werden in Abbildungen und Texten seltener repräsentiert als Jungen und Männer; Frauen werden überwiegend als Hausfrau und Mutter dargestellt; Darstellungen berufstätiger Frauen beschränken sich auf sorgende und pflegende Berufe; dargestellte Frauen verfügen über geringere Entscheidungskompetenzen und materielle Ressourcen als dargestellte Männer; bereits Kinder werden mit scheinbar typisch weiblichen und männlichen Persönlichkeitsattributen dargestellt, zum Beispiel Mädchen als lieb und sorgend, Jungen als aggressiv und durchsetzungsfähig.

Die lerntheoretisch begründete Annahme ist, dass Mädchen durch die stereotype Zuweisung lernen, sich in der Familie und in pflegenden oder sozialen Berufen zu verorten, Jungen dagegen eindeutig und einseitig auf die gesamte Berufs- und Erwerbssphäre sozialisiert werden. Dieser Prozess werde, so die weiterführende Argumentation, durch fehlende weibliche Vorbilder unter den Lehrerinnen verstärkt (vgl. zu Lehrerinnen z.B. Händle 1998). Durch die quantitativ

Biographische
Engführung

Schulbuchanalysen

Vorbilder

77

nur geringe Besetzung von Funktions- und Leitungsstellen in der Schule durch Frauen und durch teilweise falsche, teilweise fehlende Verweise auf weibliche Gelehrte im vermittelten Unterrichtsstoff lernen beide Geschlechter Männer als klüger, mächtiger und durchsetzungsfähiger wahrzunehmen. Auch dies trägt zur Schwächung des Selbstbewusstseins von Mädchen bei.

Interaktionsstudien   Interaktionsstudien aus den USA, England, Skandinavien und der Bundesrepublik Deutschland kommen übereinstimmend zu dem Ergebnis, dass geschlechtsspezifische Differenzen im Bewertungs- und Kommunikationsverhalten von Lehrkräften vorliegen. Diese beziehen sich insbesondere auf die unterschiedliche Verteilung von Aufmerksamkeit und Bestätigung. Ein unter Leitung von Angelika Wagner durchgeführtes DFG-Projekt zu „Unterrichtsstrategien und ihre Auswirkungen auf Schülerverhalten" kam bereits in den 1980er Jahren zu dem Ergebnis, „dass Jungen im Unterricht deutlich häufiger drangenommen, gelobt und getadelt werden als Mädchen" (Frasch/Wagner 1982, S. 272; Stanat/Kunter 2001, S. 299ff.). Jungen erhalten demzufolge mehr positive wie negative Aufmerksamkeit und fühlen sich in ihrem Verhalten bestätigt. Neuere Untersuchungen (z.B. Kaiser 1994) zeigen, dass sich das LehrerInnenverhalten geringfügig verändert hat, jedoch immer noch eine signifikante Benachteiligung der Mädchen aufweist. Mädchen werden in schulischer Interaktion als brav, sozial vermittelnd, hilfsbereit, verantwortungsvoll und fleißig beschrieben. Sie werden im Unterrichtsverlauf von Lehrern und Lehrerinnen eingesetzt, um Konkurrenz und Aggression von Jungen zu mildern (vgl. z.B. Faulstich-Wieland 1991). Gerhard Amendt führt dies exemplarisch aus: „Viele Mädchen scheinen für die Schule psychodynamisch produktiv zu sein und darin einen nicht unerheblichen Teil ihrer Produktivität zu verschleudern. Sie bändigen Konflikte, die andere nicht lösen können oder lösen wollen, indem sie den Konfliktstoff neutralisieren. Zu ihrem Leistungserfolg trägt das wenig und zu ihrer Konfliktfähigkeit absolut nichts bei" (Amendt 1996, S. 377). Da Jungen in ihrem Verhalten durch Aufmerksamkeit bestätigt werden und gleichzeitig erleben, dass die Sozialkompetenz der Mädchen zwar gebraucht, aber nicht positiv sanktioniert wird, führt dies zu einer Verstärkung der Gewaltsozialisation von Jungen.

Der oben beschriebene Prozess wird durch den geschlechtsspezifisch unterschiedlichen Umgang mit Leistung und Erfolg – einer der für schulisches Lernen wichtigsten Kategorien – weiter verstärkt. Gute Schulleistungen führen nicht

Selbstvertrauen   selbstverständlich zu hohem Selbstvertrauen, dies die überraschende Beobachtung einer bedeutenden Differenz zwischen Mädchen und Jungen. Marianne Horstkemper unterscheidet unterschiedliche Rückmeldungen durch die Lehrkräfte in Bezug auf die Leistungen und Erfolge bei Jungen und Mädchen. Während Jungen bei Versagen oder mäßiger Leistung mit Hinweisen nach dem Muster „Du könntest, wenn Du wolltest" auf ihre nur noch nicht geweckten Potenzen aufmerksam gemacht werden, werden Mädchen eher getröstet („Du hast Dir Mühe gegeben"). Allerdings werden auch Mädchen, die gute Noten haben, eher wegen ihres Fleißes nicht ihrer hohen Intelligenz gelobt. Während also Jungen den Glauben an ihre Intelligenz auch bei schlechten Leistungen nicht aufgeben müssen, fällt es Mädchen schwer, trotz guter Leistungen an eben diese zu glauben (Horstkemper 1987).

Zudem kommt es vor allem in der Adoleszenz zur Verschiebung der Relevanz von schulischer Leistung bei den Mädchen. Während es zum männlichen Selbstbild gehört, durch Leistung zu imponieren, kommt es bei den Mädchen vor allem in den als „männlich" gedeuteten Fächern eher zu einer Leistungszurückhaltung. Hier geht es nicht nur darum, die Konkurrenz mit den Jungen zu meiden, sondern auch darum, Anerkennung durch körperliche Attraktivität zu gewinnen. Darin liegt u.U. eine Erklärung für die höhere Effektivität von Mädchenschulen in den naturwissenschaftlich-mathematischen Fächern.

Die latente Reproduktion sozialer Ungleichheit in Bildungsinstitutionen bezieht sich nicht nur auf Klasse und Geschlecht. In der Forschungscommunity entwickelt sich – noch langsam und vorsichtig, aber wahrnehmbar – eine Diskussion über die Reproduktion heterosexuell fixierter oder ethnozentristischer bzw. nationaler Normen und Werte.

Heterosexualität gilt als Norm. In Schulbüchern, Unterrichtsgestaltung, Lektüren etc. finden sich selten Hinweise auf Homosexualität. In der Sexualpädagogik wird zunächst über Sexualität aufgeklärt und dann, häufig am Ende, noch eine Einheit über Homosexualität angefügt. Allein die Thematisierung von Homosexualität kann man als Fortschritt werten, die zugrunde liegende Konstruktion ist jedoch, dass Heterosexualität das Allgemeine und somit die Norm ist (nämlich „Sexualität") und Homosexualität das Besondere, das in einer Extra-Einheit behandelt wird (vgl. Holzkamp 1996, S. 9). Jutta Hartmann (1996) zeigt, dass die Konstruktion von Zweigeschlechtlichkeit (siehe Kapitel 4.1.2 dieses Buches) auf einer heterosexuellen Matrix basiert. Die Geschlechter müssen eindeutig und unverwechselbar voneinander zu unterscheiden sein, um sich dann in der Logik der romantischen Liebe ohne Zweifel und Missverständnisse wieder aufeinander beziehen zu können.

Das bedeutet, das weitgehende Verschweigen von Homosexualität erschwert Mädchen und Jungen den Zugang zu dieser Lebensform. Die Art, wie Homosexualität vereinzelt als besondere Form von Sexualität abgehandelt wird, reproduziert die Vorstellung, Heterosexualität sei die Norm. Insgesamt wird in der Schule (wie in der gesamten Gesellschaft) eine dualistische Vorstellung, dass Menschen entweder homo- oder heterosexuell seien, reproduziert. Dabei gibt es keine wissenschaftlichen Beweise für die unterstellte Zweiteilung und die Vielzahl bisexuell lebender Menschen deutet in eine andere Richtung. Es sind jedoch keine institutionalisierten Angebote bekannt, Jugendlichen beide Optionen bzw. die eigene Homo- *und* Heterosexualität zu vermitteln.

Etienne Balibar (1990, S. 118ff.) problematisiert die Reproduktion *ethnischer Fiktionen* im Schulunterricht. Dem modernen Nationalstaat als historisch junge Gesellschaftsformation gelänge es nur dann, als „natürlich" zu erscheinen, wenn eine ethnische Fiktion aufgebaut würde. Diese basiere auf zwei Konstruktionsprinzipien, nämlich „Sprache" und „Rasse". Über eine Nationalsprache, die in Schulen eingeübt werde, imaginierten die Individuen eine kollektive Identität. Mit der Idee, das Erlernen der Nationalsprache ermögliche allen Menschen, ZuwanderInnen wie Einheimischen, an der fiktiven Ethnizität zu partizipieren, wird Egalität signalisiert. Tatsächlich verfügen jedoch nicht alle über die gleiche

Sprachkompetenz und die gleichen sozialisatorischen Bedingungen zum Erlernen der Nationalsprache, so dass die Schule über die Sprachdominanz Spaltungen produziere.

Da jedoch verschiedene Völker eine gemeinsame Sprache sprechen können, ohne eine Nation zu bilden, reiche Sprache zur Konstruktion von Nation nicht aus. Daher werde über die Idee von „Rasse" gleichzeitig noch eine biologische und geistige Generationenabfolge konstruiert. Die Vorstellung eines gemeinsamen rassischen Ursprungs ergänze meist schleichend und implizit die Fundierung eines nationalstaatlich organisierten Gesellschaftsmodells, in dem es Fremde und Heimische, Eindringende und Hierhin-Gehörende gäbe.

Zusammenfassend ist festzuhalten, dass in einer Reihe von empirischen Untersuchungsergebnissen für Schulen Strukturen und Prozesse zu benennen sind, die – trotz formaler und subjektiv gewünschter Gleichheit – soziale Ungleichheit herstellen. Die Schule „fädelt die Heranwachsenden in unterschiedlich privilegierte Lebensläufe ein" (Krappmann 1999, S. 238). Es handelt sich um Strukturen und um Handlungsprozesse, die Lehrkräften kaum oder gar nicht bekannt oder bewusst sind.

4.2.3 Die soziale Ungleichheit im Spannungsverhältnis von Arbeit und Bildung

Pierre Bourdieu und Niklas Luhmann kommen trotz völlig divergierender theoretischer Ansätze zu dem gemeinsamen Schluss, dass eine unbeabsichtigte Folge der Bildungsreform der 1970er Jahre die Verlagerung der Selektion in das Beschäftigungssystem ist (vgl. Kapitel 3 dieses Buches). Der Befund gilt mittlerweile in weiten Kreisen der Bildungssoziologie als gesichert (vgl. z.B. Weymann 1987; Krais 1996b). Dieser Tatbestand zeigt noch einmal die traditionell eng verwobene Verzahnung der Felder „Bildung" und „Arbeit" (vgl. die Einleitung dieses Buches) unter dem Aspekt der Reproduktion sozialer Ungleichheit. Zeugnisse, insbesondere das Abiturzeugnis, gelten einerseits als notwendige Voraussetzung für den beruflichen Erfolg, andererseits zeigt sich, dass die nun massenhaft erworbenen Dokumente als eine alleinige Voraussetzung für einen erfolgreichen Start ins Berufsleben nicht mehr ausreichen (vgl. Weymann 1987). Konstant bleibt, dass HochschulabsolventInnen insgesamt ein höheres Einkommen erzielen als AbsolventInnen anderer Bildungsgänge (vgl. Müller 1998, S. 96), also darüber die Klassenrelation erhalten bleibt. Sehr unterschiedlich ist jedoch die Bezahlung innerhalb der jeweiligen Ausbildungsgruppe. Um dies zu verstehen, muss man sich die Herausbildung von Berufen und Professionen genauer ansehen.

Jürgen Kocka (1991) hat darauf hingewiesen, dass sich das Bürgertum nicht nur über den Begriff der Bildung konstituiert hat (vgl. Kapitel 1 dieses Buches), sondern dass auch der „Beruf" eine selbstkonstituierende Rolle einnimmt. Für Teile des Bürgertums war der Beruf die Möglichkeit, sich vom müßiggängerischen Adel abzusetzen und sich über den Wert der Arbeit zu identifizieren, für

Beschäftigungs-system

Beruf

80

andere Teile des Bürgertums erfolgte die Abgrenzung sozusagen „nach unten". Sie setzen sich von anderen Formen der Arbeit ab, nämlich der Lohnarbeit des Proletariats, der Handarbeit und dem Handel des Kleinbürgertums und der privaten Hausarbeit der Frauen. Ihr Berufsverständnis grenzt alle Tätigkeiten aus, die ohne (Aus)Bildung durchgeführt werden können, repetitive Handarbeiten oder diffuse Hausarbeiten beinhalten und als unehrenhaft klassifiziertem Gewinnstreben folgen (vgl. Beckmann 1991). Die heutige Differenzierung und Bewertung zwischen Berufen, über die auch Einkommensunterschiede legitimiert werden, basiert auf diesem bürgerlichen Arbeitsethos, demzufolge über Bildung berufliche Selbstverwirklichung ermöglicht wird sowie Leistung und Erfolg auf Bildungsformen zurückgeführt werden. Diese Konstruktion der Erwerbsarbeitssphäre, bei der Frauenarbeit, Fabrikarbeit und Handel aufgrund historisch gewachsener Interessen des Bildungsbürgertums abgewertet werden, ist an sich schon ein Feld sozialer Ungleichheit (vgl. dazu auch Rabe-Kleberg 1993), allerdings basiert diese Konstruktion auf einem breiten sozialen Konsens und wird daher selten als ungerecht erfahren.

Gebrochen wird dieser soziale Konsens jedoch, wenn gleiche Qualifikation nicht zu gleichen Chancen auf dem Arbeitsmarkt führen oder ungleicher Lohn für gleiche Arbeit gezahlt wird. Dies ist vor allem bei der geschlechtsspezifischen Segregation (räumliche bzw. feldspezifische Aufteilung) des Arbeitsmarktes der Fall. Reinhard Kreckel zeigt, dass diese Form der geschlechtsspezifischen Diskriminierungen im Vergleich zum Beginn des 20. Jahrhunderts zugenommen haben (Kreckel 1992, S. 228). Während damals die den Arbeitsmarkt strukturierenden, sozialen Ungleichheiten den Qualifikationsdifferenzen entsprachen, sind Frauen heute „besser gebildet – und doch nicht gleich" (Rabe-Kleberg 1990). Frauen haben trotz ihrer im Vergleich zu Männern sogar besseren allgemeinen und beruflichen Bildungsabschlüsse nicht die vergleichbar guten Positionen im Beruf. Die einflussreichen und hoch dotierten Positionen sind zum Beispiel überproportional mit Männern besetzt (Kreckel 1992, S. 212) und die Einkommensdifferenzen sind erheblich größer als die Qualifikationsunterschiede (Frauen verdienen in allen Klassen weniger als Männer) (Kreckel 1992, S. 235; Frerichs 1997, S. 213ff.). Dies ist zum einen auf direkte Diskriminierung zurückzuführen (zum Beispiel, indem unterstellt wird, dass der Mann der Ernährer ist oder dass Frauen nicht so viel leisten können), zum anderen liegt es jedoch darin begründet, dass Frauen und Männer in unterschiedlichen Berufen arbeiten, die sich einem direkten Vergleich entziehen. Frauen erhalten dann in der Fabrikfertigung von Textilien weniger Lohn als Männer in der Autoindustrie, obwohl beide „unqualifizierte" Fließbandarbeit ausführen. Diese Segregation der Berufe und die damit einhergehenden Differenzen in Status und Bezahlung lässt sich auch für die DDR nachweisen (Rabe-Kleberg 1995 und 1999³).

Die geschlechtsspezifische Segregation des Arbeitsmarktes ist eine Grundstruktur der modernen Gesellschaft. Man kann klar zwischen Frauen- und Männerberufen bzw. zwischen Frauen- und Männerarbeitsplätzen unterscheiden. Dabei ist es keineswegs so, dass Frauenberufe oder Männerberufe inhaltlich irgendeinem gemeinsamen Tätigkeitsfeld zugeordnet werden können. So basieren zum

Marginalien: Geschlechtsspezifische Segregation

Marginalie: Frauen- und Männerberufe

Erwerbstätige nach Erwerbsform und Geschlecht
in %

■ Normalarbeitnehmer/-innen ■ Atypisch Beschäftigte ■ Selbstständige

Männer
2011
14
11
5
12
1991
84
74

Frauen
2011
8
5
23
34
1991
72
58

Ergebnisse des Mikrozensus. – Ohne mithelfende Familienangehörige. 2012 · 01 · 0505

(Quelle: Statistisches Bundesamt, Statist. Jahrbuch 2012, S. 352)

Beispiel Frauenberufe keineswegs, wie man anfänglich angenommen hat, alle auf hausarbeits-verwandten Tätigkeiten. Vielmehr teilen alle Frauenberufe nur ein Schicksal, nämlich dass sie als vergleichsweise gering qualifiziert gelten und einen niedrigen Status aufweisen, was sich in Aufstiegschancen und Bezahlung niederschlägt. Für Frauenberufe ist kennzeichnend, wie Ursula Rabe-Kleberg (1993) zeigt, dass es kaum Aufstiegsmöglichkeiten gibt, die Verdienstmöglichkeiten gering sind und dass das Qualifikationsprofil zwischen beruflicher und Laienqualifikation angesiedelt ist (vgl. dazu ausführlich Kapitel 5.3). Dies zeigt sich zum Beispiel sehr deutlich in der Schule. Aufgrund der doppelten Aufgabenstellung der Grundschule von Kindorientierung und Basisausbildung (vgl. auch Hempel 1996) ist das Aufgabenprofil diffuser als in der Sekundarstufe. Aufstiegschancen und Bezahlung sind darüber hinaus geringer. Typischerweise findet man mehr männliche Lehrer, je klarer die Wissensvermittlung in den Vordergrund rückt und je höher die Position in der schulischen Hierarchie ist.

Hierarchische Verteilung

Die Segregation ist also nicht nur eine geschlechtsspezifische Sortierung des Arbeitsmarktes, sondern auch eine hierarchische Verteilungspraxis (vgl. Wetterer 1993, S. 52ff.; Rabe-Kleberg 1999[3], original 1996, S. 277). Angela Willms-Herget (1985) vergleicht Frauenarbeit von 1880 bis 1980 und zeigt, dass Frauen immer dann Chancen in als Männerberufe klassifizierten Branchen haben, wenn Männer sich aus der Berufssparte zurückziehen. Auch in expandierenden Bereichen haben Frauen gute Chancen, werden jedoch nach der Konsolidierung der Sparte schnell wieder verdrängt. Dieses Muster gilt bis heute und lässt sich ebenfalls für die New Economy beobachten.

Geschlechtswechsel eines Berufes

Dringen Frauen in einen Beruf vor, so erfährt der ganze Beruf einen „Geschlechtswechsel". Tätigkeiten, die vorher als männlich galten, werden plötzlich als typisch weiblich wahrgenommen. Mit der „Verweiblichung" eines Feldes geht stets ein Statusverlust einher, mit der „Vermännlichung" ein Statusgewinn. Dies kann man sehr gut beim Geschlechtswechsel von der Sekretärin zum Sekretär oder von der Putzfrau zum Lehrberuf des Gebäudereinigers beobachten (vgl. Wetterer 1993). Regine Gildemeister und Angelika Wetterer (1992) zeigen dies sehr prägnant am Beispiel der Setzerinnen. Den Einsatz von Maschinen zum Satz von Texten und Büchern erlebten die Männer in der zweiten Hälfte des 19. Jahrhunderts als Bedrohung ihrer Arbeitsplätze und verweigerten zunächst die Mitarbeit. So kam es, dass bürgerliche Frauen (die lesen und schreiben konnten) als Setzerinnen angeworben wurden. Maschinensetzerin etablierte sich nach kürzester Zeit als typischer Frauenberuf, was in dem folgenden längeren Zitat erläutert werden soll: „Um den Frauen die Sache schmackhaft zu machen, wurde den

Setzmaschinen ein dem ‚Pianotyp' ähnliches Aussehen verliehen und die Finger-fertigkeit der klavierspielenden Bürgerstöchter bot ein breit gefächertes Reper-toire für Analogiebildungen, in denen die ‚besondere Eignung der Frauen' für den Maschinensatz beschworen wurde. So gut wie alle ersten Modelle der Setz-maschinen wurden von Frauen eingeführt und wurden in Werbebildern mit an-mutig an der Tastatur sitzenden Bürgerstöchtern abgebildet. Erst mit der sukzes-siven Konsolidierung der Maschinensetzerei, erst in der darauf folgenden Phase der (neuerlichen) Verberuflichung verschwanden die Setzerinnen ebenso aus den Druckereien wie aus der sozialen Erinnerung. Das neu entstandene Berufsbild des Männerberufs Maschinensetzer fußte fortan auf anderen Analogien. Die As-soziationskette ‚Maschine-Männlichkeit' wurde in Szene gesetzt: Der Lärm und Dreck, der die Setzmaschine (jetzt plötzlich?) umgibt, trat in den Vordergrund, das beim Satz verwendete Blei galt (jetzt plötzlich) als Gefahr für die Gebärfä-higkeit der Frauen, und die Maschinen selbst wurden nicht mehr so konstruiert, dass sie dem Klavier möglichst ähnlich sind" (Gildemeister/Wetterer 1992, S. 224f.). Die Frauen konzentrierten sich nach ihrer Verdrängung aus der Setzer-branche auf die strukturell ähnliche Arbeit an der Schreibmaschine, welche je-doch mit Argumenten von Höher- bzw. Niedrigerqualifikation geringer entlohnt wurde.

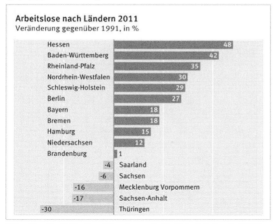

(Quelle: Statistisches Bundesamt, Statist. Jahrbuch 2012, S. 363)

Zusammenfassend heißt das, soziale Ungleichheit ent-steht durch eine hierarchisie-rende Sortierung des Arbeits-marktes. Innerhalb einer Be-rufssparte haben Frauen nicht die gleichen Chancen, Lei-tungspositionen zu erreichen, wie Männer; meist verteilen sich die Geschlechter jedoch „freiwillig" auf unterschiedli-che Berufssparten, nämlich auf die Berufe, die in einem gesellschaftlichen und histo-risch wandelbaren Zuwei-sungsprozess als „männlich" oder „weiblich" klassifiziert werden. Die Sparten, die als weiblich gelten, zeichnen sich durch ein niedrigeres Lohnniveau und durch einen geringeren sozialen Status aus. Trotz gleicher for-maler Bildungsabschlüsse haben Frauen also weniger gute Chancen auf dem Ar-beitsmarkt. Frauen sind darüber hinaus stärker von Arbeitslosigkeit betroffen als Männer (Engelbrech 1991).

Der Bezug auf „Bildung" wird dabei eingesetzt, um Berufe, die entweder an Reproduktionsarbeiten, an Handarbeiten, an Handel oder an unqualifizierte Tä-tigkeiten erinnern, abzuwerten. Proletarische Männer sind von dieser Abwertung auch betroffen, aber strukturell sind es vor allem die Frauen, die im Dienstleistungsgewerbe (darunter auch der Handel) arbeiten. Darüber hinaus basieren viele Berufe, die junge Frauen gerne ausüben, nicht auf einer dualen (betrieblichen und berufsschulischen Ausbildung), sondern auf einer schulischen Berufsbildung (die z.T. noch von den Frauen selbst bezahlt werden muss), was wieder zu einem ökonomischen und einem Statusverlust der Frauen führt (vgl. Krüger 1992).

Berufswünsche   Warum wählen Mädchen und Frauen dann diese Berufe? Eine Studie zu Berufswünschen von Mädchen in der Hauptschule (Rettke 1987) zeigt, dass diese in der 7. Klasse noch relativ geringe geschlechtsspezifische Ausprägungen zeigen. Sie sind sich jedoch des Arbeitslosigkeitsrisikos, welches mit ihrem Schulabschluss einhergeht, bewusst und beginnen, ihre Chancen auf dem Arbeitsmarkt auszuloten. Bis zur 9. Klasse und damit dem Herannahen des Abschlusses sind sie zu der Einschätzung gelangt, dass sich ihre Chancen noch mehr verschlechtern, wenn sie einen geschlechtsuntypischen Beruf anstreben. Durch erste Bewerbungsbemühungen und durch Ratschläge der Familie oder der Freunde, aber auch vom Arbeitsamt werden sie in der Regel in der Einschätzung bestätigt, dass ihre Ausgangsqualifikation so defizitär sei, dass sie jedes Risiko vermeiden müssten. Ihre Berufseinmündung, so Rettke, ist also eine rationale Entscheidung. Dies ist jedoch nur eine Erklärung für das Phänomen. Eine andere ist die häufig offen diskriminierende Stimmung in Betrieben und Berufsschulen, denen Mädchen in so genannten Männerberufen ausgesetzt sind, oder die Freude, in einem von einer Frauenkultur geprägten Beruf zu arbeiten sowie der Wunsch, die in der geschlechtsspezifischen Sozialisation erworbenen Fähigkeiten beruflich zum Einsatz zu bringen.

5. Bildung und (Vor)Schule

5.1 Bildung im Kindergarten

„Sie leben mitten unter uns. Wir sehen sie auf dem Bürgersteig, wo sie zwischen den Passanten auf die Knie gehen und, Nase am Boden, die Fugen zwischen den Betonplatten inspizieren. Es sind jene Wesen, die sich auf einer Autoeinfahrt verstohlen Kies in den Mund stopfen, um den Geschmack zu prüfen. Sie zerrupfen Spinnen, statt zum Abendessen zu kommen, sie wälzen sich schreiend am Boden, wenn jemand versucht sie daran zu hindern, in Wasserlachen zu springen, um die Verdrängung der Materie zu testen. Und nehmen dabei keinerlei Rücksicht auf den Preis der neuen Schuhe. Die Rede ist von Kindern" (Mayer 2001, ohne Seitenangabe).

Kinder sind, wie Susanne Mayer hier lebhaft verdeutlicht, wissenshungrig und bildungsbegierig, was – langsam – dazu führt, dass auch in (West) Deutschland die Vorschulerziehung als Bildungsprozess begriffen wird. Lange Zeit galt der „Kindergarten" in erster Linie als soziale Institution. Der Kindergarten (oder die Krippe, die Kindertagesstätte, der Hort) wurden vornehmlich als Bewahr-Anstalt begriffen, welche insbesondere die Defizite der Familie ausgleichen sollte. Im Zuge der Industrialisierung und Urbanisierung führten die langen Arbeitszeiten der Eltern außerhalb des Hauses (vgl. dazu Kapitel 7.1) dazu, dass viele Kinder auf sich allein gestellt in den elenden Wohnungen und auf der Straße aufwuchsen. Die Bewahranstalten wurden als schlechtere, aber notwendige Alternative zur Familienerziehung gedacht. Der Staat (oder die Kirche) nahmen sich derer an – so die Idee – die in der Familie nicht ausreichend betreut wurden (vgl. Heinsohn/Knieper 1975; Großmann 1990; Colberg-Schrader/Krug 1999). Dieser soziale Auftrag mischte sich mit der pädagogischen Idee in der Tradition der Pädagogik Friedrich Fröbels. Fröbel verfolgte die Vorstellung, dass pädagogische Prozesse sich nicht einfach aus dem praktischen Handeln von allein entwickeln, sondern sich in Gestalt einer Kunstlehre, d.h. angeleitet, ergeben. Dabei ging es Fröbel stets darum, durch den Lehrenden angeleitet, die Lernenden in die Lage zu versetzen, Ereignisse und Erfahrungen in einen biographisch konsistenten Zusammenhang zu setzen (vgl. zusammenfassend zu Fröbel Giel 1979).

In der jüngeren Entwicklung wurde dem Kindergarten in den beiden deutschen Staaten unterschiedliche Bedeutung zugemessen. In der DDR galten Kindergärten als Teil des Volksbildungssystems und dienten sowohl der Entfaltung allgemein gebildeter Persönlichkeiten als auch der Absicherung der Frauenerwerbstätigkeit. Mit zentralistisch verabschiedeten Erziehungszielen und -plänen wurde der Kin-

Bewahranstalten

Friedrich Fröbel

DDR-Kindergarten

85

dergarten zur Regeleinrichtung (vgl. Hildebrand/Musiol 1995). In der BRD setzte der Kindergarten sich erst langsam durch. Kirchliche, staatliche und alternative Kindereinrichtungen (z.B. antiautoritär organisierte Kinderläden) prägten ab den 1960/1970er Jahren im Kontext der Bildungsreformen und sozialen Bewegungen eine vielfältige Landschaft. In einer Gemengelage aus Frühförderungsbestrebungen, Freistellung der Mütter und institutionalisierten Gleichaltrigenkontakten erlangte die institutionalisierte Vorschulerziehung alltagspraktische Bedeutung.

Heute wird der Kindergarten von Fachleuten aus West- wie Ostdeutschland als Bildungseinrichtung verstanden (vgl. z.B. Krappmann 2001). Gerade die Ergebnisse der PISA-Studie zeigen, dass Deutschland zu den Staaten gehört, „in denen die potentielle Risikogruppe schwacher und extrem schwacher Leser relativ groß ist" (Baumert/Schümer 2001, S. 401). Da Lesekompetenz als besonders entscheidend für den Bildungserfolg betrachtet wird, ist ein Anteil von 23% potentiell leseschwacher Kinder einer Alterskohorte alarmierend. Dementsprechend – (und) da sich Bildungsdefizite im Durchgang durch die Institutionen immer mehr verstärken (vgl. Kapitel 4.2.1 und 4.2.2 dieses Buches) – wird der Frühförderung zunehmend Bedeutung geschenkt. Kinder sollen dort kognitive Anregungen bekommen, die die familiäre Prägung ergänzen. Der Kindergarten soll – so die einhellige Position der PädagogInnen und BildungssoziologInnen, die jedoch in der Praxis nicht immer umgesetzt wird – Kinder „in ihren eigenen Sichtweisen und Interessen unterstützen, eigene Erfahrungen fördern, ihnen helfen, verschiedene Möglichkeiten der Einflussnahme auszutesten und das eigene Handeln zu reflektieren" (Krappmann 2001, S. 5). Die Kinder sollen befähigt werden, diese Fähigkeit zur Eigenständigkeit in ein balanciertes Verhältnis zur Teamfähigkeit zu bringen. Mit anderen Worten: Der Kindergarten wird als eine Institution konzeptualisiert, in der bereits kleine Kinder die Fähigkeiten und Fertigkeiten erlernen, die Menschen in einer modernen Gesellschaft benötigen. In diesem Sinne – und nicht einfach als Vorbereitungskurs auf die Schule – wird der Kindergarten als Bildungsinstitution verstanden. Lothar Krappmann formuliert dies folgendermaßen: „Demgegenüber möchte ich unterstreichen, dass der Kindergarten als Bildungseinrichtung weder dadurch ausreichend beschrieben ist, dass er kognitive Anregungen ersetzt, die überlastete Eltern in vielen Fällen nicht leisten, noch dadurch, dass er Kinder zum Stillsitzen abrichtet, um es einmal scharf zu pointieren, sondern weil er jungen Kindern ein sachliches und soziales Erfahrungsfeld eröffnet, das eigene Anforderungen an die Entwicklung von Fähigkeiten und Problemlösungsmustern der Kinder stellt" (Krappmann 2001, S. 6).

Die Unterbringung von Kindern in einem Kindergarten oder einer Kindertagesstätte ermöglicht es beiden Elternteilen, ihren beruflichen, sozialen, kulturellen oder politischen Interessen nachzugehen und damit den Anforderungen nach Individualisierung und subjektiver Sinnsuche wie auch nach finanzieller Reproduktion nachzukommen. Die Kinder erfahren auf diese Weise beide Elternteile als gesellschaftlich integrierte Persönlichkeiten. Darüber dass die Eltern, Vater und Mutter, institutionell abgesichert für einige Zeit des Tages freigestellt werden, ihre gesellschaftlich notwendigen Aufgaben zu übernehmen und für die Reproduktion der Familie Sorge zu tragen, können Kinder Eltern als Vorbilder für

Lesekompetenz

Eigenständigkeit und Teamfähigkeit

Entlastung der Eltern

eine eigenständige und verantwortungsvolle gesellschaftliche Existenz erfahren (vgl. auch hier Krappmann 2001, S. 5).

All dies bezieht sich jedoch auf die Bildungsidee, wie sie im pädagogisch-bildungssoziologischen Diskurs entworfen wird. Die Praxis des Kindergartens sieht vielerorts anders aus. Allerdings gibt es kaum empirische Studien zum Kindergarten. Was tagtäglich im Kindergarten passiert, ist ein dunkler Fleck in der Forschungslandschaft. Diese Unkenntnis hat u.a. zur Folge, dass zwar normativ darüber gestritten wird, wie ErzieherInnen ausgebildet werden sollen, jedoch niemand empirisch gesichert weiß, welche Qualifikationen Erzieherinnen in der Praxis brauchen bzw. wie sie ihre Qualifikationen verwerten können (vgl. Kapitel 5.3 sowie Rabe-Kleberg 1997). Praxis des Kindergartens

Gleichzeitig werden gerade die frühen, grundlegenden Bildungsprozesse gesellschaftlich vernachlässigt. Einer Studie von Tietze u.a. (1998) zufolge lassen sich bei vergleichbaren Rahmenbedingungen Unterschiede in der Qualität der pädagogischen Betreuung beobachten, die erhebliche Kompetenzdifferenzen bei Kindern verursachen. Im Extremfall sind dann Gruppen von Kindern in ihrer Entwicklung anderen – gemessen am Durchschnitt – über ein Jahr voraus oder hinterher. Auch in den USA wurde eine Reihe von Studien durchgeführt, die die Langzeiteffekte der Frühförderung aufzeigen (Clarke/Campbell 1998). Das bisherige Forschungsdefizit, aber auch der Mangel an öffentlicher Diskussion über die Geschehnisse im Kindergarten lassen sich nur mit einer doppelten Abwertung erklären. Da es sich beim Kindergarten erstens um einen typischen Frauenbereich und zweitens um Kinder (d.h. in einer kapitalistischen Logik um nicht-produktive Gesellschaftsmitglieder) handelt, wurde dem Feld keine soziologische und kaum öffentliche Aufmerksamkeit beigemessen. Nur vereinzelt liegen Studien vor, die nicht die Vorschulerziehung selbst zum Gegenstand haben, sondern andere Themen wie beispielsweise das Geschlechterverhältnis und dieses im Feld der Kleinkinderziehung untersuchen. Martin D. Lampert (1996) zum Beispiel kommt in einer ethnographischen Humoruntersuchung zu dem Ergebnis, dass Jungen im Spiel mit anderen Jungen nonverbalen Humor entwickeln (z.B. Herumkaspern), wohingegen Mädchen mehr verbalen Humor ausprägen (Wortspiel, lustige Lieder etc.). Auch erzählen die Mädchen häufiger zu Handlungen Geschichten, die lustig sein sollen. Wenn nun Mädchen und Jungen zusammenkommen, dann passen sich die Mädchen dem von Jungen entwickelten Humor an, das heißt, sie inszenieren ebenfalls nonverbalen Humor. Dies deutet darauf hin, dass auch im Kindergarten (oder schon im Kindergarten) Mädchen lernen, die Welt sowohl aus ihrer eigenen als auch aus der Perspektive von Jungen zu betrachten, und dass sie ihre Handlungen auf die Interessen von Jungen ausrichten. Pädagogische Intervention bezüglich der Aneignung geschlechtshierarchischer Muster scheint dabei selten zu sein. Frühförderung

Zu ähnlichen Ergebnissen kommt eine australische Untersuchung. Die Forscherin Bronwyn Davies (1992) arbeitet mit teilnehmender Beobachtung im Kindergarten und analysiert die Reaktion von Kindern im Kindergarten auf Märchen. Sie zeigt, dass Mädchen lernen, sich sowohl mit weiblichen als auch mit männlichen Helden zu identifizieren. Ein Phänomen, welches auch aus der Produktion von Spielfilmen bekannt ist, ist, dass Filme mit Heldinnen in der Regel nur von Mädchen angeschaut werden, wohingegen sich für Filme mit Helden beide Geschlechter begeistern können. So lernen Kinder, wie Davies zeigt, schon im Kindergarten die Einteilung der Welt in weiblich und männlich. Jungen lernen in diesem Prozess eine Positionierung als männliches Geschlecht einzunehmen, Mädchen aber müssen – da sich die Alltagspraxis latent an Jungenperspektiven orientiert – sowohl die für ihr eigenes Geschlecht relevante als auch die von Jungen akzeptierte Positionierung einnehmen (ein Phänomen, welches auch für das Handeln von Frauen und Männern bekannt ist, vgl. Bourdieu 1997). Auf Grund der Latenz des Prozesses und im Interesse der Gewährleistung eines reibungslosen Ablaufs wird dieser Vorgang im Kindergarten kaum pädagogisch gestaltet (vgl. dazu auch Kapitel 4.2.3). Gleichzeitig betont Davies, dass Mädchen und Jungen mit ihrem – gerade im Kindergartenalter – häufig überbetont klischeehaft weiblichen und männlichen Verhalten versuchen, sich in das System der Zweigeschlechtlichkeit einzugliedern (vgl. dazu Kapitel 4.1.2). „Man kann von Kindern nicht verlangen, sich als erkennbar männlich oder weiblich zu zeigen, und ihnen gleichzeitig die Mittel, mit deren Hilfe sie dies tun könnten, vorenthalten" (Davies 1992, S. 7).

5.2 Schule und Gesellschaft

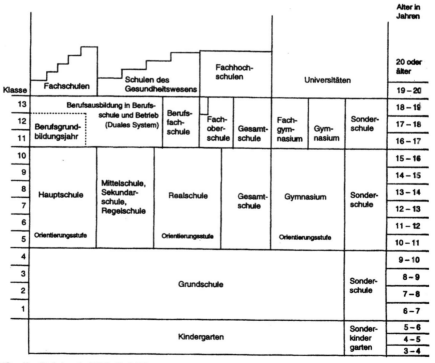

(Quelle: Reinhardt 1999, S. 312)

Wie an der Graphik abgelesen werden kann, ist das deutsche Bildungssystem stark in verschiedene Leistungs- und Fachbereiche aufgegliedert. Nur Kindergarten und Grundschule richten sich an (fast) alle Kinder. Während die institutionalisierte Vorschulerziehung zwar massenhaft genutzt wird, aber auf Freiwilligkeit basiert, endet die Teilnahme am Bildungssystem auf der Basis eigener Entscheidung mit dem 6. oder 7. Lebensjahr. Der Schulbesuch ist Pflicht. Eltern werden bestraft, wenn sie Kinder von der Schule fernhalten. Die Schule ist demzufolge in die Struktur des modernen Staates eingebunden. Die Schulpflicht bzw. das Recht auf Beschulung für alle ist grundlegender Bestandteil der bürgerlichen Gesellschaft (vgl. Kapitel 1 und 7.1; zur Geschichte der Schulpflicht vgl. Herrlitz 1981). Der Staat bestimmt (bislang) die Kernelemente der Schule: die allgemeinen Inhalte, die Prüfungen, die Zugangs- und die Berufsqualifikationen. Legitimiert ist der Staat zu dieser Gestaltung der schulischen Praxis dadurch, dass es in einer Demokratie als die Pflicht des Staates angesehen wird zu gewährleisten, dass die Menschen Wahl- und Mitwirkungsrechte ausüben können, was auch bedeutet, über Lesen und Schreiben eine eigene Meinung entfalten zu können, darüber hinaus auch geschäftsfähig zu werden und so ein administratives wie ökonomisches Grundverständnis zu erlangen. Schulische Bildung bezieht sich demnach auf die Vermittlung kultureller Wissensbestände, auf die Entwicklung kognitiver, sozialer und symbolischer Fähigkeiten und damit auch auf die Ausbildung von Autonomie in einem Beziehungsgefüge.

Schulpflicht

In Anlehnung an Helmut Fend (1974, S. 68ff), welcher sich wiederum auf Talcott Parsons bezieht (vgl. Kapitel 2.2.1), werden in der Forschungsliteratur häufig drei verschiedene Funktionen der Schule unterschieden (vgl. z.B. auch Büchner 1985; Grimm 1987):

1. Die Qualifikationsfunktion
   Die Schule hat die Aufgabe, im schulischen Unterricht die Kinder und Jugendlichen für das Beschäftigungssystem wie für die biographische Berufsfähigkeit zu qualifizieren. Dazu soll sie die für die Reproduktion und Wettbewerbsfähigkeit einer Gesellschaft notwendigen Fähigkeiten und Fertigkeiten, das über Generationen gesammelte, aber immer wieder neu ausgewählte Wissen, vermitteln.

Funktionen der Schule

2. Die Allokations- und Selektionsfunktion
   Durch Leistungsvergleich mittels Prüfungen sollen die Zuweisung der Schüler und Schülerinnen auf die verschiedenen Berufssparten und damit eine bedarfsgerechte Verteilung von Wissen erfolgen.

3. Die Integrations- und Legitimationsfunktion
   Die Schule soll die Schüler und Schülerinnen mit jenen sozialen oder politischen Kompetenzen ausstatten, die sie oder ihn befähigen, als loyal-kritische StaatsbürgerInnen zu handeln und vollwertige Mitglieder der Gesellschaft zu werden. Dazu soll die Schule die dominanten Normen, Werte und Interpretationsmuster vermitteln.

Das Schulsystem soll durch unterschiedliche Bestandteile (Unterricht – Prüfungen – „Schulleben") die Verwirklichung der jeweiligen Funktion ermöglichen. Die folgende Graphik verdeutlicht dies exemplarisch:

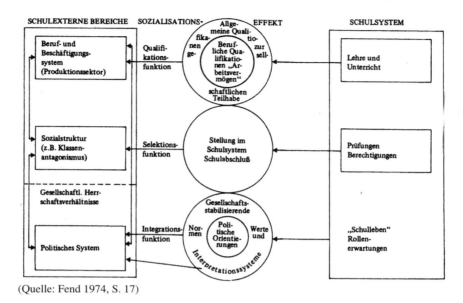

(Quelle: Fend 1974, S. 17)

Kritik am Funktionsgedanken

In der Literatur finden sich viele Belege dafür, dass die Schule diese Funktionen nur bedingt erfüllen kann. Fend selbst weist darauf hin, dass die Qualifikationsfunktion dadurch eingeschränkt wird, dass Bildungsprozesse langfristige Investitionen sind, die Anforderungen des Wirtschaftssystems sich jedoch häufig kurzfristig wandeln. Die Allokations- und Selektionsfunktion wird durch die Ausarbeitungen von Schelsky (vgl. Kapitel 2.2.2) und Bourdieu (vgl. Kapitel 3.1), aber auch aufgrund der aktuellen empirischen Daten (vgl. Kapitel 4.2.1) in Frage gestellt. Ausführlich dargelegt wird dort, dass die Zuweisung auf Berufe in klassen- und geschlechtsspezifischen Bahnen erfolgt, so dass die Prüfungen stark legitimatorischen und nur bedingt objektiv differenzierenden Charakter haben. Gegen die Integrations- und Legitimationsfunktion schließlich ließe sich einwenden, dass Bildungserfolg die Vertrautheit mit der Mittelschichtskultur ist. Ein vollwertiges Mitglied wird hier entsprechend der spezifischen kleinbürgerlichen Normen und Werte entworfen. Die Pluralisierung der Lebensformen wird zu wenig berücksichtigt.

Aufgrund dieser Einwände stellt sich die Frage, ob die Schule adäquat über die Funktionen beschrieben wird. Welchen Sinn macht es, eine Institution über Aufgabenbereiche zu beschreiben, die sie strukturell nicht in der Lage ist, angemessen zu erfüllen. Die Schule wird mit einer Erwartungshaltung betrachtet, welche Funktionen sie sinnvoller Weise übernehmen sollte, und gleichzeitig wird ihr Versagen diagnostiziert.

Peter Büchner kommt daher zu dem Schluss, dass „die Schule heute eine Institution (ist), deren Hauptaufgabe auf die Reproduktion der bürgerlichen Gesellschaft ausgelegt ist" (Büchner 1985, S. 140). Er stellt sich damit in die Tradition reproduktionslogischer Argumentationen, wie sie vor allem unter dem Begriff „new sociology of education" als gesellschaftskritische Bildungssoziologie in den USA und Großbritannien in den 1960er Jahren entstanden sind (vgl. zum Beispiel die Studien von Willis in Kapitel 4.2.2 und 8), aber auch in Frankreich durch Autoren, die sich an Pierre Bourdieu anlehnen, vertreten werden. Im Unterschied zu strukturfunktionalistischen Thesen, in denen die Möglichkeiten des individuellen Aufstiegs hervorgehoben werden, betonen diese Ansätze die soziale und kulturelle Reproduktion (auch und im Besonderen von sozialer Ungleichheit) in der Schule. Statt konsensfähigen Werten und Normen, welche durch die Schule vermittelt werden, rücken Konflikte, Opposition und Widerstand in den Blick (vgl. zusammenfassend Kolbe/Sünker/Timmermann 1994). Parelius/Parelius (1987^2) unterscheiden deshalb bildungssoziologische Analysen in jene, die die Notwendigkeit sozialer Stabilität durch (schulische) Bildung betonen (Normreproduktion), und andere, die die Möglichkeit sozialen Wandels durch Bildung hervorheben (Analyse der Reproduktion und Skandalisieren sozialer Ungleichheit). In reproduktionslogischer Perspektive scheitert die Schule nicht an den ihr gestellten Aufgaben, sondern sie erfüllt die Anforderung der stetigen Wiederherstellung der gesellschaftlichen Strukturen, welche geschlechts- und klassenspezifisch sind. Dass sich dabei LehrerInnen in grundsätzlichen Antinomien bewegen müssen, ist ein anderes Problem (mehr dazu in Kapitel 5.3).

Reproduktion der bürgerlichen Gesellschaft

Aber auch Ansätze, welche sich in der gedanklichen Weiterentwicklung des Parsonsschen Ansatzes verstehen und sich auf Niklas Luhmann beziehen, sind mit der einfachen Funktionszuschreibung von Schule heute unvereinbar. Armin Nassehi (1999) zufolge ist Integration in die Gesellschaft ein Modus, mit dem die Internalisierung sozial integrierender Norm- und Wertmuster in früheren segmentären und stratifizierten Gesellschaften beschrieben werden kann. Funktional differenzierte Gesellschaften, seiner Position nach die treffende Charakterisierung der derzeitigen modernen Gesellschaft, inkludieren nach einer völlig anderen Logik. Gesellschaft differenziert sich in operativ autonome funktionale Teilsysteme, die wechselseitig aufeinander reagieren, aber doch primär Differenzen (z.B. systemspezifische Logiken, Kommunikationen über Werte) hervorbringen. Die Schule oder das Bildungssystem können demnach weder eine allgemeine Integrationsfunktion erfüllen, noch kann sie/es in die Logik der Ökonomie eingreifen (vgl. dazu Kapitel 3.2). Moderne Gesellschaften, so Nassehi, inkludieren über die Zugehörigkeit zu verschiedenen Teilbereichen.

Funktionale Differenzierung

In der funktional differenzierten Gesellschaft führe die gleichzeitige Zugehörigkeit zu verschiedenen Systemen zur Multiinklusion. Das Individuum wird zum „Dividuum", das die verschiedenen Inklusionen biographisch zusammenführen muss. Das heißt, die Biographisierung individueller Perspektiven (damit auch die Verunsicherung in der Lebensplanung und den sozialen Beziehungen etc.) ist eine Folge der funktionalen Differenzierung. In dieser Perspektive (die wie Parsons nicht den Konflikt in den Vordergrund stellt) ermöglicht die Schule

Dividuum

Karrieren oder sie organisiert die Lernfähigkeit, vielleicht vermittelt sie sogar maßgeblich die Fähigkeit zur Biographisierung, aber sie kann nicht in alle Systeme integrieren und somit eine allgemeine Integrationsfunktion erfüllen.

Jenseits dessen, ob man die Aktivitäten in der Schule als Funktionen beschreibt, die nicht erfüllt werden, oder die soziale Ungleichheit hervorhebt, fest steht, dass das Scheitern der Schulen in den letzten Jahren besonders deutlich wahrgenommen wird. Die PISA-Studie (vgl. z.B. Baumert/Schümer 2001) bescheinigt den Schulen ungenügende Kompetenzvermittlung sowie die Verstärkung sozialer Ungleichheit (letzteres wird ausführlich dargestellt in Kapitel 4, insbesondere in Kapitel 4.2.2 zum heimlichen Lehrplan). Die Schüler und Schülerinnen selbst gehen, nach Einschätzung ihrer Eltern, immer weniger gern zur Schule. Nach einer repräsentativen Untersuchung des Instituts für Schulentwicklung (IFS) geben nur noch 40% der Schülereltern im Westen und 37% der Schülereltern im Osten an, ihr Kind gehe gern zur Schule (1993 waren es noch 62% und 54%). Das Vertrauen in die LehrerInnen ist so gering wie nie zuvor. Die Kompetenzen der Schüler und Schülerinnen nach Schulabschluss werden zunehmend schlechter bewertet. Zeitgleich steigt die Anforderungserwartung der Eltern. Schule soll auch soziale Kompetenzen und Teamfähigkeit stärker fördern (alle Ergebnisse IFS 2000, S. 14ff). Da der Staat mit der Aufsicht der Schulen gescheitert zu sein scheint, liegt es nahe, darüber nachzudenken, die Schulen in die Autonomie zu überantworten.

Freude am Schulbesuch

5.2.1 Schulautonomie

Entscheidungs-struktur

Die Frage, ob der Staat sich aus den Entscheidungen der Schulpolitik zurückziehen soll, wird seit vielen Jahren kontrovers diskutiert. Dabei stehen verschiedene Modelle von „Autonomie" und „Teilautonomie" zur Diskussion. Prinzipiell geht es um die Frage, welche Entscheidungen vom Staat auf die Ebene der Einzelschule verlagert (z.B. Curricula, die Art des Prüfungssystems, die Organisation der Schule, dabei auch Zeitrhythmen oder die Altersstrukturierung der Klassen oder die Verwendung von Ressourcen, seien es Geldmittel, Räume oder Personal) und welche Entscheidungseinheiten gebildet werden. Wer bestimmt Inhalte und Verwendung: Lehrer? Eltern? Schüler? Schulleitung?

Für Schulautonomie werden eine Reihe von Argumenten und Gegenargumenten vorgetragen (vgl. Timmermann 1996):

Finanzen

1. Autonomie entlastet die öffentlichen Haushalte und schafft finanzielle Selbstbestimmung für die Schulen. Das Problem hierbei ist, dass finanzielle Autonomie der Schulen in einem Atemzug mit Kürzungen diskutiert wird. Der Staat bewegt sich, weil die Schulbildung zu teuer ist. Nun soll die schwierige Übergangsphase in die Autonomie ausgerechnet bei schlechterer finanzieller Ausstattung vollzogen werden. Die Aufgabe scheint für viele Schulen nicht zu bewältigen zu sein und die Frage, warum der Staat ausgerechnet bei der Bildung spart, bleibt unbeantwortet.

2. Die Wahlmöglichkeiten von Eltern und Schule werden erweitert. Die Basis- Wahl annahme ist, dass die Konkurrenz zwischen den Schulen eine Vielfalt der Bildungsangebote hervorbringt und somit den Eltern wie SchülerInnen eine Wahl nach individuellen Interessen ermöglicht. GegnerInnen stellen hier die Rationalität der elterlichen Entscheidung in Frage. Die meisten Eltern bringen ihre Kinder in nahe gelegene Schulen und viele Eltern/SchülerInnen sind nicht in der Lage, die Qualität einer Schule zu beurteilen. Das gesellschaftliche Gesamtinteresse werde aufgegeben zugunsten zufälliger und häufig ungerecht verteilter Schulzugänge (schlechte Wohngegenden haben schlecht ausgestattete Schulen). Andererseits wird jedoch auch betont, dass eine als reflexiv bezeichnete Moderne, Eltern und SchülerInnen schon früh und vielfältig Entscheidungen abverlange. Eltern müssen also nicht zwangsläufig überfordert sein. In Bezug auf das scheinbar existierende gesellschaftliche Gesamtinteresse wird eingewandt, dass derzeit schulpolitische Entscheidungen von kurzfristigen Stimmenmaximierungen abhängen und insofern nicht das Gesamtinteresse berücksichtigen.

3. Schulautonomie ist effizienter.
Staatliche Behörden arbeiten – so die Annahme – ineffizient. Staatliche Ent- Effizienz scheidungsstrukturen gelten als „zeitaufwendig, inflexibel, ressourcenaufwendig und innovationshemmend" (Timmermann 1996, S. 73). Fehlentscheidungen werden nicht sanktioniert. Das Problem einer solchen Argumentation ist, dass statt pädagogischem Handeln Wirtschaftlichkeit/Effizienz im Vordergrund der Diskussion steht. Die Gefahr einer Schulautonomie ist, dass Bildungsentscheidungen nun unter Zeit- und Wirtschaftlichkeitsdruck von den Einzelschulen getroffen werden müssen und dabei zwar weniger zeitaufwendig, aber auch weniger durchdacht, gefällt werden.

4. Staatsschulen sind ungerecht.
Einkommensschwache Haushalte finanzieren über Steuerabgaben die höhere Gerechtigkeit Bildung mit, die hauptsächlich von einkommensstärkeren Haushalten nachgefragt wird. Im marktgesteuerten System autonomer Schulen könnten – dies ist das Argument – einkommensstärkere Haushalte für Bildung zuzahlen. Als Gegenargument wird eingewandt, dass sich die existierende Bildungsdistanz der einkommensschwachen Haushalte durch eine Einführung von Schulgeld – selbst wenn gleichzeitig Stipendien vergeben werden – noch verstärkt werden könnte. Insgesamt betonen die GegnerInnen der Schulautonomie die Sorge, dass Kinder aus einkommensschwachen Familien unter Konkurrenzbedingungen zu Verlierern der Umstrukturierung werden, die BefürworterInnen dagegen sehen Gestaltungschancen für Bildungsprozesse.

5.2.2 Schulkulturen und Schulmythen

Unabhängig von der Autonomiefrage lassen sich jedoch bereits jetzt Tendenzen feststellen (und werden auch staatlich gefördert), Schulen unter Konkurrenzdruck und damit unter Profilierungszwang zu bringen. Die sinkenden SchülerInnenzahlen forcieren diesen Prozess. Im Werben um Schüler und Schülerinnen bzw. in der gegenseitigen Abgrenzung bemühen sich Schulen, spezifische Profile zu gewinnen, indem sie Zusatzangebote unterbreiten und besondere pädagogische Programme auflegen. Diese Bestrebungen werden in neueren Forschungen als Schulkulturen zusammengefasst. Hervorgehoben wird hierbei, dass Schulen nicht formalisierte, abstrakt-bürokratische Organisationen sind, sondern dass sie komplexe symbolische und sinnhafte Gebilde sind. Werner Helsper/Jeanette Böhme/Rolf-Torsten Kramer/Angelika Lingkost (2001) plädieren in einer theoretischen und empirischen Studie zu „Schulkultur und Schulmythos" für einen deskriptiv-analytischen Schulbegriff, der Schulkultur nicht über ein normatives Ideal bildet, sondern in der Tradition kulturanthropologischer Studien über die Erschließung der Alltagspraxen, Rituale, Symbole und Interaktionsformen rekonstruiert. Demzufolge gibt es nicht Schulen, die „Kultur" haben und andere, denen sie fehlt, sondern jede Schule hat eine Schulkultur – es fragt sich nur welche.

Schulkultur ist den AutorInnen zufolge „als die symbolische Ordnung der einzelnen Schule in der Spannung von Realem, Symbolischem und Imaginärem zu verstehen" (Helsper u.a. 2001, S. 25). Das Reale definieren sie als die vorstrukturierenden und rahmenden gesellschaftlichen Strukturierungen und die damit einhergehenden Antinomien. Mit dem Symbolischen sind die Interaktions- und Kommunikationsprozesse erfasst. Das Imaginäre wiederum bezeichnet das Selbstverständnis der Schule. Schulkultur wird durch die „handelnde Auseinandersetzung der schulischen Akteure mit systemischen Vorgaben, bildungspolitischen Strukturentscheidungen vor dem Hintergrund historisch spezifischer Rahmenbedingungen und sozialer Aushandlungen um die Durchsetzung und hierarchisierende Distinktion pluraler kultureller Ordnungen generiert" (Helsper u.a. 2001, S. 25). Schulkultur entsteht demnach in einer Wechselwirkung zwischen Handeln und Strukturen. In Aushandlungsprozessen zwischen verschiedenen AkteurInnen und mit den strukturellen Bedingungen wird die symbolische Ordnung der Einzelschule generiert.

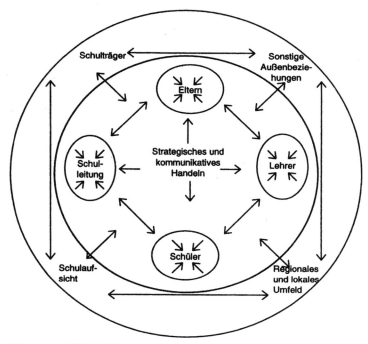

(Quelle: Helsper u.a. 2001, S. 28)

Die plurale kulturelle Ordnung bildet die Folie, vor der erst spezifische Kulturen **Kulturelle Ordnung**
zur Wirkung gelangen können. Auf dem allgemeinen Bedingungsnetz treten
LehrerInnen, SchülerInnen, Eltern und Schulleitung in einen Aushandlungspro-
zess, der auch von regionalen, bürokratischen und sozialen AkteurInnen beeinflusst wird. Die gemeinsame kulturelle Ordnung, auf die sich dieser Aushand-
lungsprozess bezieht, löst die gesellschaftliche Ungleichheit nicht in eine gleich-
berechtigte Existenz unterschiedlicher Formen auf. Vielmehr entwickeln sich in
den verschiedenen Schulen unterschiedliche kulturelle Ordnungen, denen verschiedene soziale Milieus und Lebensformen unterschiedlich nah oder fern sind
und die in einem hierarchischen Verhältnis zueinander stehen (vgl. dazu auch
Helsper u.a. 2001, z.B. S. 17).

Schulkulturen sind spezifische Varianten der Auseinandersetzung mit den
strukturellen Vorgaben des Bildungssystems. Insofern basieren sie auf verallgemeinerbaren Grundlagen, stellen jedoch spezifische kulturelle Ausformungen
dar. Auf der Ebene des Imaginären folgen aus den spezifischen Schulkulturen
auch unterschiedliche Schulmythen. Trotz fortschreitender Rationalisierung sei
die Moderne weiter auf Mythen zur Bewältigung der Lebenspraxis angewiesen. **Mythen**
„Mythen werden als kreative Konstruktionen von Sinn gefasst, in denen die Ambivalenzen und Widersprüche der Moderne imaginär überbrückt werden"
(Helsper u.a. 2001, S. 69; vgl. auch Böhme 2000). Ein Schulmythos ist ein do-
minanter, legitimatorischer Sinnentwurf einer Schule; zum Beispiel die Kon-

struktion einer wie „heilig" behandelten schulischen Tradition. Unsicherheit und Ungewissheit sowie das prekäre Verhältnis von Kollektivität und Individualität werden durch Mythen überspielt und geglättet.

In ihrem Werk rekonstruieren die AutorInnen die Schulkultur von drei ostdeutschen Gymnasien. Bei aller Differenz der jeweiligen Ausgestaltung zeigt sich in den drei Schulen doch eine vergleichbare Handlungspraxis. Innerschulische Strukturprobleme werden als außerschulische Einflussfaktoren wie Gefährdungen konstruiert und damit innerschulische Problemlagen entthematisiert oder negiert. An die Stelle tritt der Schulmythos. Das Imaginäre ersetzt das schulische Reale (vgl. Helsper u.a. 2001, S. 165ff sowie S. 555). Hierfür ein Beispiel: Während einerseits der gesellschaftliche Wahn der Fortschrittsgläubigkeit und Umweltzerstörung kritisiert wird, wird andererseits von den Schülern und Schülerinnen selbst höchste Leistung erwartet. Die Idee des „Immer-Schneller-Immer-Mehr" erscheint als Umweltproblem und muss daher als schulisches Problem nicht thematisiert werden. Gleichzeitig entsteht ein Schulmythos von der Schule bzw. ihren SchülerInnen als Heilsbringer für eine von Zerstörung bedrohten Welt, die zum Beispiel in Baumpflanzungen ihren Ausdruck findet. Das Imaginäre richtet sich gegen das Reale, das – da es als „Außen" definiert wird – nicht mehr in seinen den Schulalltag konstituierenden Facetten berücksichtigt wird.

5.3 Erziehen als Profession

Die Krise der Schul- und Vorschulerziehung rückt die Ausbildung der ErzieherInnen und LehrerInnen in den Mittelpunkt des Interesses. LehrerInnen und ErzieherInnen stehen vor dem Problem, dass sich das Anforderungsprofil an ihre Arbeit gewandelt hat, sie jedoch keine verallgemeinerbaren Strategien erlernt haben, diesen Anforderungen zu begegnen. Als Veränderungen werden an erster Stelle stets die Pluralisierung der Lebensbedingungen genannt. Dazu gehört, dass Kinder heute in sehr unterschiedlichen Familienkonstellationen aufwachsen. Nach Schätzungen wachsen in der BRD ca. 1,5 Mio. Kinder mit schwulen Vätern oder lesbischen Müttern auf. Der Anteil von Alleinerziehenden macht ca. 20% der Erwachsenen mit Kindern aus. Viele Kinder leben nach der Scheidung in zwei Wohnungen. Die unterschiedlichen Erfahrungen, die die Kinder in die Bildungsinstitutionen mitbringen, müssen im gemeinsamen Unterricht oder Spiel koordiniert werden. Die Verinselung der Lebensbedingungen (vgl. Kapitel 8.2) und die prinzipiell gestiegenen Wahlmöglichkeiten und Entscheidungszwänge, d.h. zum Beispiel die Wahrnehmung vielfältiger Bildungsangebote in der Freizeit, führen dazu, dass auf die spezifischen Interessen einzelner Kinder unter Bedingungen eines gemeinsamen Unterrichts/Spiels eingegangen und mit den Kindern ausgehandelt werden muss (vgl. zu Veränderungen z.B. Fölling-Albers 1992, zum Anforderungsprofil an professionelle Akteure vgl. auch Paschen/Wigger 1996; Daschner/Rolff/Stryck 1995). Diese Pluralisierung wird von Universalisierungstendenzen konterkariert, indem allgemeine Richtlinien für Notenge-

Pluralisierung der Lebensbedingungen

bung etc. erlassen werden, die vom einzelnen Schüler/Schülerin abstrahiert werden. Diese werden jedoch durch individuelle Zertifikate beantwortet. Werner Helsper (1999[3], original 1996, S. 538) verdeutlicht, dass Lehrer und Lehrerinnen mit verschiedenen Antinomien zu kämpfen haben. Der Widerspruch zwischen Generalisierung und Pluralisierung ist die eine, eine andere Antinomie ergibt sich aus dem Widerspruch zwischen den zweckrationalen Organisationsstrukturen einer Organisation einerseits und gestiegenen kommunikativen Erfordernissen andererseits. Diese kommunikativen Anforderungen beziehen sich nicht nur auf die Aushandlungen im Unterricht, sondern auch auf Veränderungen in Richtung Schulautonomie mit den selbststeuernden Verständigungsprozessen und dem Kommunizieren schulischer Aktivitäten und Profile außerhalb der Schule. Eine weitere Antinomie besteht aus der gleichzeitigen Anforderung der Moderne, Affekte zu kontrollieren (vgl. Elias 1976) und LehrerInnen-SchülerInnen-Beziehungen als intime, auf Vertrauen basierende Verhältnisse zu realisieren. Für die Lernenden hat dies Vor- und Nachteile: Die Emotionalisierung schulischer Kontakte ermöglicht es den Lernenden, sich als konkrete Personen mit subjektiven Hintergründen einzubringen. Gleichzeitig ermöglicht Distanz auch den Schutz des eigenen Selbst. Schlechte Noten werden schnell zur Infrage-Stellung der gesamten Person (vgl. Helsper 1990). Auch Aushandlungschancen und die pädagogische Zuschreibung der Eigenverantwortlichkeit bringt gleichzeitig weniger Zwang in einem egalitäreren Verhältnis von LehrerIn und SchülerIn und mehr *Selbst*zwang hervor. Die Anreicherung der Schule mit sozialpädagogischen Elementen wie der Förderung von sozialen Kompetenzen, Teamfähigkeit etc., (Entscholarisierung der Schule) bei gleichzeitiger Nutzung vielfältiger Bildungsangebote in der Freizeit (Scholarisierung der Freizeit), bringt den Kindern/Jugendlichen mehr spielerische, weniger leistungsorientierte Elemente in der Schule (Projektphasen, Abschaffung der Ziffernoten in der Grundschule) und gleichzeitig eine Verschulung der Freizeit.

Dieses Handeln unter Bedingungen struktureller Widersprüche führt zu einem häufig unverstandenen und damit nicht artikulierbaren Gefühl von Überlastung (vgl. Combe 1999[3], original 1996) und nicht selten zu dem notwendig scheiternden Versuch, die Widersprüche einseitig aufzulösen (dazu z.B. Schütze 1999[3], original 1996), auf die in Ausbildungskonzepten bislang kaum reagiert wird.

Für die Neugestaltung der ErzieherInnen-Ausbildung stellt sich das Problem noch komplexer dar, da es kein anerkanntes Selbstverständnis über die Arbeit und den Beruf der ErzieherIn gibt. Ursula Rabe-Kleberg (1993; 1997) kritisiert, dass die Debatte um die Professionalisierung sozialer Berufe bzw. allgemein um Profession zumeist unter Außerachtlassung des Geschlechts geführt wird. Dabei sind es gerade die Frauenberufe wie zum Beispiel Erzieherin, Grundschullehrerin oder Krankenschwester, denen das Etikett „Semi-Professionalität" anhaftet. In der berufssoziologischen Literatur werden nur jene Berufe als Professionen bezeichnet, die einen langen formalisierten, in der Regel akademischen Bildungsprozess voraussetzen und fast ausschließlich von Männern ausgeübt werden, insbesondere Richter oder Pfarrer. Rabe-Kleberg überprüft daher, „wie weit der

Antinomien

Ausbildung

Professionen

(positiv besetzte) Begriff selbst bereits den Prozess der Segregation und Mono-polisierung von Machtstellungen legitimiert, die mit dem Verständnis von Pro-fession verbunden sind, statt ihn kritisch zu untersuchen" (Rabe-Kleberg 1997, S. 64, vgl. zur geschlechtsspezifischen Segregation auch Kapitel 4.2.3). Sie führt die wenig oder ungeordneten Bildungswege und das wenig oder gar nicht struk-turierte Verhältnis von Wissenschaft und Praxis in sozialen Berufen auf die ge-schlechtsspezifische Aufteilung des Arbeitsmarktes zurück. Daher betrachtet sie Profession nicht als ein besonders entwickeltes Verhältnis zur Arbeit, sondern in seiner bisherigen Form als soziale Schließung und als Instrument der Monopoli-sierung von Macht- und Marktpositionen.

In Anlehnung an Andrew Abbott (1988) schlägt Rabe-Kleberg statt dessen vor zu untersuchen, wie „Professionen und Professionals in spezifischer Weise mit ihrer Arbeit umgehen und wie sich diese von der Art, wie Frauen mit Frau-enarbeit umgehen, unterscheidet" (Rabe-Kleberg 1997, S. 65). Nach diesem Per-spektivwechsel, der hier eingenommen wird, ist nicht länger davon auszugehen, dass Frauen per se im professionellen Kampf um Privilegien unterliegen, son-dern dass Professionen über Zuständigkeiten („jurisdiction" bei Abbott) für Be-reiche auf der Basis von Wissen und Fähigkeiten definiert werden. Verschiedene Professionen konkurrieren dann um das Recht, für bestimmte Probleme in der Gesellschaft zuständig zu sein (Rabe-Kleberg 1993, S. 96ff). Voraussetzung hierfür ist die Kontrolle über die eigene Ausbildung und das generierte Wissen, was genau bei vielen Frauenberufen aufgrund eines (angenommenen) Qualifika-tionsprofils zwischen beruflicher und Laienqualifikation wie zum Beispiel beim Erzieherberuf und bei der Grundschullehrerin nicht der Fall ist (vgl. auch hier Kapitel 4.2.3). Die durchaus verbreitete Vorstellung, jede halbwegs gebildete Frau könne diese Tätigkeiten eigentlich auch ohne Ausbildung ausüben, wie es Arno Combe (1999[3]) analysiert – ohne dabei das Geschlechterverhältnis zu be-rücksichtigen – ist hierfür beispielhaft.

Nun kommt es jedoch durch den gestiegenen Bildungsgrad der Bevölkerung insgesamt und durch eine reflexive Kultur dazu, dass die traditionellen Professi-onen mit gebildeteren Laien verhandeln müssen, und somit – wie Rabe-Kleberg (1993) oder auch Schütze (2000) aufzeigen – die Differenz zwischen Laien- und professionellem Wissen auch dort diffuser wird. Wie oben an den Antinomien des LehrerInnenberufs dargestellt, unterliegt das professionelle Handeln einer zunehmenden Kontrolle durch die Laien und die Professionen sind gezwungen zu kooperieren, so dass nicht immer deutlich ist, welches Wissen zur Problemlö-sung beiträgt (vgl. zum Verhältnis von Lehramt und Profession auch Dewe u.a. 1992; Wagner 1998).

Dies hat zur Konsequenz, dass Erziehen als professionelle Arbeit in mehrfa-cher Hinsicht als „Arbeit unter Ungewissheitsstrukturen" (Rabe-Kleberg 1997, S. 66) charakterisiert werden kann. Ungewiss sind sowohl das Ziel als auch die Mittel. Man muss nur eine aktuelle Definition von Bildung als einen Prozess be-trachten, der „geistige Aufgeschlossenheit zum Ziel haben muss, Einstellungen und Kenntnisse von der Art, wie man sie braucht, um sich immer neues Wissen anzueignen und mit immer neuen Situationen zurechtzukommen" (Collège de

Diffusität

Ungewissheit

98

France 1987, S. 253, vgl. auch Kapitel 1 dieses Buches), um sich zu verdeutlichen, dass weder das Ziel noch der Weg eindeutig definiert sein können. Die Spielräume für unterschiedliche Entwürfe und Konzepte wachsen, die Möglichkeiten zur Selbstgestaltung ebenfalls – damit vergrößern sich aber auch die Unsicherheiten über das „richtige" Vorgehen.

Professionalität kann daher, so Rabe-Kleberg, sowohl unter frauenpolitischen Gesichtspunkten als auch unter Berücksichtigung des Strukturwandels des Dienstleistungssektors und der Antinomien des LehrerInnenhandelns nur „als die Bereitschaft und die Fähigkeit verstanden werden, unter den Ungewissheitsstrukturen professioneller Arbeit verantwortlich zu handeln" (Rabe-Kleberg 1997, S. 67). Dazu bedarf es, wie Fritz Schütze herausstellt, einer besseren Ausbildung in der Analyse widersprüchlicher Handlungslogiken (Schütze 19993, S. 253) sowie einer Reformierung der Ausbildungsstrukturen für Frauenberufe, insbesondere einer größeren Gender-Sensibilität in der Ausbildung. Eine Reform der LehrerInnenbildung in Hamburg (Keuffer/Oelkers 2001) versucht immerhin die universitäre Ausbildung auf der Grundlage kultureller und sozialer Heterogenität, Eigenverantwortung und Medienkompetenz neu zu gestalten.

Reform

6. Bildung und Hochschule

6.1. Kurze Geschichte der Universitäten

Die Institution der Universität entsteht im hohen Mittelalter. Zu den ersten Gründungen zählen Bologna, Reggio, Vicenza, Arezzo und Padua zwischen 1158 und 1222. In Neapel wird 1224 die erste Staatsuniversität durch Kaiser Friedrich II. von Hohenstaufen gegründet. Zeitgleich entstehen vor allem in Frankreich, England und Spanien Universitäten. In deutschen Territorien ruft 1348 in Prag Karl IV die erste Universität ins Leben (vgl. Grundmann 1976[2]; Seidenfaden 1988). Von Anbeginn ist die Geschichte der Universität mit der Geschichte der Kirche verwoben. Eine große Zahl der Lehrenden sind Geistliche oder werden Geistliche, um Universitätslehrer zu werden. Bis heute zeugt zum Beispiel die Praxis, eine Rangliste potentieller KandidatInnen für eine Professur mit drei Plätzen dem Ministerium zur Ernennung einzureichen, von dem kirchlichen Einfluss. Zur Berufung eines Bischofs werden ebenfalls so genannte Dreierlisten erstellt und nach Rom in den Vatikan gesandt.

Geschichte

Die inneruniversitäre Struktur bildet damals vielerorts eine Aufteilung in Juristische, Medizinische und Theologische Fakultät als Hauptbereiche, deren Basis die Artistenfakultät darstellt. Die Künste, die unter dem Dach der Artistenfakultät, aus der die spätere Philosophische Fakultät hervorgeht, versammelt werden, sind Grammatik, Rhetorik, Dialektik, Arithmetik, Geometrie, Astronomie und Musiktheorie. Die Gesamtzahl der Studierenden an deutschen Universitäten übersteigt im Mittelalter selten 700. Die meisten Studierenden sammeln sich in der Artistenfakultät, deren Lehrstoffniveau mit der heutigen gymnasialen Oberstufe verglichen wird (vgl. Seidenfaden 1988, S. 20). Dies korrespondiert mit dem Aufnahmealter an der Universität, das in der Regel bei 15 Jahren liegt. Die Vorlesungen jener Zeit dienen vor allem dazu, ein Buch öffentlich vorzulesen und zu kommentieren, da die Mehrzahl der Studierenden sich Bücher nicht leisten kann. Universitäten sind jedoch nicht nur eine kirchlich, sondern auch eine städtisch geprägte Einrichtung. Im 16. Jahrhundert zeigt sich, dass zwar flächendeckend Universitäten entstehen, sich jedoch überall dort Knotenpunkte bündeln, wo sich auch städtische Zentren herausbilden.

Artistenfakultät

(Quelle: Seidenfaden 1988, S. 26)

Territorialstaaten — Im 16. und 17. Jahrhundert wird mit der Entwicklung der Territorialstaaten auch der Einfluss der Landesfürsten größer. Mit der Gründung von Wittenberg (1502) und von Frankfurt an der Oder (1506) sichert sich jeder der sieben Kurfürsten universitären Einfluss, um die Ausbildung der Beamten überwachen zu können. Die Kurfürsten übernehmen Richterfunktionen für die Universitäten, sie regulieren Ausbildungsprogramme und -zugänge, zahlen die Gehälter der Professoren und vertreten in begrenztem Maße die Interessen der Universität gegenüber der Stadt.

Wie bereits dargelegt (vgl. Kapitel 1.1), durchzieht im 18./19. Jahrhundert die Universität ein neuer Geist. Geknüpft an die Idee der Bildung und gegen reine Ausbildung gerichtet, werden freie Forschung und Diskussion zu wichtigen Be-

Nationalerziehung — standteilen des universitären Alltags. Die Idee der Nationalerziehung gewinnt, wie Rudolf Stichweh ausführlich begründet (vgl. Stichweh 1991; 1998), europaweit an Bedeutung. In dem Versuch, die Machtpotentiale wichtiger Einflussgruppen wie dem Jesuitenorden zu schwächen, entsteht die Leitvorstellung einer nationalspezifischen Bildung. Diese führt zum Beispiel dazu, dass Vorlesungen und Disputationen zunehmend auf Deutsch gehalten werden, um die nationale Idee zu stärken und der Erneuerung symbolisch Ausdruck zu verleihen, indem das an Kirche und Tradition geknüpfte Latein in den Hintergrund gedrängt wird. In der Gründungsphase der Soziologie wird sich diese „Nationalisierung wissenschaftlicher Kommunikationszusammenhänge" (Stichweh 1998, S. 63) in einer Gesellschaftsidee niederschlagen, deren Basis die Nation als territorial gebundenes Gebilde mit Innen-Außen-Struktur ist (vgl. Berking 2002, S. 109ff.). Zunächst führt jedoch in der Hochschulentwicklung allgemein die Leitidee der Nationalerziehung zu einer gleichzeitigen Bewegung von Globalisierung und Nationalisierung: „Überall werden Institutionen postuliert und geschaffen, die einem entstehenden nationalstaatlichen Zusammenhang verpflichtet sind. Aber die Formung dieser nationalen Institutionen vollzieht sich in einem europaweiten, später weltweiten Beobachtungs- und Imitationszusammenhang, der durch die zunehmende Häufigkeit von Interaktionen bestimmt wird" (Stichweh 1998, S. 64).

Die „Humboldtsche Universitätsidee" (vgl. Kapitel 1.1) zielt vor dem Hintergrund dieser Entwicklung als deutscher Versuch darauf ab, über ein emphatisches Bildungsverständnis sowohl das Bürgertum als auch die deutsche Nation zu stärken. Ab 1908 dürfen auch Frauen an diesem Projekt mitwirken. Nach langen Kämpfen werden sie zum Universitätsstudium zugelassen.

In gewisser Weise sind Universitäten heute Dinosaurier in der modernen Welt. Rudolf Stichweh (1998) macht darauf aufmerksam, dass es angesichts wirtschaftlicher und kultureller Entwicklungen der Globalisierung auffällig ist, dass Universitätsrektoren und -räte vieles nicht tun, was andernorts für selbstverständlich gilt, etwa mit dem „Unternehmen" zu expandieren oder es über Schulden zu finanzieren. Erfolgreiche Universitäten wie Harvard oder Oxford zum Beispiel richten keine Filialen im In- oder Ausland ein. Dies lasse sich nicht allein dadurch erklären, dass es sich bei Universitäten um lokale Einrichtungen des Staates handle. Vielmehr gäbe es auch zahlreiche erfolgreiche Privatuniversitäten, die nicht expandieren. Während Wirtschaftsunternehmen über Verschuldung die Ausweitung ihrer Geschäfte finanzieren, neigen Universitäten dazu, Kapital anzuhäufen, dieses jedoch nie für Kreditzwecke zu nutzen. Stichweh schlussfolgert: „Was sich hier offenbart, ist eine extreme Sicherheitspräferenz der Universitäten, die als Stellvertreter für andere Motive fungiert: Reputation und Langlebigkeit der Organisation" (Stichweh 1998, S. 68). In dieser Strategie offenbare sich sowohl der historisch anhaltende Erfolg (im Sinne ihrer fortwährenden Existenz) der Institution, als auch ihre genuin vorkapitalistische Organisationsform. Wie die religiösen Körperschaften und Orden arbeite die Universität mit der Anhäufung von Besitz, sei aber im Unterschied zu ersteren deshalb nie in die öffentliche Kritik geraten. Insofern reproduzieren die Universitäten zwar nationale Ideen, sie sind auch global im Sinne der Präsenz der Institution „Universität" in fast allen Ländern der Welt, sie sind aber auch explizit lokale Gebilde, da die jeweilige Universität sich als stadtspezifisches Einzelgebilde präsentiert. In Hochschulen, so kann man schlussfolgernd feststellen, bilden sich Widersprüche zwischen Lokalität und Globalisierung, zwischen emphatischer Bildungsidee und Rentabilitätsvorstellung, zwischen Bildung und Ausbildung ab.

Vorkapitalistische Organisationsform

6.2 Die Professorenschaft

Professoren (selten auch Professorinnen) verkörpern, so Daxner (z.B. 1999), die Institution „Universität". Mehr noch als die Studierenden sind sie die öffentlichen Repräsentanten des Systems und – wie das System – so hat auch der Berufsstand der Professoren die Jahrhunderte alte Stereotypenbildung relativ unbewegt überstanden. Diese bezieht sich, nach Daxner, vor allem auf drei Facetten:

Stereotype

1. Die Professorenschaft bildet einen eigenen Stand. Nur im Militär und in der Kirche existieren vergleichbare Hierarchien.
2. Der Professor besitzt immer noch eine recht hohe Reputation (und zwar in einer nicht-ständisch organisierten Umgebung).
3. Der Professor gilt als weltfremd und zerstreut.

Verunsicherung

Stereotype sind nach Daxner Produkte von Unsicherheit und Ergebnis von Machtkämpfen. Im Konflikt zwischen Experten- und Laienkultur, Vertrauenswünschen und Misstrauensanlässen entstünden sich widersprechende Bilder der Professorenschaft. Die Hochschullehrer/Hochschullehrerinnen hätten sich zwar an die widersprüchlichen Zuschreibungen und die Tatsache, als fremde Spezies beschrieben zu werden, gewöhnt, wären jedoch gleichzeitig als „Stand" verunsichert. Dies zeige sich, so Daxner, vor allem darin, dass sie um ihre Reputation bangen, wenn sie die Schwächen der Universität offenlegen. Ihre Macht basiere ferner nicht unwesentlich auf ihrer Prüfungsberechtigung und gleichzeitig hätten sie das Prüfen nie gelernt. Ihre Fachsprache schließlich, ebenfalls Machtmedium, würde im Studium nie einer systematischen Kritik unterzogen. So zeige sich in der Verunsicherung der Professorenschaft eine gesellschaftliche Unsicherheit bezüglich des Nutzens und der Strukturen der Universität.

Stereotype haben allerdings nie nur aktuelle Ursachen, sondern basieren auch auf historischen Entwicklungen. Max Weber setzt sich in einem 1917 in München auf Einladung des Bundes freier Studenten gehaltenen Vortrag „Wissenschaft als Beruf" mit „Persönlichkeit" auseinander. Seine Grundannahme ist: „Persönlichkeit' auf wissenschaftlichem Gebiet hat nur der, der rein der Sache dient" (Weber 1992, original 1917, S. 15). Er entwickelt in seinem Vortrag eine Vorstellung vom Beruf des Wissenschaftlers über die Bestimmung innerweltli-

Askese

cher Askese. Wissenschaftler könne nur sein, wer einer innerlichen Berufung folgend, sich völlig und ausschließlich der wissenschaftlichen Arbeit hingebe. Die wissenschaftliche Tätigkeit wird damit auf rein geistige Facetten zurückgeführt. Die Suche nach Erlebnissen, körperliche Ausschweifungen, der Versuch verschiedene Aspekte der Persönlichkeit zu entdecken, all dies verurteilt Weber als Sackgassen und Irrwege, die den Wissenschaftler von seiner eigentlichen Bestimmung abhalten.

Weber argumentiert dabei gegen eine studentische Kultur der Trinkgelage und des militärischen Kampfgeistes, die sich mit der Orientierung der Universität an Nützlichkeit und Verwertbarkeit bei der Produktion von Wissen entwickelt.

Er rekurriert auf ein Jahrhunderte altes asketisches Wissenschaftsverständnis. Die Akzentuierung einer körper- und emotionsfreien Wissenschaft findet sich bereits im Zölibatsprinzip der frühen Universitäten (vgl. Janshen 1991), durch die eine materielle und immaterielle Struktur in den Universitäten gelegt wird, die auch in der säkularisierten Universität fortbesteht. Die Gründung der Universität basiert auf der Vorstellung, so arbeitet Doris Janshen in ihrer historischen Herleitung heraus, dass der Kopf erst wirksam ist, wenn der Körper nicht mehr spürbar ist (vgl. Janshen 1991, S. 16). Dazu passt auch das Tragen der klerikalen Tracht, welches den Körper unter dem Gewand versteckt. Es ist also ein Verzicht an Weltlichkeit im Sinne körperlicher Erfahrungen und Genüsse, der den „richtigen" Wissenschaftler auszeichnet. Humboldt spitzt dieses Imago im 19. Jahrhundert in der bekannten Forderung nach „Einsamkeit und Freiheit" zu. Wenn heute das Stereotyp des weltfremden, zerstreuten Professors reproduziert wird, dann ist es auf die immer wiederkehrenden Versuche zurückzuführen, Wissenschaft körper- und alltagsfremd als reine Kopfleistung zu konzeptualisieren, was in der Alltagspraxis immer wieder zu Ambivalenzen und Widersprüchen führt. *Einsamkeit und Freiheit*

Liest man vergleichend die frühen wissenschaftssoziologischen Arbeiten von Robert K. Merton, der sich seit den 1930er Jahren des letzten Jahrhunderts mit der Wissenschaft beschäftigt und zeigt, wie wissenschaftliche Forschung in den Ideenkontext und die sozio-ökonomischen Probleme der jeweiligen Zeit eingebunden ist (vgl. auch Merton 1939), so werden auch hier Ambivalenzen der Berufsgruppe thematisiert. Das Funktionieren der Wissenschaft versucht Merton, vor allem in späteren Arbeiten, über institutionalisierte Normen und Werte des Wissenschaftlers zu erklären. Das wissenschaftliche Ethos umfasst – nach Merton (1985, original 1942, S. 90ff.) – vier affektiv getönte Komplexe bindender Normen und Werke: *Ethos*

a) Universalismus (Die Persönlichkeit des Wissenschaftlers spielt für die Beurteilung und den Wahrheitsanspruch keine Rolle.)
b) Kommunismus (Wissenschaftliche Erkenntnisse sind Allgemeingut.)
c) Uneigennützigkeit
d) Organisierter Skeptizismus (Glaubenssätze sollen unvoreingenommen durch empirische und logische Mittel geprüft werden.)

Wie später auch Pierre Bourdieu (vgl. Kapitel 3.1.2) betrachtet auch Merton das Streben nach Anerkennung über originelle Ideen und Erfindungen als Leitmotiv der WissenschaftlerInnen. Konkurrenz betrachtet er dabei als treibende, produktive Kraft. Er reflektiert jedoch deutlich die Ambivalenzen, in denen sich WissenschaftlerInnen dabei bewegen müssen. Am Beispiel der Verschleierung von Mehrfachentdeckungen problematisiert er: „Man kann sich den Widerstand gegen die Untersuchung von Mehrfachentdeckungen und Prioritätsfragen vorstellen als Resultate einerseits aus Kräften, die sehr intensiv in Richtung auf die öffentliche Anerkennung wissenschaftlicher Leistungen drängen, und andererseits aus entgegengesetzten, der sozialen Rolle des Wissenschaftlers inhärenten Kräften, die den Wissenschaftler zu bescheidener Anerkennung der eigenen Grenzen, wenn nicht gar zu regelrechter Demut drängen" (Merton 1985, S. 117). Der Kampf *Konkurrenz* zwischen Individualität und Bescheidenheit bestimmt nach Merton das Leben eines Wissenschaftlers/einer Wissenschaftlerin.

Dabei berücksichtigt er kaum, wie zum Beispiel Steffani Engler (2001, S. 139) hervorhebt, dass Wissenschaft von Macht- und Abhängigkeitsverhältnissen durchzogen ist. Wissenschaftlern/Wissenschaftlerinnen würden bei Merton und Weber, wie auch im Alltagsdiskurs, spezifische Eigenschaften als Persönlichkeitsmerkmal zugeschrieben. Steffani Engler misstraut der Erklärung, dass spezifische Persönlichkeiten sich für die Wissenschaft eben besonders eignen und bemüht sich darum, in qualitativen Interviews herauszufinden, wie das wissenschaftliche Feld (vgl. dazu die Ausführungen über Bourdieu in Kapitel 3.1.1 und 3.1.2) wissenschaftliche Persönlichkeiten hervorbringt. Persönlichkeit wird als soziales Konstrukt behandelt, das „im Geschehen der Wissenschaft, im Alltag entworfen wird und entsteht" (Engler 2001, S. 15). In diesem Sinne versucht Engler die Funktionsprinzipien des Systems Wissenschaft zu erkunden, indem sie die Produktion ihrer RepräsentantInnen betrachtet.

Sie interviewt dazu ProfessorInnen, die nach 1980 ihre erste Professur erhielten (also in einer Phase von Stellenknappheit nach vorher vollzogenem Hochschulausbau), in der Regel also lange um die Professur kämpfen mussten. Zwei Fachkulturen werden berücksichtigt: Erziehungswissenschaft/Soziologie auf der einen Seite, Elektrotechnik/Maschinenbau auf der anderen Seite. Sie zeigt, dass in den Interviews alle HochschullehrerInnen den Weg zur wissenschaftlichen

Wissenschaftliche Persönlichkeit

Persönlichkeit thematisieren. Dabei handelt es sich um einen langen, schwierigen Weg in Auseinandersetzung mit den Regeln des wissenschaftlichen Feldes. Im Gegensatz zu den gesellschaftlichen Erzählungen über einzelne aufgrund ihrer Leistung herausragende Wissenschaftlerpersönlichkeiten werten die interviewten HochschullehrerInnen ihre Berufung nicht als Ergebnis ihrer wissenschaftlichen Leistung. Obwohl alle glauben, dass Leistung wichtig ist, führen sie die Tatsache, ProfessorIn geworden zu sein, nicht auf diese Leistung zurück. WissenschaftlerInnen, so argumentiert Engler, streben zwar nach Anerkennung, aber nicht jede wissenschaftliche Leistung wird zwangsläufig anerkannt. Insofern sagt

Anerkennung

die Anerkennung nichts über Leistung im Verhältnis zu anderen Leistungen aus, sondern in der Anerkennung offenbart sich die Wahrnehmung durch die KollegInnen. „Das heißt aber auch, nicht die eigentliche Arbeit und Leistung führt zum Erfolg, sondern die in sozialen Prozessen anerkannte und zugeschriebene Leistung durch andere WissenschaftlerInnen" (Engler 2001, S. 447). In sozialen Spielen nimmt man sich gegenseitig zur Kenntnis (oder auch nicht) und bestimmt die eigene Position in Relation zu den anderen. In diesem Prozess werde Eigenes und Originelles zugeschrieben und hervorgebracht. Das wissenschaftliche Feld funktioniert – so Engler – weder über Normen/Werte noch über Leistung, sondern über die Vorstellung, dass wissenschaftliche Persönlichkeiten agieren. Dies jedoch ist eine Illusion, da die Persönlichkeiten als Effekte der Kräfteverhältnisse hervorgebracht werden. Zu der Illusion gehört auch, dass die soziale Herkunft als Einflussfaktor auf den wissenschaftlichen Erfolg geleugnet wird.

Auch Dirk Baecker (2000, S. 57) geht in seinen Überlegungen davon aus,

Matrix

dass Wissenschaft als System eine eigene „Matrix" entfaltet, die sich von den

Strukturen und der Logik anderer unterscheidet. Er vertritt die These, dass die Universität mit einer Matrix von Wissenden und Unwissenden, Fragenden und Antwortenden etc. arbeiten muss. Diese Matrix jedoch, die ein Interesse an Wissenden voraussetze, sei in einer Gesellschaft, in der jeder über „eigenwilliges Wissen" verfüge, nicht mehr interessant. Abgelehnt werde dabei nicht das Wissen an sich, sondern die Matrix. „Derselbe Vortrag desselben Vortragenden, der an Universitäten eine Handvoll Unentwegter in einen Saal lockt, füllt in einer Galerie oder in einem Kunstmuseum die Säle – einfach deswegen, weil dort die Matrix eine andere ist. Kommunikation im Kontext von Kunst führt eigenwillig Handelnde vor, führt Performanzen vor; Kommunikation im Kontext von Lehre führt eigenwillig Wissende vor. Das eigenwillige Wissen findet jedoch kein Interesse mehr" (Baecker 2000, S. 57). Baecker zufolge ist ein zentrales Problem der traditionsbeladenen Institution Universität, dass in einer Gesellschaft, in der Wissen zum Allgemeingut geworden ist, der Wissende als Typus uninteressant wird. Dies läge sowohl daran, dass der Glanz des Besonderen nicht mehr vom Wissenschaftler ausgeht (zumindest solange er in der für Wissenschaft vorgesehenen Institution bzw. systemtheoretisch gesprochen im System Wissenschaft auftrete), als auch dass das Wissen entmystifiziert sei. Auf die Behauptung neuer Wahrheiten werde aufgrund der Erfahrung steter Revision mit Skepsis reagiert. Die WissenschaftlerInnen kennen zwar die Zufallsabhängigkeit und die schnellen Verfallszeiten ihrer Leistungen, bauen jedoch – gerade aufgrund der Akzeptanzschwierigkeiten – eine starke Argumentationskette auf, die die Fragilität ihrer Arbeit verschleiere. Für die Lehre habe dies die fatale Folge, dass man darüber erst recht lernt, „den Gründen der anderen zu misstrauen und die eigenen Gründe überprüfungsgerecht zu stilisieren" (Baecker 2000, S. 61).

6.3 Fachkulturen

Hochschulen sind keine in sich homogenen Gebilde, sondern ausdifferenziert nach Fachkulturen. Mit dem Eintritt in die Hochschule lernen die Studierenden nicht nur ihre fachspezifischen Inhalte, sondern eignen sich auch ein Wissen um den für ihr Fach typischen Habitus an. Man erkennt es häufig auf den ersten Blick. Architekturstudierende und ProfessorInnen kleiden sich anders (häufig schwarz) als Studierende und DozentInnen der Erziehungswissenschaft (besonders leger). Die Cafeteria bei den KulturwissenschaftlerInnen sieht anders aus als bei den JuristInnen (Selbstbedienung versus Service). Die BotanikerInnen schreiben mit billigeren Stiften als JuristInnen. Eine Studie des Ludwig-Uhland-Instituts für Empirische Kulturwissenschaft der Universität Tübingen (1998) zeigt an vielfältigem Bildmaterial die symbolischen Differenzen zwischen den Fächern. Es existieren, meist angeregt durch die Arbeiten von Pierre Bourdieu (vgl. Kapitel 3.1.1), eine Reihe von Untersuchungen zu Fachkulturen an den Universitäten. Steffani Engler (1993) zeigt quantitative Differenzen auf. So wohnen zum Bei-

Fachspezifischer Habitus

spiel Studierende der Erziehungs- und der Rechtswissenschaft häufiger in Wohngemeinschaften, aber viel seltener bei den Eltern als Studierende der Elektrotechnik und des Maschinenbaus. ErziehungswissenschaftlerInnen legen ihre Matratze eher auf den Fußboden als Studierende des Maschinenbaus und sie beziehen ihre Möbel öfter vom Flohmarkt oder vom Sperrmüll. Barbara Friebertshäuser (1992) beschäftigt sich ausführlich mit der Initiation im Studiengang „Erziehungswissenschaft". Sie beschreibt, wie alle Mitglieder des Fachbereichs auf ihre je spezifische Weise, zum Beispiel in der Einführungsveranstaltung, darauf hinwirken, dass Studierende die Geschmackspräferenzen und Bewertungen der Fachkultur kennen lernen. Der Raum, den die Studierenden am ersten Tag ihres Studiums betreten, ist auffällig bemalt und vermittelt so bereits Elemente einer Oppositionskultur. Der Raum ist zu klein für die vielen Studierenden, so dass alle durcheinander, zum Teil auch auf dem Boden, sitzen. Differenzen nach Statusgruppen und Hierarchien werden so verwischt. Die Studierenden lernen bald, dass in der Erziehungswissenschaft mit subtilen Machtstrategien gearbeitet wird. Die Lehrenden präsentieren sich in ihren Selbstdarstellungen als Menschen, die offen für Probleme der Studierenden sind und offenbaren Unsicherheiten. Sie geben Fehler öffentlich zu. So vermitteln sie den Anspruch, das eigene Handeln kritisch zu hinterfragen. Ältere Studierende übernehmen die Detailarbeit der Einführung. In der Orientierungswoche präsentieren sie den Novizen und Novizinnen die Fachkultur ganz alltagsnah. Man organisiert einen Brunch (Vollwertkost; kein Plastikgeschirr), zeigt die Kneipen, in denen ErziehungswissenschaftlerInnen verkehren, spricht über Politik, lädt auch zu sich nach Hause ein (Wohnkultur), trifft sich erst gegen Mittag zum Frühstück (Zeitkultur) (vgl. Friebertshäuser 1992. S. 231ff.).

Als „ältere Vorbilder" vermitteln Studierende ihren neuen KommilitonInnen die Fachkultur und damit auch Abgrenzungsstrategien zu anderen Fachkulturen. Sie brauchen dazu jedoch nicht völliges Neuland zu betreten. Tatsächlich entscheiden sich bereits sozialisierte Menschen für das Studienfach. Wie Friebertshäuser darlegt, führen spezifische Werte und Erfahrungen spezifische Personengruppen (vielfach Frauen, wenig ökonomisches Kapital) in das Studium der Erziehungswissenschaft. Diese habituelle Prägung wird nun im Studium weiter entwickelt und geformt. Über die Fachkultur wird gleichermaßen interner Zusammenhalt und damit eine Ressource im Konkurrenzkampf der Fächer wie auch spezifische Perspektiven auf die Welt, die mit fachspezifischen Inhalten koalieren, vermittelt. Für eine Erziehungswissenschaftlerin, die eine Kontaktstelle für Drogenabhängige leitet, ist es zum Beispiel notwendiger, bürokratiekritisch zu agieren, als für einen Betriebswirt in der Versicherungsbranche (vgl. zu den Fachkulturen auch Huber 1991).

Beate Krais (1996a) vergleicht die sozialen Unterscheidungen und die mental differenten Orientierungen der Fächer Erziehungswissenschaft und Chemie. Über eine dichte Beschreibung der Sozialisation von Studierenden kann sie die feinen Unterschiede der beiden Fachkulturen aufzeigen. Chemie konstituiert sich als soziales Feld über experimentelle Forschung. Die Promotion ist ein überdurchschnittlich häufig angestrebter Abschluss. Das Fach selbst ist klar in Arbeitsbereiche strukturiert und international ausgerichtet. Der wissenschaftliche Alltag von Studierenden und DozentInnen findet nicht nur in der Universität, sondern auch in der Privatwirtschaft statt. Die Grenzen zwischen diesen Bereichen sind demzufolge fließend. Die Forschergemeinschaft ist eine Männerdomäne und klar hierarchisch strukturiert. Ganz anders sind die kulturellen Bedingungen, in die Studierende der Erziehungswissenschaft hineinwachsen. Hier baut das zu erwerbende Wissen kaum auf Versuchen auf. Stattdessen wird ein „Identitätsdiskurs" gepflegt. Damit meint Krais, dass einmal gewonnene Erkenntnisse und scheinbar offensichtliche Alltagserfahrungen stets wieder in Frage gestellt werden. Das Fach ist multidisziplinär ausgerichtet. Verschiedene Paradigmen finden gleichermaßen Anerkennung. Die Abgrenzung der Arbeitsbereiche ist lose strukturiert. Neue Zuschnitte sind jederzeit möglich. Das Fach ist in erster Linie national orientiert. Wie schon Steffani Engler so zeigt auch Beate Krais, dass Studierende völlig unterschiedliche Ausgangsbedingungen und Wissensvorstellungen in ihren jeweiligen Fächern vorfinden, die ihre berufliche Sozialisation prägen werden. Fachkulturen zu untersuchen, heißt demnach, Strukturen der Wissenschaft im Verhältnis zu gesellschaftlichen Strukturen zu betrachten, wie sie erstens durch die Gliederung der Welt in Berufe und zweitens durch die Gliederung der Welt in Schichten/Klassen/Milieus wie Geschlechter existiert (vgl. dazu auch Kapitel 4, Kapitel 5.2.2 und Kapitel 5.3).

6.4 Hochschule und Geschlecht

Wie selbstverständlich geht zum Beispiel Max Weber von der „Wissenschaft als Laufbahn eines jungen Mannes" (Weber 1992, original 1917, S. 3), der „Laufbahn eines Mannes der Wissenschaft" (Weber 1992, original 1917, S. 4) oder der „innere(n) Stellung des Mannes der Wissenschaft (...) zu seinem Beruf" (Weber 1992, original 1917, S. 18) aus. Während er von Studierenden als „Kommilitonen und Kommilitoninnen" (Weber 1992, original 1917, S. 36) spricht, wird der Beruf des Wissenschaftlers ganz selbstverständlich für die Männerwelt reserviert.

Das Zulassen junger Frauen zum Studium ist nach langen Kämpfen zunächst denkbar als eine Erweiterung der allgemeinen Bildung von Frauen oder auch als Ausbildung für bestimmte personenorientierte Berufe (Lehrerin, Ärztin). Die geschlechtsspezifische Grenzziehung verläuft im Übergang zum professionellen wissenschaftlichen Arbeiten. Auch heutigen Statistiken zufolge (vgl. zusammenfassend Krais 2000, S. 11ff.) ist der Übergang zur wissenschaftlichen Karriere – mittlerweile als Sprung auf die Professuren – geschlechtsspezifisch codiert. Trotz eines zu verzeichnenden Anstiegs der Besetzungen von Professuren mit Frauen liegt in den meisten Fächern der Anteil immer noch unter 10%, in den Natur- und Technikwissenschaften, in der Philosophie und Medizin sogar unter 5%. Die Forschungslage zur Situation von Frauen an Universitäten dagegen ist mittlerweile sehr vielfältig (vgl. zusammenfassend Müller 1999; Krais 2000). Hier

Erweiterung der allgemeinen Bildung

können also nur einige Thesen zur Erklärung des „Verschwindens" der Frauen auf höheren und hohen Positionen genannt werden. Die wesentlichen sind:

– Die historisch erst kurze Anwesenheit der Frauen in den Universitäten führt manche Forscherinnen zu der Annahme, dass Frauen nur selten uneingeschränkt das Gefühl entwickeln, dass die Universität selbstverständlich ihre Wirkungsstätte ist. Marianne Schuller (o.J.) hat die Wissensaneignung von Frauen an der Universität mit einer Gabe verglichen. Frauen haben das Gefühl, das Wissen wie eine Gabe von den männlichen Professoren erhalten zu haben. Nicht die Selbstverständlichkeit des Angeeigneten oder des „Einem-Zustehenden" steht im Vordergrund, sondern die Empfindung von Dankbarkeit, teilhaben zu dürfen. Wissen wird zu einem ganz und gar kostbaren Gut. Dementsprechend labil bleibt die Konstruktion der eigenen Identität. Immer

Gabe

wieder schleicht sich die Angst ein, die Gabe – großzügig überreicht – könnte zurückgefordert werden. Schuller schreibt: „Und manchmal, im Halbschlaf vielleicht, taucht ein undefinierbarer, zerstörerischer Schrecken auf: als würde die sorgsam gehütete und lustvoll ausstaffierte Gabe wieder genommen. Und in der plötzlich aufgerissenen Leere nistet sich eine, die ‚Begabte' noch einmal belastende Schuld ein: als habe sie sich, eine Diebin, verstohlen in den Besitz eines (ihr) anderen gebracht" (Schuller o. J., S. 16).

Atmosphäre

Die Männerkultur erzeugt eine Atmosphäre – so eine verbreitete Annahme –, die Ein- und Ausschlüsse organisiert. Durch den subtilen, kaum zu greifenden Charakter von Atmosphären werden die unterschiedlichen Zugriffsmöglichkeiten auf Ressourcen und Positionen in der internen Hierarchie, auf Forschungsgelder oder auf Wissen um Strukturen verschleiert. Unter sozialen Bedingungen, die Frauen formal Zugang zu allen sozialen Positionen ermöglichen, erscheint dann der Abbruch einer akademischen Laufbahn, die Ablehnung von Forschungsförderanträgen oder auch der nicht erfolgte Ruf auf eine Professur als individuelles Scheitern.

– Anschlussfähig an die erste These sind Untersuchungen zu Hochschulen/ Forschungsinstitutionen als homosoziale Institutionen. Damit gemeint ist,

Homosoziale Institutionen

dass im Wissenschaftssystem nach wie vor Männer mit Vorliebe Männer gleichen Alters, gleicher Hautfarbe und gleicher Schicht rekrutieren. Dies zeigt zum Beispiel eine Evaluierung der Deutschen Forschungsgemeinschaft und der Max-Planck-Gesellschaft. Als Ergebnis kann man zusammenfassen, dass Frauen dort marginalisiert werden, wo sie von den Entscheidungen des anderen Geschlechtes abhängig sind, bzw. umgekehrt zeigt sich, dass bei einem einmal erreichten Anteil von Frauen in Leitungspositionen eine Vermehrung des Frauenanteils zu beobachten ist (Allmendinger u.a. 1997). Die beiden schwedischen Forscherinnen Christine Wenneras und Agnes Wold (2000) untersuchen das Peer-Review-Verfahren (Statusgleiche beurteilen Forschungsanträge, Zeitschriftenartikel etc.) in Bezug auf die Geschlechterfrage. Hauptergebnis dieser quantitativen Studie ist, dass Frauen, die sich bei einer Förderinstitution um Forschungsmittel bewerben, auch bei gleichen Voraussetzungen deutlich geringere Chancen auf Zuwendungen haben. Die

Autorinnen vergeben Punkte für mögliche Auswahlkriterien. Danach werden Frauen mit 100 Punkten ebenso viele Fördermittel zugesprochen wie Männern mit nur 20. Das heißt, Frauen müssen fünf Mal so gut sein wie Männer, um berücksichtigt zu werden. Auch bei der Rezeption wissenschaftlicher Schriften lässt sich belegen, dass Arbeiten von Frauen seltener gelesen werden als von Männern. Ist das Geschlecht des Autors/der Autorin unbekannt, so wird das Werk besser beurteilt, wenn unterstellt wird, dass es von einem Mann geschrieben wurde (vgl. Müller 1999, S. 148).

– Strukturtheoretisch betrachtet, werden Gründe für die Schließung der Universität gegenüber Frauen in der Furcht vor Konkurrenz gesucht. Bereits in historischen Untersuchungen lässt sich zeigen, dass der Kampf um die Zulassung zum Hochschulstudium vielfach auch ein Kampf um die knappen Ressourcen und eine Angst vor Prestigeverlust ist (vgl. Hausen 1986). Angelika Wetterer zeigt in ihren umfassenden Studien zur Professionalisierung (z.B. 1993, vgl. auch Kapitel 5.3), dass eine Öffnung der Institution Hochschule für Frauen stets nur eine Öffnung für einzelne Segmente (erst Studium, dann Mittelbau) ist, welcher stets vorausgeht, dass sich Männer bereits in anderen Bereichen alleinige Zugriffsmöglichkeiten gesichert haben. Es wäre in dieser Perspektive deshalb durchaus plausibel, wenn das zunehmende Vordringen von Frauen in die akademischen Spitzen mit einer gesellschaftlichen Abwertung der Universität einherginge, ein Verdacht, den derzeitige Hochschulreformen durchaus nahe legen (Angleichung von Fachhochschule und Universität, geringere Bezahlung der ProfessorInnen etc.). Das hieße, Frauen erreichten ihr Ziel, während eine bürgerliche Männermehrheit sich bereits wieder besser bezahlte und prestigeträchtigere Positionen gesichert hat.

Angst vor Prestigeverlust

Aufgrund der vielfältigen Befunde zum Sexismus an den Hochschulen betonen Wissenschaftlerinnen immer wieder, „dass Organisationen, in denen Wissenschaft betrieben wird, nicht geschlechtsneutral sind" (Krais 2000, S. 20; vgl. dazu auch Wetterer 1992; 1995). Dennoch ziehen es viele Frauen und Männer im Studium wie in der Forschung vor, sich als individuell nach Leistung bewertete Menschen zu imaginieren (vgl. Engler 2001, dargestellt in Absatz 6.2). Universitäten bauen ferner auf geschlechtsspezifischer Arbeitsteilung auf. Neben offenen und versteckten Diskriminierungen versuchen Frauen stärker als Männer in einer Institution, die in ihrem Zeitmanagement und in dem geforderten Engagement, auch in der unterstellten Mobilität wenig auf die Vereinbarkeit von Familie und Beruf Rücksicht nimmt, beides in Einklang zu bringen (vgl. z.B. Zuckermann u.a. 1991; Bauer u.a. 1993). Männer können sich nach wie vor stärker auf Reproduktionsunterstützung durch (Ehe)frauen verlassen (vgl. dazu auch Bochow/ Joas 1987).

Sexismus

6.5 Hochschulbildung durch das elektronische Netz

Entstehungs-
geschichte Die Ursprünge des heutigen Internets gehen unter anderem auf die Arbeiten der Advanced Research Projects Agency, die 1958 gegründet wurde, zurück. Motiviert durch die Sorge der US-Airforce, dass im Kriegsfall die Datenübertragungen anfällig für Zerstörung sind, wird von Paul Baran 1964 eine Netzwerk-Topologie vorgeschlagen. Es handelt sich um ein „distributed network", in dem jeder Computer bzw. jedes Subnetzwerk mit möglichst vielen weiteren Computernetzen oder einzelnen Computern verbunden ist. Damit ist eine zentrale Steuerung nicht mehr notwenig und das gesamte System äußeren Einflüssen gegenüber sehr robust.

Vom heutigen Standpunkt aus betrachtet leistet das elektronische Netz diese Sicherungsfunktion nur bedingt. Obwohl das Internetprotokoll darauf ausgelegt ist, Hindernisse, zum Beispiel nicht antwortende Server oder zusammengebrochene Datenleitungen, selbstständig zu umgehen, ist das Internet heutzutage an einigen neuralgischen Punkten sehr verletzbar: Der Mythos der Unverwüstbarkeit des elektronischen Netzes setzt voraus, dass ein sehr homogenes Netzwerk gebildet wird. Die tatsächliche Infrastruktur ist aber stark inhomogen: Einzelne Bereiche (Zugangssysteme, „Vermittlungsstellen" zwischen Firmen/Ländern/ Kontinenten) sind stärker vernetzt als andere. Physiker der University of Notre Dame haben die Gefahr des Auseinanderbrechens des Internets in voneinander vollständig getrennte Netzwerke („Inseln") anhand von Computersimulationen bei einem Ausfall von nur vier Prozent der am stärksten vernetzten Knotenpunkte vorausgesagt (vgl. Rötzer 2000).

E-Learning Dennoch hat das elektronische Netz als Informationsquelle und als Medium der Freizeitgestaltung (Spiele, Chats etc.) wichtige gesellschaftliche Bedeutung erhalten. Sein Wert für Bildungsprozesse ist jedoch sehr umstritten und soziologische Literatur zum elektronischen Netz ist zwar in allgemeiner Form erhältlich (vgl. Shields 1996; Turkle 1998; Maresch 2001; Funken/Löw 2002; Briggs 2002), jedoch selten zu Bildungsprozessen (Ausnahme aus eher erziehungswissenschaftlicher Perspektive z.B. Marotzki 1997; Gogolin/Lenzen 1999; Marotzki/Meister/Sander 2000). Es existiert stattdessen ein umfassender Markt an kurzen Texten zum Lehren und Lernen, vor allem an Hochschulen, mittels internetgestützter Medien, in deren Mittelpunkt Überlegungen entweder zu technischen Fragen der Realisierbarkeit oder zur Didaktik stehen. Viele Schlagworte wie E-Learning, Telelearning, IT-gestütztes Lernen, LAA (Learning Anytime Anywhere), Web Based Education, Virtuelles Lernen erschweren allerdings den Zugang zu Informationen über die tatsächliche Rolle oder zukünftige Potentiale neuer Medien in der Bildung.

Bildungspotentiale mittels elektronischer Netze werden an erster Stelle in dem asynchronen Zugriff auf Vorlesungen gesehen. Berufsbegleitende Weiter-Weltweite
Vorlesungen bildung oder die Option, weltweit sich Vorlesungen anzuhören, seien die wichtigsten Anwendungsfelder. Die Digitaltechnik im Hörsaal könne auch dann sinnvoll werden, wenn zum Beispiel der Umgang mit Statistiksoftware demonstriert

wird oder Filmausschnitte gezeigt und analysiert (schneller Wechsel zwischen Szenen möglich) oder wenn im Rahmen einer Übung die Online-Untersuchungen entwickelt werden sollen.

Tatsächlich beschränkt sich die Nutzung „neuer Medien" häufig jedoch auf ins Internet gestellte Vorlesungsskripte, die überdies mit kostenpflichtiger Standardsoftware („Powerpoint") erstellt werden und sich in ihrer didaktischen Konzeption von „gefürchteten Monologen am Overheadprojektor" (Loviscach 2001, S. 109) nicht wesentlich unterscheiden. Deren Transformation ins Multimediazeitalter mit Hilfe von Videoprojektoren (Beamer) bringt die Gefahr mit sich, so eine häufig geäußerte Kritik, dass der Hörsaal zum „Vorlesungskino" mutiert. Während der Präsentation ist es schwer, das Material zu verändern, um zum Beispiel auf Zwischen- oder Verständnisfragen einzugehen; das Durchspielen von verschiedenen Lösungsansätzen oder die adhoc-Diskussion alternativer Erklärungsansätze ist mit herkömmlichem Material immer noch einfacher. Komplexe Diagramme oder Theorien lassen sich oft besser verstehen, wenn sie direkt an der Tafel entwickelt und nicht auf Knopfdruck abgerufen werden bzw. lediglich die Legende vorgelesen wird. Ganze Vorlesungen fertig aufbereitet, per Mausklick abspulen zu können, verleitet dazu, die Aktualität des Materials aus den Augen zu verlieren. Hinzu kommt, dass der Aufwand dafür, eine komplette Vorlesung abgefilmt ins Internet zu stellen, immens groß ist: Die Kamera muss dem Dozenten/der Dozentin folgen, der Ton muss nachgeregelt werden und die Aufnahmen hinterher geschnitten werden: Versprecher, Fehler oder „Denkpausen" wirken beim späteren Abrufen über das Internet nicht nur unprofessionell, sondern sind je nach Zugangsmodell auch teuer. Werden neue Medien in diesem Sinne eingesetzt, so verlagert sich praktisch der Ort des Lernens vom Hörsaal (ob real oder virtuell), der dann primär nur noch der Präsentation des zu lernenden Stoffes dient, auf den Privatbereich des Studierenden. Damit verstärkt sich die Befürchtung, dass der öffentliche Raum durch neue Medien an Bedeutung verliert (vgl. Turkle 1998).

Hemmnisse anderer Art liegen darin, dass Live-Übertragungen oder die filmische Archivierung von Vorlesungen eine zuvor in dieser Weise nicht existente psychologische Barriere schaffen. Rückfragen an die Studierenden werden ebenso wenig beantwortet wie Zwischenfragen gestellt. Schließlich möchte niemand seine vermeintlich „dumme Frage" oder eine falsche Antwort im Internet verewigt wissen: weltweit abrufbar in Farbe und Stereo.

Ein Schwachpunkt der Nutzung neuer Medien bei der Ausbildung von Studierenden ist eng mit dem viel gepriesenen Vorteil der zeit- und räumlichen Unabhängigkeit verbunden. Der Internetzugang, den Studierende zur Nutzung von Videostreaming-Angeboten oder der Möglichkeit, Filmsequenzen der jeweiligen Vorlesung herunter zu laden, benötigen, muss ein Breitband- bzw. Hochgeschwindigkeitszugang sein. Die Gefahr einer neuen sozialen Kluft liegt auf der Hand, denn nicht alle Studierenden können sich die technischen Lösungen leisten.

Hier soll durch die Anbindung des gesamten Campus-Geländes an ein Funknetz entgegengewirkt werden. So können StudentInnen multimediale Studienangebote überall innerhalb des Universitätsgeländes kostenlos wahrnehmen, aller-

Vorlesungskino

Bedeutungsverlust des öffentlichen Raumes

Finanzielle Investitionen

113

dings wird die Illusion der räumlichen Unabhängigkeit multimedialer Bildung im Internetzeitalter durch die Präsenz an der Universität beschränkt. Auch bei diesem Ansatz ist eine Anfangsinvestition in eine entsprechende Computerausstattung vonnöten.

Medienkompetenzen
Aufgrund der vielfältigen Schwierigkeiten läuft es meistens darauf hinaus, dass kurze Skripte und Folien zu den jeweiligen Themen der Vorlesung bzw. des Seminars im Internet verfügbar gemacht werden. Dies liegt auch an den Medienkompetenzen der Akteure. Eine im August 2001 vorgelegte Studie der Sozialforschungsstelle Dortmund im Auftrag des Bundesministeriums für Bildung und Forschung (Klatt u.a. 2001) vermittelt einen guten Einblick in die Anwendungsformen elektronischer Medien an deutschen Hochschulen. In einer repräsentativen Untersuchung wurden Dekanate, HochschullehrerInnen und Studierende zur Nutzung elektronischer Fachinformationen in der Hochschulausbildung befragt. Dabei soll die Informationskompetenz der Studierenden und der HochschullehrerInnen ermittelt sowie Potentiale und Hemmnisse der Nutzung elektronischer Fachinformationen ausgelotet werden. Die Ergebnisse der Studie sind ernüchternd: Obwohl 73% der Studierenden über einen Computer mit Internetanschluss verfügen (Erziehungswissenschaften nur 58%), ist die Kompetenz der Studierenden im Umgang mit neuen Medien bei der Recherche nach Fachinformationen nur sehr wenig ausgeprägt. Der wichtigste Zugang zu wissenschaftlicher Literatur ist nach Ansicht der Studierenden der Wissensaustausch mit KommilitonInnen (60%) und die Anfrage beim jeweiligen Dozent/Dozentin (42%). Recherchen über das Internet oder den lokalen Bibliotheksserver werden an zweiter bzw. dritter Stelle genannt, wobei die Suchstrategien mit Hilfe des Internets alles andere als effizient sind. Es werden allgemeine Suchmaschinen und kaum spezielle Fach- oder Themenangebote genutzt. Entsprechend unzufrieden sind die befragten Studierenden dann auch mit den Ergebnissen ihrer elektronischen Recherchen: Nur 21% schätzen diese als zuverlässig ein, 12% als systematisch und 37% beurteilen die gefundenen Informationen als aktuell (vgl. Klatt u.a. 2001, S. 139ff.).

Auch die Kenntnisse zur Nutzung der neuen Medien im Rahmen des Studiums wurden unsystematisch erworben. Die überwiegende Mehrheit hat diese Kenntnisse durch Versuch und Irrtum erworben (knapp 80%), lediglich eine Minderheit von fast 16% durch Betreuungspersonal der jeweiligen Bibliotheken (vgl. Klatt u.a. 2001, S. 135). Die autodidaktische Vermittlung entsprechender Kompetenzen halten allerdings nur rund 25 Prozent der HochschullehrerInnen für geeignet und plädieren eher für entsprechende Einführungsveranstaltungen der Fakultät oder Universität (57%) (vgl. Klatt u.a. 2001, S. 180). Hierdurch erlangen aber ihren eigenen Aussagen zufolge nur rund ein Achtel der Studierenden ihre Kenntnisse im Bereich der Informationsbeschaffung mit neuen Medien.

Die Haupthemmnisse bei der Nutzung neuer Medien im Rahmen des Studiums sind analog der unsystematischen Aneignung entsprechender Suchstrategien die empfundene Unübersichtlichkeit des Angebots und die Einschätzung der Qualität.

7. Bildung in lebensgeschichtlicher Perspektive

Obwohl wesentliche Bildungsprozesse im Erwachsenenleben verlaufen, basiert doch die Bildungs- und Erziehungsidee hauptsächlich auf der Vorstellung, das unmündige Kind müsse durch pädagogische Begleitung und durch Bildung in die Mündigkeit geführt werden. Im ausgehenden 18. Jahrhundert (vgl. Kapitel 1.1) profiliert sich das Bürgertum mit einem emphatischen Bildungsbegriff und der Idee der Formbarkeit des individuellen Lebens. Es entstehen eigene Lebensphasen, die speziell an die Idee des Bildungserwerbs geknüpft sind, nämlich Kindheit und Jugend.

Martin Kohli (1985) zufolge kommt es allmählich zu einer „Institutionalisierung des Lebenslaufs". Damit gemeint ist eine allgemein gültige Einteilung der Lebenszeit in eine Vorbereitungsphase auf die Erwerbsarbeit, eine Zeit der Produktionstätigkeit und eine Altersphase auf Rentenbasis. Die Lebensphase Kindheit/Jugend, Erwachsenenalter und Alter entsprechen diesen Phasen. „Lebenslauf als Institution bedeutet also zum einen die Regelung des sequentiellen Ablaufs des Lebens, zum anderen die Strukturierung der lebensweltlichen Horizonte bzw. Wissensbestände, innerhalb derer die Individuen sich orientieren und ihre Handlungen planen" (Kohli 1985, S. 3). Es kommt demnach zu einer Verzeitlichung des Lebens. Alter wird zu einer strukturierenden Kategorie. Lebens-, auch Bildungsentscheidungen werden vom Alter abhängig gemacht. Diese Verzeitlichung wirkt sowohl als äußere gesellschaftliche Strukturierung als auch als biographische Orientierung. Die Institutionalisierung des Lebenslaufs ist – so Kohli – um die Erwerbsarbeit zentriert. Die Erwerbstätigen sind die „vollwertigen" Mitglieder der Gesellschaft. Kinder und Jugendliche befinden sich in über Bildung organisierten Vorbereitungsphasen: die Alten werden als jene wahrgenommen, die nicht mehr in das Erwerbsarbeitssystem integriert werden können.

Denkt man die von Martin Kohli dargelegte sequenzielle Abfolge des Lebenslaufs als real existierende Abfolge für jeden Menschen, so stößt man schnell auf Gegenbeispiele. Man denke allein an die Mehrheit der Frauen, die entweder nicht erwerbstätig sind oder in viel mehr Sequenzen mit Erziehungsphasen und Wiedereingliederung in den Beruf ihr Leben organisieren (vgl. auch Hoerning/Krais 1987 zum zweiten Bildungsweg). Dennoch hat die Vorstellung von einer Normalbiographie das gesellschaftliche Handeln maßgeblich geprägt. Sie liegt dem Rentensystem ebenso zugrunde wie dem Schulsystem und formt die (Selbst)-

Institutionalisierung des Lebenslaufs

Normalbiographie

Wahrnehmung der Menschen als Erwachsene, Kinder etc. Der Lebenslauf, im Sinne einer sequenziellen Abfolge, wie sie Kohli beschreibt, ist eine soziale Konstruktion und als solche strukturiert sie die soziale Wirklichkeit.

Normatives Ideal

Nur vor diesem Hintergrund kann heute von einer Destrukturierung des Lebenslaufs gesprochen werden. Denn einerseits folgen immer mehr Menschen durch Arbeitslosigkeit, Verzögerung des Arbeitsbeginns, später Mutterschaft und aktiver Altenarbeit nicht der Triade Ausbildung, Berufstätigkeit, Ruhestand. Andererseits verläuft die Abweichung vor dem Hintergrund einer erfolgreichen Institutionalisierung des Lebenslaufs: Frauen, die Mitte 40 das erste Kind bekommen, wissen, dass sie „spät" ein Kind in die Welt setzen. Die Arbeitslosenpolitik funktioniert vor dem Hintergrund der Annahme, dass man in der mittleren Lebensphase normalerweise arbeitet. Insofern hat Kohli Recht, wenn er davon ausgeht, dass die erfolgreiche Institutionalisierung einer Normalitätsvorstellung vom lebensgeschichtlichen Ablauf auch die Möglichkeit bietet, sich individualisierend davon abzusetzen (vgl. Kohli 1986). Wichtig ist es jedoch, nicht das normative Ideal der Normalbiographie und die gelebte Praxis gleichzusetzen, weil dann zum Beispiel die doppelte Lebensführung von Frauen in Familie und Beruf aus dem Blickwinkel gerät. Die Ausgestaltung der Lebensphasen ist vielfältiger geworden, die Länge der Lebensphasen wird immer wieder neu bestimmt, die Fixierung auf Erwerbsarbeit zur Bestimmung des Lebenslaufs wird vielfach in Frage gestellt, die ausschließliche Bindung von Bildung an Kindheit und Jugend löst sich auf, aber die Idee vom sequentiellen Lebenslauf bietet nach wie vor die Folie, vor der das Leben organisiert wird.

Altersdifferenzierung

Soziologisch bedeutet dies, dass Kindheit und Jugend nicht mehr angemessen als Übergangsphasen oder Entwicklungsaufgaben beschrieben werden können, sondern als eigene Lebensphasen ernst genommen werden müssen (vgl. Zinnecker 1991; Honig 1999). Diese eigene Lebensphase verweist nicht nur auf die biographische Ausgestaltung und damit auf die altersgebundenen Handlungen der Individuen, sondern – gesellschaftsstrukturell gedacht – auf den Tatbestand, dass Kindheit und Jugend zu Elementen der Sozialstruktur werden (zuerst beobachtet: Qvortrup 1985; 1993). Moderne Gesellschaften lassen sich als altersdifferenzierte Gebilde betrachten. Über das chronologische Lebensalter werden Zugangschancen und -zwänge organisiert. Altersstufen bilden einen differenzierenden Komplex rechtlich abgesicherter Handlungserwartungen. Michael Honig betont daher: „Die Pointe der neueren sozialwissenschaftlichen Kindheitsforschung steckt jedoch in ihrer Fragestellung: Sie ist an Kindern als ‚Personen aus eigenem Recht' interessiert, nicht an zukünftigen Erwachsenen. Sie bewegt sich also an den Grenzen der Erziehungskindheit und stellt ihre Selbstverständlichkeit in Frage" (Honig 1999, S. 158).

Kinder als Akteure

Kinder und Jugendliche werden als eigenständige KonsumentInnengruppe angesprochen; sie entwickeln eine Spiel- und Medienkultur, die nicht einfach nur auf die Erwachsenenwelt vorbereitet, sondern unabhängig von den Praktiken der Erwachsenen eine eigene Erfahrungswelt beinhaltet. Zu fragen ist auch, ob sich die Konstruktion von Kindheit oder Jugend, der Kinder/Jugendliche folgen, nicht systematisch von den Konstruktionen Erwachsener unterscheidet. Daraus folgt

116

methodisch, dass nicht nur Jugendliche, sondern zunehmend auch Kinder als Akteure in der Forschung betrachtet werden, welche nicht ohne weiteres allein über Interviews mit Erwachsenen, zum Beispiel Eltern, erforscht werden können. Kinder werden aufgefordert, selbst über ihr Leben, ihre Erfahrungen und vor allem auch über ihren eigenen Entwurf von Kindheit zu berichten (zu den Methoden vgl. Heinzel 2000).

Von entscheidender Bedeutung für die Soziologie der Bildung und Erziehung ist es also, die Sequenzialisierung des Lebenslaufs in den Blick zu nehmen. Aus diesem gesellschaftlichen Deutungsmuster folgt, dass Kindheit und Jugend zwar nicht (mehr) als ausschließliche, aber doch als privilegierte Phasen für Bildung und Erziehung gelten, denen deshalb besondere Forschungsaufmerksamkeit gewidmet wird, wie im Folgenden noch zu erläutern ist.

7.1 Kindheit

Die heutige Vorstellung von Kindheit als Lebensphase, als eigene Welt neben der Erwachsenenwelt, ist historisch neuartig. Phillipe Ariès (1975, original 1960) zeigt in seiner Geschichte der Kindheit, dass noch im 16. und frühen 17. Jahrhundert Kinder nicht in pädagogisch kontrollierten Institutionen aufwachsen, sondern wie kleine (defizitäre) Erwachsene behandelt werden, die – indem sie in alle Lebensbereiche der Erwachsenen integriert werden – in die Erwachsenenanforderungen einsozialisiert werden. Erst im 17./18. Jahrhundert setzt ein Prozess ein, der als „Entdeckung der Kindheit" bezeichnet wird. Hiermit ausgedrückt wird nicht, dass es vorher überhaupt keine Übergangsphase zwischen Kindheit und Erwachsenenalter bzw. keine altersgebundenen Rechte und Pflichten gab (vgl. Hardach-Pinke/Hardach 1981, S. 10), sondern dass sich mit dem Übergang von der feudalen zur bürgerlichen Gesellschaft die Einstellung zu Kindern gravierend verändert hat. Im Übergang vom Mittelalter zur Neuzeit entsteht die Wahrnehmung von der Besonderheit der Kinder. Ariès zufolge hatte sich die Bildungsidee der griechischen Antike bis zum Mittelalter völlig verloren (Ariès 1975, S. 559) und entstand erst im Zuge der Industrialisierung und Urbanisierung und damit der Entstehung der bürgerlichen Gesellschaft neu. In der feudalen Gesellschaft wuchs die große Mehrheit der überwiegend aus ländlichen Kontexten stammenden Kinder in der Erwachsenenwelt auf, ohne speziell an schulischen oder außerschulischen Bildungsangeboten zu partizipieren. Lediglich einem kleinen Kreis im Kontext der Kirche stand eine Ausbildung in Fächern wie Grammatik, Rhetorik, Arithmetik, Geometrie, Musik oder Astronomie offen. In weltlichen Kreisen, zum Beispiel im Ritterstand, wurde eher auf körperliche Fähigkeiten in der Ausbildung gesetzt (vgl. Blankertz 1982).

Die Masse der Bevölkerung lebt jedoch, wie Heidi Rosenbaum (1990[5], original 1982) aufzeigt, als Bauern, Dorfhandwerker und Heimarbeiter auf dem Land in der Familienform des „ganzen Hauses". „So hat Brunner darauf hingewiesen, dass der Begriff ‚Familie' in Deutschland erst im Laufe des 18. Jahrhun-

(Marginalie: Entdeckung der Kindheit)

(Marginalie: Ganzes Haus)

derts in der Umgangssprache geläufig wurde. Vorher habe man vom ‚Haus‘ gesprochen, in dem durch die Einheit von Haushalt und Produktion, wie sie prototypisch bei Bauern und Handwerkern zu finden war, sachliche und Gefühlsbeziehungen eine Einheit gebildet hätten. Erst mit der Lösung der Produktion aus dem ‚Haus‘ im Zuge der kapitalistischen Entwicklung und mit der Sonderung eines Bereiches ‚Wirtschaft‘ und eines Bereiches ‚Familie‘ sei die Rationalität der Wirtschaft, das Gefühl der Familie zugeordnet worden“ (Rosenbaum 1990[5], S. 30f.). Im „ganzen Haus“ lebten neben Verwandten auch Lehrlinge, Gesellen, Knechte und Mägde in einer Gemeinschaft. Die „Familie“, wie wir heute sagen, bildete sich nicht allein auf der Grundlage von Blutsverwandtschaft, sondern als Arbeitsgemeinschaft unter patriarchaler Leitung durch den Hausvater. „Der Hausvater verfügt über eine nahezu absolute Autoritätsposition gegenüber den Kindern und dem Gesinde, aber auch gegenüber der Ehefrau, obwohl letztere durchaus auch eigene Arbeits- und Autoritätsbereiche hat. Aber nur der Mann und Hausvater ist rechtlich und politisch handlungsfähig in Bezug auf die Mitglieder seines Hauses und nur ihm steht die Ausübung des körperlichen Züchtigungsrechtes zu“ (Büchner 1985, S. 19).

Binäre Gesellschaftsordnung

Ausgelöst durch Veränderungen in der Produktionsweise entstand eine binäre Gesellschaftsordnung, welche die Erwerbsarbeit als kalte Welt, die auf ökonomischen Kalkül, Entlohnung und Entfremdung basiere, der Familie als emotional-warmer Welt, die auf Gefühlen, unbezahlter Arbeit und sozialer Nähe gründe, entgegenstellt. Die als Privatheit gedachte Familie wird als komplementär zur als Öffentlichkeit konzipierten Erwerbsarbeit entworfen und Zuständigkeiten werden geschlechtsspezifisch verteilt (Terlinden 1990). Die Frauen übernehmen die Haus- und Gefühlsarbeit, die Männer die außerhäusliche Erwerbsarbeit. Um diese Entwicklung sozial zu legitimieren, entsteht das ideologische Konstrukt der Geschlechtscharaktere (Hausen 1976). Männer und Frauen werden als grundsätzlich verschiedene, sich aber komplementär ergänzende Wesen beschrieben. Während dem Mann (genauso wie der Erwerbsarbeit) Rationalität zugeschrieben wird, gilt die Frau als emotional. Der Mann scheint natürlich die für das öffentliche Leben notwendigen Eigenschaften wie Tapferkeit, Willenskraft und Selbständigkeit mitzubringen, die Frau als sein Pendant wird dementsprechend als bescheiden, wankelmütig und anhänglich beschrieben.

Bürgerliche Familie

Gleichzeitig mit der Entstehung der bürgerlichen Familie als einen „Ort unabdingbarer affektiver Verbundenheit“ (Ariès 1975, S. 48) unter der Zuständigkeit von Frauen wird das Kind als zu Erziehendes neu entdeckt. Die Frau gewinnt – und das muss als Grund für ihre Akzeptanz der geschlechtsspezifischen Arbeitsteilung betrachtet werden – die Aufgabe der familiären Kindererziehung. Dieses Modell der bürgerlichen Familie gilt zunächst nur für jene, deren Einkommensverhältnisse eine Emotionalisierung und eine Freisetzung der Frauen aus der Erwerbsarbeit zulassen. Es entwickelt sich jedoch zunehmend zum normativen Ideal, dem auch proletarische Familien nachstreben. Die familiäre Erziehung durch die Mütter wird ergänzt durch die Institutionalisierung öffentlicher Bildung in den Schulen. Mit der allmählichen Verbreitung des bürgerlichen Erziehungsgedankens entstehen erste Einrichtungen der „öffentlichen“ Kleinkinderziehung, zunächst zur Kompensation von Erziehungsschwächen im proletarischen Milieu (vgl. Kapitel 5.1). Kindheit entsteht als eigene Lebensphase, indem Kinder als vollwertige und im Vergleich zu Erwachsenen andersartige Wesen wahrgenommen werden.

Die wesentlichen Folgen dieser Entwicklung für die Lebensbedingungen von Kindern sind:

- Kinder werden von Arbeitsprozessen freigestellt. Dies hat zur Folge, dass sie Zeit gewinnen, um sich Bildungsprozessen zu widmen, aber auch dass sie aus der Erwachsenenwelt ausgegrenzt werden. Eine eigene Kinderwelt entsteht.
- Kindheit wird als Schutzraum konzipiert, wobei die Einschätzung, was gut für Kinder ist, stark variiert. Schläge und strenge Disziplin – Erziehungsmaßnahmen, die auch als „schwarze Pädagogik" bezeichnet werden (vgl. z.B. Rutschky 1977; Miller 1983), – werden nicht als Widerspruch zur Schutzidee erlebt.
- Kinder dienen zunehmend weniger der finanziellen Sicherheit des Haushalts, übernehmen durch die Emotionalisierung der Beziehungen jedoch die Aufgabe, als „Wunschkind" Sehnsüchte der Eltern zu erfüllen.
- Man investiert in Kinder, damit sie als Erwachsene gesellschaftlich notwendige Aufgaben übernehmen; der Status von Kindern in der Kultur ist jedoch gering.

Insgesamt wird die „Entstehung der Kindheit" in der Forschung sehr widersprüchlich beurteilt. Während Phillipe Ariès stark die Einschränkungen beschreibt, die mit der Kindheit als eigener Lebensphase einhergehen, zum Beispiel strengere Disziplinierung, Kontrolle, Schulzwang und pädagogische Dressur, betont Lloyd deMause (1989[6], original 1974) den zivilisatorischen Fortschritt, der damit einhergeht, dass die Erziehungsnotwendigkeit von Kindern erkannt wird. Kindestötungen – so deMause – nehmen ab und die Willkür durch Disziplin und Aufmerksamkeit wird eingedämmt. Auch methodische Kritik wird häufig formuliert (exemplarisch Arnold 1980; Pollock 1983; Shahar 1991). All die Kritiken bezweifeln jedoch nicht die zentrale theoretische Einsicht der Arièsschen Studie, dass Kindheit ein sich historisch wandelndes soziales Phänomen ist.

Der drastische und bis heute anhaltende Geburtenrückgang verstärkt die Aufmerksamkeit, die den ein bis zwei Kindern, die heute in einer Familie aufwachsen, zukommt, immer mehr. Bildung – und damit die Hauptadressaten der Bildung, nämlich die Kinder – gelten als fundamentale Investition in die Zukunft. Insofern ist kein Ende der spezifischen Lebensphase abzusehen. Ihre Bedeutung für Erziehungs- und Bildungsprozesse hält an. Dennoch sind die Lebensbedingungen von Kindern heute gänzlich andere als noch vor 100 oder 200 Jahren. Für Deutschland wird ein gravierender Einschnitt mit dem Ende des Zweiten Weltkriegs konstatiert.

In den 1950er und 1960er Jahren erlebt (West)-Deutschland einen wirtschaftlichen Aufschwung, der Kindern einen exzessiven Konsum ermöglicht (vgl.

Büchner 1985, S.71ff.). Noch heute ist Deutschland eines der reichsten Länder der Welt. Damit dies so bleibt, gilt Bildung als förderungswürdiges Gut (auch wenn sich das nicht immer in finanziellen Investitionen des Staates niederschlägt). Spätestens seit den 1970er Jahren in Westdeutschland und seit den 1990er Jahren in ganz Deutschland setzt sich ein individualisiertes Konzept kindlicher Förderung durch. Spezielle Fähigkeiten werden – soweit es das finanzielle Budget der Eltern erlaubt – in der Freizeit ergänzend zur Schule gefördert. Kinder beginnen an zahlreichen Kursen von Musikunterricht über Sport bis hin zu Internetkursen teilzunehmen. Darüber lernen sie ein gezieltes Zeitmanagement (vgl. Büchner 1985) sowie neue Muster der Konstitution des Raums (vgl. das folgende Kapitel).

Wertewandel   Die Erfahrungen mit dem Nationalsozialismus und im Zweiten Weltkrieg verändern aber auch die Werte der Gesellschaft. Die Erziehung zu blindem Gehorsam mit Prügelstrafe und unnachsichtiger Strenge wird für die blinde Gefolgschaft unter Adolf Hitler mitverantwortlich gemacht (vgl. Adorno in Kapitel 2.2.3). Kindern wird nun ein Mitspracherecht und langsam auch ein eigener Wille eingeräumt (Fuchs 1983). Da eine Demokratie auf Aushandlung und Abstimmung basiert, müssen Kinder die Fähigkeiten des Verhandelns, des Vertretens eigener Interessen und das Akzeptieren von Mehrheitsvoten erlernen. Die Familie wandelt sich vom „Befehls- zum Verhandlungshaushalt" (Du Bois-Reymond 1991; vgl. zu Ostdeutschland auch Krüger/Haak/Musiol 1993).

Biographisierung der   Aufgrund dieser Veränderungen gehen viele AutorInnen von einer „Biogra
Kindheit   phisierung der Kindheit" aus (Krüger u.a. 1994; Büchner u.a. 1994). Damit gemeint ist, dass Kinder heute nicht mehr traditionelle Milieus vorfinden, in die sie zwangsläufig hineinwachsen, sondern in einem reflexiven Umgang Alltag und Lebensführung selbst gestalten müssen. Zwar „wählen" Kinder häufig milieuspezifische Hobbys, geschlechtsspezifische Interessen usw., aber diese sind nicht vorgeschrieben und unterliegen scheinbar der eigenen Verantwortung. Gleichzeitig ist die Vielfalt der Angebote größer geworden, so dass zum Beispiel selbst bei milieutypischen Hobbys noch Wahlanforderungen gestellt werden.

7.2 Jugend

Historisch lassen sich in vielen Gesellschaften institutionalisierte Formen und Riten finden, die den Übergang in das Erwachsenenleben symbolisch organisieren. Doch wie auch bei der neuerlichen Etablierung der Kindheit geht man in der Jugendforschung ebenfalls davon aus, dass der Jugend in einer so hochkomplexen Gesellschaft wie der modernen bürgerlich-kapitalistischen Gesellschaft eine besondere Bedeutung zukommt (vgl. zusammenfassend Mitterauer 1986). In der
Feudale   feudalen Gesellschaft unterscheidet sich die Lebenslage junger Erwachsener
Gesellschaft   nach Schicht und Stand. Die Mehrheit der ländlichen Bevölkerung initiiert den Übergang nach subjektiver Einschätzung der Erwachsenen, indem ab einem bestimmten Zeitpunkt die Kinder an allen wesentlichen Praktiken der Erwachsenen

120

teilhaben. Die Darbietung der ersten Pfeife wird zum Beispiel bei Jungen als nun erfolgte Akzeptanz als Erwachsener interpretiert. Ein komplexes Verständnis von Jugend fehlt.

Ideengeschichtlich beginnt im 18. Jahrhundert mit dem Erziehungs- und Bildungsgedanken auch die Vorstellung von der Jugend als besonderer Lebensphase (Hornstein 1966; Dudek 1992²). Der Begriff der „Flegeljahre", der Ende des 18. Jahrhunderts gebräuchlich wird, zeigt, dass die Erprobungsphase der Jugend zunächst nur für Jungen gilt. Der männliche christliche Jüngling, bürgerlicher Herkunft und gymnasial ausgebildet, bedarf eines sozialen Moratoriums, so die Vorstellung, in dem er Zukunftspläne entwickeln, sexuell reifen und die Übernahme von Verantwortung lernen kann (vgl. z.B. Hurrelmann 1993). Im 19. Jahrhundert weitet sich diese Vorstellung auch auf die Jungen „aus dem Volk" aus (Roth 1983). Erst Ende des 19. Jahrhunderts entsteht mit dem „Backfisch" ein romantisierendes weiblich konnotiertes Jugendbild. Flegeljahre

In der gleichen Zeit setzt sich der Begriff des Jugendlichen in der Semantik der Juristen durch. Die „Flegeljahre" und mit ihnen die potentiell kriminellen Handlungen der Jugendlichen werden nach und nach institutionalisiert in einer eigens für Jugendliche gültigen Rechtsprechung. Eine staatliche Jugendpolitik entsteht. Die Jugendphase etabliert sich als eine für die Gesellschaft notwendige Phase, um den komplexen Anforderungen des Erwachsenendaseins zu begegnen. Die Verinnerlichung der Zwänge der Erwerbsarbeit sowie die emotionale Bindung auf Lebenszeit mit Treueerwartung in der Familie scheint für Männer nur dann realisierbar zu sein – so die soziale Konstruktion – wenn vorher eine Phase des „Austobens" bereitgestellt wird. Mädchen wird zunächst nur eine Phase der unrealistischen Träumerei eingeräumt. Rechtsprechung

Die Ambivalenz dieser Konstruktion zeigt sich, wenn man sich die Lebensumstände junger Menschen im beginnenden 20. Jahrhundert vor Augen führt. Durch die Urbanisierung der Gesellschaft im Zuge der Industrialisierung leben mehr und mehr Jugendliche in den Städten. 1933 wohnen zwei Drittel aller Jugendlichen in der Stadt, jeder zweite sogar in der Großstadt (Siemering 1937, S. 81). Die Mehrzahl der Jugendlichen (1906 sind es 93,3%) besucht die Volksschule, welche mit dem 14. Lebensjahr endet. Somit sind die meisten Jugendlichen keineswegs von Erwerbsarbeit freigestellt, sondern sie werden spätestens mit dem 14. Lebensjahr in die lohnabhängige Erwerbsarbeit integriert. Dies gilt auch für einen großen Teil der Mädchen (Grossmann 1985; Benninghaus 1997). Das „Ausprobieren" wird in den Freizeitbereich verlagert und kann – sofern es finanzierbar ist – im lebendigen Nachtleben der Großstädte erfolgen. Einzig die wohlhabenden jungen Männer können im Studium die Lebensphase der Jugend bis in das dritte Lebensjahrzehnt verlängern. Urbanisierung

Obwohl der Alltag der meisten Jugendlichen durchaus von Erwachsenen-Tätigkeiten durchzogen ist, hat sich jedoch gesellschaftlich Jugend als Institution etabliert. Jugendliche Widerstandskultur wird staatlich eingebunden und bisweilen sogar wohlwollend begleitet. Jugendbewegungen entstehen. Der Nationalsozialismus kann ohne Widersprüche an das Jugendideal anknüpfen. Jugend gilt der Partei als Garant für eine neue Gesellschaft. Die Protestbereitschaft und die Widerstand

Lust, Neues auszuprobieren, wird in den Jugendorganisationen der NSDAP gepflegt. Über Kameradschaftsbeschwörungen wird die Jugend nicht nur zu einem Zustand im eigenen Lebenslauf, sondern als Generationslage inszeniert (vgl. Koebner/Janz/Trommler 1985).

Ideal   Es setzt langsam ein Prozess ein, der bis heute immer deutlichere Konturen annimmt, nämlich dass „Jugend" als schillerndes Idealbild und als Mythos kultiviert wird. Der Lebensstil der Jugend wird zum erstrebenswerten Ideal für Menschen aller Altersgruppen. Ist das Konstrukt der Jugend in seiner Entstehungsphase zunächst an einen spezifischen Werdegang im Bildungssystem geknüpft, nämlich die Teilhabe an gymnasialer Bildung, so löst sich in das 20. Jahrhundert hinein die Konzeption von Jugend von der Bildungsidee ab. Geblieben ist nur, dass sich Bildungsinstitutionen wie alle anderen gesellschaftlichen Bereiche auch auf die spezifischen Belange von Jugendlichen einstellen müssen.

Analysen zur aktuellen Situation von Jugendlichen basieren auf unterschiedlichen theoretischen Zugängen. Überwiegt in der Kindheitsforschung eine modernisierungstheoretische Begründung der Veränderung von Kindheit, die vor allem auf die gestiegenen Wahlmöglichkeiten und die Vielfalt der Lebensformen abzielt (z.B. Krüger u.a. 1994; Büchner u.a. 1994; theoretischer Hintergrund Beck 1986), so finden sich in der Jugendforschung auch systemtheoretisch motivierte Argumentationen, welche die Veränderung der Jugendphase aus dem Prozess der funktionalen Differenzierung herleiten (vgl. zur funktionalen Differenzierung die Ausführungen zu Luhmann in Kapitel 3.2; zur Jugendforschung z.B. Dudek 1992[2]; Olk 1989). Hier unterscheidet sich die Begründung der Veränderung, nicht aber die Beobachtung. Festgestellt wird durchweg eine zeitliche Ausdehnung der Jugendphase sowie eine Vervielfältigung der jugendkulturellen Muster (zusammenfassend z.B. Abels 1993).

Bildungsmoratorium   Die zeitliche Verlängerung der Jugend gründet auf der Verlängerung der Schul- und Ausbildungszeiten sowie der gestiegenen Partizipation von Kindern aller Schichten an höherer Schul- bzw. Hochschulbildung (Coleman 1986; vgl. die Ausführungen zur Bildungsreform, Kapitel 4.2.1). Dementsprechend betont zum Beispiel Jürgen Zinnecker die Bedeutung der Jugendphase heute als Phase des „Bildungsmoratoriums" (Zinnecker 1990a). Parallel zur Ausweitung der Jugendphase wird es immer schwieriger, verallgemeinernde Aussagen über „die Jugend" zu treffen. Allgemeine Tendenzen, wie sie in der 13. Shell-Jugendstudie (vgl. Fischer u.a. 2000) und der 14. Shell-Jugendstudie (vgl. Hurrelmann/Albert u.a. 2002) erhoben werden, sind, dass mehr als die Hälfte der Jugendlichen ihre Zukunftsperspektiven recht optimistisch beurteilt. Dabei sind es – wie zu erwarten ist – vor allem jene Mädchen und Jungen, die über Bildung, Unterstützung durch die Eltern und Persönlichkeitsressourcen wie Selbstvertrauen verfügen, welche ihre Lebenschancen als gut einschätzen. Überhaupt kann festgestellt werden, dass Jugendliche eine sichere Einschätzung ihrer Lebensumstände vornehmen. So wie sie um ihre Chancen und Risiken wissen, so können sie auch die Leistungserwartungen und die Ausdauer, die zu beruflichem wie privatem Erfolg führen, in der Mehrheit gut benennen. Für Mädchen und Jungen in Ost- wie in Vereinbarkeit von Beruf und Familie   Westdeutschland gilt dabei, dass ihnen eine Vereinbarkeit von Beruf und Familie wichtig ist. „Sie wollen keineswegs einem Individualismus huldigen, der sich von diesen traditionellen Lebensformen freimacht und jenseits von Beruf und Familie ein gegenwarts- und selbst bezogenes Leben propagiert" (Fischer u.a. 2000, S. 14). Jeder Zweite möchte heiraten, viele wollen mit dem Partner/der Partnerin zusammenleben. Die Jugendlichen zeigen jedoch auch – häufig aus pragmatischen Überlegungen heraus – eine grundsätzliche Bereitschaft zu anderen Lebensformen. Ähnlich pragmatisch ist das Verhältnis der Jugendlichen zur Politik. Während sie zwar Demokratie prinzipiell für eine gute Staatsform halten, ist das allgemeine Interesse an Politik rückläufig. Gesellschaftliches Engagement basiert nicht länger auf Selbstverwirklichungsinteressen, sondern häufig auf pragmatischen Überlegungen (vgl. Hurrelmann/Albert u.a. 2002). Institutionalisierte Religiosität wird bei christlichen Jugendlichen weitgehend abgelehnt, was allerdings nicht zu einer prinzipiellen Ablehnung von Religion führt, sondern zu einem Set privater Glaubensüberzeugungen. Ähnlich verhält es sich mit der Politik. Das ForscherInnenteam stellt fest, dass der Vertrauensverlust der PolitikerInnen und der Parteien weiter zunimmt. Dabei ist das Image der Politik besser, je besser die Jugendlichen ihre eigenen Chancen auf dem Arbeitsmarkt und im Alltag einschätzen.

Um hinter der Statistik die Verschiedenheit zu erkennen, wird – ähnlich der Schulkulturforschung (Kapitel 5.2.2) – in der Jugendforschung ein Hauptaugenmerk auf die verschiedenen Jugendkulturen geworfen. Beispielhaft hierfür sind die Arbeiten des Birminghamer Centre for Contemporary Cultural Studies (vgl. z.B. Willis 1991). Jugendliche neigen in besonderem Maße dazu, unterschiedliche Lebensstile, die stets auf differente Milieus verweisen, auszuprobieren und über dort typische Symbole (Kleidung, Musik, Gruppen-Codes) gleichermaßen Gruppenzugehörigkeit zu produzieren und politische/kulturelle/soziale Inhalte gegenüber den Erwachsenen zu vertreten. Jugendkulturen

Dieter Baacke und Wilfried Ferchhoff (1992[2], S. 436ff.) unterscheiden 5 Formen der Jugendkulturen:

1. Religiös-Spirituelle (Grufties, Anhänger asiatischer Religionen, Pfadfinder etc.)
2. Kritisch-Engagierte (Frauen-, Friedens-, Ökologie-, Antiglobalisierungsbewegung etc.)
3. Manieristisch-Postalternative (Spielerisch-ironische Demonstration der Symbole früherer Epochen, zum Beispiel Barock-Kleidung kombiniert mit modernen Elementen)
4. Körper- und Actionorientierte (Orientierung an Sport und Abenteuer; Modellierung des eigenen Körpers)
5. Institutionell-Integrierte (Vereins- und Verbandsarbeit, zum Beispiel Freiwillige Feuerwehr, Chormitgliedschaft oder auch Sportverein).

Allen Jugendkulturen ist gemeinsam, dass über den Gleichaltrigenkontakt vier zentrale Aufgaben der Jugendphase bewältigt werden sollen:

1. Familienablösung
2. Orientierung auf politische/kulturelle/soziale Partizipation
3. Festigung einer sexuellen Orientierung
4. Entwicklung eigenständiger Konsumgewohnheiten und Freizeitplanung.

7.3 Die Ausweitung der Bildungs- und Lernprozesse auf das Erwachsenenalter

Prozessualer
Bildungsbegriff

Die OEEC und die UNESCO haben mit der Idee der éducation permanente die Öffentlichkeit auf die Notwendigkeit lebenslangen Lernens hingewiesen. Sich stets fortzubilden, ist zu einer Erwartung an alle im erwerbsfähigen Alter geworden. Die Professoren des Collège de France formulieren in ihren „Vorschlägen für das Bildungswesen der Zukunft" (1987) den Bildungsbegriff selbst als einen in diesem Sinne prozessualen: „Sicher wird niemand bestreiten, dass jede Bildung geistige Aufgeschlossenheit zum Ziel haben muss, um sich immer neues Wissen anzueignen und mit immer neuen Situationen zurechtzukommen" (Collège de France 1997, S. 253). Für die Umstrukturierung des Bildungssystems schlagen sie u.a. einen kontinuierlichen Wechsel von Bildung und Berufstätigkeit vor („alternierende Bildung") (Collège de France 1987, S. 272).

Zwang

Kaum einer wird heute bezweifeln, dass zumindest Lernprozesse in einem ganz konkreten Sinn (z.B. Umgang mit neuen Computerprogrammen etc.) und stetige Teilnahme an Fortbildungsmaßnahmen auch von vielen Erwachsenen verlangt werden. Allerdings variiert die Einschätzung dieses Prozesses. Bolder/ Hendrich (2000, S. 18ff.) betonen die immanente Zumutung. Der/die Erwerbstätige müsse sich permanent Entwicklungen anpassen, die weder technologisch unausweichlich noch autonom gewählt seien, sondern die einzig den privaten Renditeerwartungen des Wirtschaftssystems genügen. Dabei habe sich eine Haltung durchgesetzt, in der nicht etwa höhere Qualifikation mit besserem Lohn beglichen werde, sondern umgekehrt die permanente Weiterqualifizierung als Voraussetzung für den Arbeitsplatzerhalt entworfen werde. Mehr noch: Der/die Arbeitnehmer/in müsse im zunehmend marktförmig organisierten Weiterbildungssystem für die Weiterbildung häufig sogar selbst bezahlen und Freizeit dafür aufwenden. ArbeitnehmerInnen seien durch den Anspruch auf lebenslanges Lernen und durch die Ausweitung von Bildungsprozessen auf die Lebensphasen der Erwachsenen in einen permanenten Druck geraten, so ihre Konsequenz.

Chance

Winfried Marotzki (1991) wirft einen sehr anderen Blick auf die lebensgeschichtlich andauernden Bildungsprozesse. Mit Blick auf die Erwachsenenbildung zeigt er, dass Bildungsprozesse, die nicht auf unmittelbar verwertbare Qualifikationen zielen, sondern die Lebensgeschichte selbst zum Gegenstand haben können, biographische Sinnzusammenhänge erzeugen. Unter dem Stichwort der Biographisierung betont Marotzki, dass die individuelle Lebensgeschichte ein vom Subjekt selbst hervorgebrachtes Konstrukt ist, das die Fülle der Erfahrungen und Ereignisse des gelebten Lebens zu einer Einheit zusammenfügt. In diesem

Akt werden Bedeutungen und Schlussfolgerungen für die Gegenwart abgeleitet. Bildung auch im Sinne der Selbstformung ist damit als Akt der Selbstreflektion stets notwendig. Organisierte Bildungsprozesse, wie sie zum Beispiel auch in Psychotherapien angeboten werden, bieten, so Marotzki, eine Chance umzulernen, gewohnte Pfade des Handelns zu verlassen und damit den Einfleischungen des Habitus Neugestaltungen der eigenen Biographie entgegenzusetzen.

8. Die Raumdimension der Bildung

Der Schwerpunkt der Bildungssoziologie liegt, wie zu Beginn des Buches fest- Bebauung
gestellt, in der theoretischen und empirischen Untersuchung des Bildungssystems und der sich in den Bildungsinstitutionen vollziehenden Prozesse. Diese Institutionen, also zum Beispiel Schule oder Universität, haben nicht zufällig ein
eigenes Gebäude, um Bildung zu organisieren. Raum wird systematisch in den
Prozess des Bildens einbezogen. Allerdings wäre es vereinfacht anzunehmen,
Raum sei auf die gebauten Anordnungen zu reduzieren. Raum entsteht auch aus
der Platzierung beweglicher Objekte oder menschlicher Körper. Die Anordnungen von Jugendlichen auf dem Schulhof, die Platzierung von Stellwänden im
Unterricht, die Positionierung der Tische zueinander, all das sind Elemente, die
Raum hervorbringen (vgl. dazu z.B. auch die Analyse von Foucault, dargestellt
in Kapitel 2.2.4). Um dies auszuführen, ist es hilfreich, noch einmal auf die von
Paul Willis (1982[2]) durchgeführten Studien zur Statuspassage von Jungen aus
der Arbeiterklasse ohne höhere Schulbildung in die Erwerbsarbeit zurückzugreifen (vgl. Kapitel 4.2.2 dieses Buches). Willis beschreibt eine Situation, die sich
täglich mehrfach ereignet: „Die meisten ‚lads‘ rauchen und, was noch wichtiger
ist, sie werden beim Rauchen gesehen. Wenn Schüler rauchen, so geschieht dies
meist draußen an der Schulpforte. Die ‚lads‘ verbringen typischerweise viel Zeit
damit, ihre nächste Zigarettenpause zu planen und Stunden zu ‚schwänzen‘, um
einen ‚raschen Zug‘ zu nehmen" (Willis 1982[2], S. 35).

Wenn die Lads, so der Name der Jungenclique, zur Schule gehen, wechseln Gegenkulturelle
sie ständig zwischen zwei Orten. Morgens rauchen sie auf der Straße vor dem Platzierungen
Schulaufgang, so dass der türöffnende Lehrer sie sehen muss. Zwischen den
Stunden, aber auch während der Stunden wechseln sie zwischen Schulgebäude
und Straße hin und her. Selbst bei Schulausflügen, zum Beispiel beim Besuch
eines Museums, nutzen die Jugendlichen jede Gelegenheit, um auf der Straße
„eine" zu rauchen.

Der Straßenraum vor der Schule gehört sowohl in den alltäglichen Handlungen als auch in der Erinnerung nach der Schulzeit für die Lads zum Schulraum.
Er wird durch die ständige Bewegung zwischen Straße und Schulgebäude im
Handeln hergestellt. Die Straße ist für die Lads unmittelbar mit dem Schulgebäude verknüpft. Gemeinsam bilden sie den Raum der Schule. Jeden Morgen
behaupten sie mehrmals die Straße als Teil des Schulraums neu. Diese Konstruktion ist jedoch wirkungslos, wenn die Bestätigung durch die LehrerInnen fehlt.

Der Raum der Lads ist flüchtig; er ist an ihre körperliche Präsenz gebunden. Institutionalisiert ist der Schulraum als Innenraum mit dem durch Mauern oder Zäune integrierten Schulhof. Diese institutionalisierten Anordnungen sind erstens materiell festgeschrieben (Mauern, Zäune, Bebauungspläne, Eigentumsverhältnisse) und basieren zweitens auf symbolischen Verknüpfungen, zum Beispiel der Eingangspforte mit dem Beginn/Ende eines Raums. Diese Raumkonstruktion, der zufolge der Schulraum aus einer relationalen Anordnung von Pforte, Schulgebäude und Schulhof besteht, und eben nicht die Straße integriert, sondern explizit die Straße als anderen Raum durch Grenzziehung ausweist, wird von den LehrerInnen, so zeigt die Studie, mehrheitlich akzeptiert.

Die Lads bemühen sich nun, dieser Raumkonstruktion eine eigene entgegenzusetzen. Sie verfügen aber weder über rechtliche noch über planerische oder bauliche Mittel, ihren Raum materiell festzulegen. Daher können sie nur mit dem Einsatz ihres eigenen Körpers die gegenkulturelle Raumkonstruktion materiell und symbolisch markieren oder aber mit kurzzeitigen symbolisch-materiellen Besetzungen wie herumliegende Zigarettenstummel oder Graffitis an den Wänden arbeiten. Während die LehrerInnen über soziale Güter, Wissen und soziale Positionen verfügen und somit institutionalisierte Raumkonstruktionen durchsetzen können, besteht für die Lads die Chance, die Zugehörigkeit zur Clique dagegenzustellen. Sie sind daher darauf angewiesen, dass ihre Raumkonstruktion wahrgenommen und als different erkannt wird. Nur in der (strafenden) Anerkennung des gegenkulturellen Raums der Lads durch die LehrerInnen beginnt dieser, sich materiell und symbolisch zu verfestigen. Der Raum, den die Lads als Schulraum etablieren, ist daher ohne die handelnden Menschen, die Lads in ihrer körperlichen Präsenz und die LehrerInnen als anerkennende, nicht zu erklären. LehrerInnen und Lads sind demnach ebenfalls ein „Baustein" der relationalen (An)Ordnung.

Allerdings ist die Machtbalance zwischen Lads und LehrerInnen keineswegs einseitig als „oben-unten-Verhältnis" zu verstehen. Nicht wenige LehrerInnen reagieren auf die Provokationen der Lads hilflos ignorierend. In LehrerInneninterviews reflektieren diese, dass sie nur wenig Sanktionsmöglichkeiten haben und schließlich nicht herumlaufen und ständig Strafen aussprechen können (Willis 1982[2], S. 103). Ein Lehrer vergleicht die Lads sogar mit einer Sturmflut.

„Es ist wie eine Sturmflut, man kann sie nicht aufhalten, wir versuchen es, wir versuchen sie zurückzudämmen ... manche lassen die Flut einfach über sich hinweg gehen" (Willis 1982[2], S. 127).

Nur durch ein hohes Maß an Mobilität, das heißt durch den stetigen Wechsel zwischen beiden Orten, gelingt es den Lads, Schulgebäude und Straße zu einem Raum verschmelzen zu lassen. Dieses In-Bewegung-Sein wird von dem zitierten Lehrer kraftvoll wie eine Flut wahrgenommen. Sturmfluten überschreiten Grenzen, reißen die Dämme ein und nehmen das Land in Besitz. Sturmfluten sind beängstigend, aber auch anziehend. Die LehrerInnen, wie sie von Paul Willis beschrieben werden, synthetisieren entsprechend der institutionalisierten (An)Ordnungen den Raum der Schule. Die Lads synthetisieren dagegen nicht nur Pforte,

Schulgebäude und Schulhof zu einem Raum, sondern integrieren auch noch die Straße in ihre Raumkonstruktion. Auch sie überschreiten die gesetzten Grenzen und integrieren „neues Land" und zwar mittels bewegten Körpereinsatzes. Die Machtpotentiale, die in der Bewegung und in der Grenzverschiebung liegen, werden durch die Kennzeichnung als „Flut" prägnant zum Ausdruck gebracht.

Durch den Zwang zur eigenen Bewegung bleibt die Raumkonstruktion im ständigen Fluss. Der Raum der Lads ist nicht starr, sondern an die bewegten Handlungen gebunden. Aber auch die Konstitution von Raum durch die LehrerInnen kann nicht als starrer, fester Raum analysiert werden, da dieser ebenfalls – zumindest zeitweilig – von den gegenkulturellen Bestrebungen der Lads in Frage gestellt wird.

8.1 Definition von Raum

Raum kann also nicht, wie im Alltagsdenken tief verhaftet, einfach als umschließender Behälter gedacht werden, sondern Raum wird durch Handeln hergestellt. Es gibt Räume, die sind flüchtig und strukturieren nur kurzfristig eine Handlungssituation, andere Räume sind institutionalisiert und in Bauordnungen oder Normen festgelegt und dementsprechend langlebig. Raum entsteht immer dadurch, dass Menschen Objekte zu einem Raum verknüpfen, sozusagen in einer Syntheseleistung die sozialen Güter oder Lebewesen, die sie wahrnehmen oder [Syntheseleistung] erinnern, zu einem Raum zusammenschließen. Manche Räume entstehen so in erster Linie auf der Basis gebauter oder gewachsener (bei Pflanzen z.B.) Güter, andere basieren eher auf Platzierungen von Menschen (z.B. Anordnungen von Menschen in Cliquen). Über Räume werden Ein- und Ausschlüsse organisiert. Unter Raum kann daher eine relationale (An)Ordnung sozialer Güter und Lebewesen an Orten verstanden werden (ausführlich Löw 2001a). Von „(An)Ordnung" wird gesprochen, weil Räume sowohl im Handeln entstehen (dem Prozess des Anordnens) und gleichzeitig Ordnungen zum Beispiel des Zusammengehörigen und des Ausgegrenzten oder der Platzierungen schaffen. Ein Ort ist im Unterschied zu Raum eine einmalige Stelle, meist geographisch markierbar und mit einem Namen versehen. Raum dagegen ist eine (An)Ordnung auf der Basis einer Verknüpfungsleistung („Syntheseleistung") und – mit Ausnahme virtueller Verknüpfungen – einer Platzierungspraxis („Spacing"). Raum ist demzufolge ein [Spacing] Hybrid aus materiellen Bedingungen und sozialer Nutzung. Räume sind nicht Untergrund oder Hintergrund des Handelns, sondern Räume sind Strukturierungen, die im gesellschaftlich geprägten Prozess der Wahrnehmung oder der Platzierung konstituiert, durch Regeln abgesichert und in Institutionen eingelagert werden.

Erst in den letzten zwanzig Jahren haben sich die „relational" genannten Raumverständnisse durchgesetzt (vgl. zu ähnlichen Konzeptionen und zur Entstehungsgeschichte auch Läpple 1991; Sturm 2000; Reutlinger 2008). Man spricht vom relationalen Raum, wenn weder nur Beziehungen in den Blick genommen werden („relativistisch") noch Behälterräume unterstellt werden („absolutistisch"). Der relationale Raum wird gedacht als Resultat von platzierten Objekten und ihren Beziehungen. Ein solches relationales Raumverständnis musste sich erst langsam herausbilden.

8.1.1 Raum in den klassischen Konzepten der Chicagoer Schule und von Georg Simmel

Chigacoer Schule Robert E. Park und Ernest W. Burgess gehören zusammen mit ihren Schülern Louis Wirth und Roderick D. McKenzie zu den berühmtesten Vertretern der in den 1920er Jahren entwickelten urban sociology. 1925 verfassen Park, Burgess und McKenzie das Buch „The city", in dem sie die sozialökologische Stadtforschung theoretisch begründen und Forschungsergebnisse präsentieren. Hier wie in anderen Publikationen entwickeln sie ihre Vorstellung, dass Überlegungen der Tier- und Pflanzenökologie auf die menschliche Gesellschaft übertragbar seien. Der zu Recht häufig kritisierte Grundgedanke ist, dass Menschen sich ihrer natürlichen Umwelt anpassen. Verschiedene Stadtviertel erscheinen in dieser Perspektive als Anpassungsformen der Menschen an ihre Umwelt (natural areas). Durch jeweils spezifische Selektionsformen versuchen die einzelnen Gruppen, basierend auf Ethnizität oder Schichtzugehörigkeit, in sich homogene Gemeinschaften aufzubauen, eben wie auch „verschiedene Pflanzenarten dazu neigen, permanente Gruppen zu bilden" (Park 1974[7], S. 90). Park zufolge betont die Sozialökologie, hier Humanökologie genannt, weniger die geographische Struktur als vielmehr den Raum. Darunter versteht er den folgenden Sachverhalt:

> „Die Humanökologie, wie sie die Soziologen verstehen, betont nicht so sehr die geographische Struktur, sondern den Raum. In der Gesellschaft lebt man nicht nur zusammen, sondern lebt gleichzeitig getrennt (...). Lokale Gemeinschaften, im folgenden Gemeinde genannt, können einmal in Bezug auf die Gebiete, die sie einnehmen, verglichen werden und zum zweiten bezüglich der relativen Dichte der Bevölkerungsverteilung innerhalb der Gebiete" (Park 1974[7], S. 91).

Sozialökologie Wenn also Parks Sozialökologie auf der Bedeutung von Raum aufbaut, dann wendet er sich gegen den Blick auf die bloße Verteilungsstruktur (geographische Struktur) und betont die Gleichheit im Viertel und die Differenz in der Stadt. Für Park ist die Einführung des Raumbegriffs ein Versuch, sich von der bloßen Betrachtung von geographischen Grenzen und physikalischen Entfernungen zu distanzieren und stattdessen das Gesamtgebilde, welches sich durch Immigrationswellen immer neu verändern muss, in den Blick zu nehmen. Park definiert die einzelnen Gemeinden über Größe und Dichte, den Gesamtkomplex Stadt gleichzeitig über das Verhältnis von Heterogenität und Gleichheit. Raum ist für Park, wie für die anderen VertreterInnen der Sozialökologie, insofern von Bedeutung, als sie Gleichheit und Differenz auf der Basis verschieden großer und gegeneinander abgegrenzter Gebiete mit dem Raumbegriff bestimmen wollen.

So geht zum Beispiel auch Ernest Burgess von den „physiologischen Tatsachen" Größe und Dichte aus, wenn er die Ausdehnung der Stadt und die damit

130

einhergehenden räumlichen Strukturierungen untersucht. Burgess entwickelt das idealtypische Modell der konzentrischen Kreise, welches für die Bildungssozio- Konzentrische logie, wie im Folgenden noch gezeigt werden wird, von besonderer Bedeutung Modelle ist. Diesem konzentrischen Modell zufolge teilt sich Stadt vom Zentrum ausgehend in verschiedene Zonen auf.

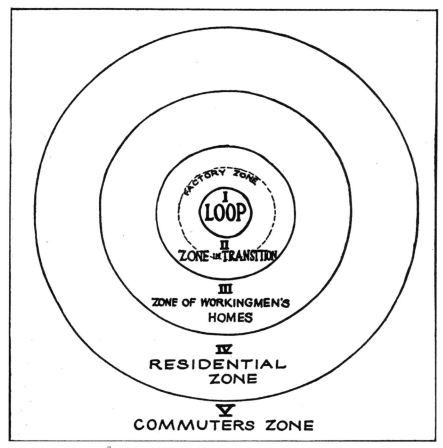

(Quelle: Burgess 1974[7], original 1925, S. 51)

Dieses Modell ist seitdem verändert, verfeinert und widerlegt worden. Es stellt sich heraus, dass es kein universelles Muster städtischer Entwicklung ist, sondern nur für nordamerikanische Städte der 1920er Jahre zutrifft (vgl. zum Modell: Park, Burgess und McKenzie 1974[7]; zur Kritik: Hamm 1982).

Es ist häufig darauf hingewiesen worden, dass die Sozialökologie der Chicagoer Schule „trotz" ihrer evolutionstheoretischen Grundlagen wesentliche Grundbegriffe der Stadtsoziologie bereitgestellt hat (Friedrichs 1977; Krämer-Badoni 1991; Häußermann/Siebel 1994). Dazu zählt vor allem: „Segregation als die Konzentration bestimmter Gruppen in spezifischen Stadtvierteln; Invasion als das Eindringen von Gruppen in ein Gebiet, in dem vormals andere Gruppen segregiert waren; Sukzession für die Beschreibung eines vollständigen Nutzungswandels in bestimmten Stadtvierteln" (Krämer-Badoni 1991, S. 20). Den Raum jedoch behandeln die Sozialökologen der Chicagoer Schule mehrheitlich als natürlich gegebene Gebiete, die zu unterschiedlich großen Behältern abgesteckt werden. Dies führte dazu, dass über die „Inhalte" der Behälter viel gestritten wurde, der Prozess der Konstitution von Raum jedoch aus den Augen verloren wird (vgl. dazu auch Löw 2001b).

Georg Simmel   Ganz anders entwickelt Georg Simmel sein soziologisch-philosophisches Raumverständnis. In einer 1905 an der Berliner Universität gehaltenen Kant-Vorlesung entwickelt Simmel die Kantsche Raumvorstellung, die auch für sein eigenes Werk richtungsweisend ist: „Was bedeutet dieses unendliche Gefäß um uns herum, in dem wir als verlorene Pünktchen schwimmen und das wir doch samt seinem Inhalt *vorstellen*, das also ebenso in uns ist, wie wir in ihm sind?" (Simmel 1905, S. 52; Hervorhebung im Original). Nicht ohne Ironie beginnt er seine sechste Vorlesung mit der Vorstellung von der Welt als Gefäß für verlorene Pünktchen, um kurz darauf diese Idee heftig zu kritisieren. „Angesichts jener Gewöhnung, uns und die Dinge innerhalb eines vor allem einzelnen bestehenden Raumes vorzustellen, ist es ein schwieriger Gedanke, dass – mit etwas paradoxer Kürze ausgedrückt – der Raum selbst nichts Räumliches ist: grade so wenig wie die Vorstellung des Roten selbst etwas Rotes ist" (Simmel 1905, S. 55).

Simmel betont, dass der unendliche, leere Raum, die Vorstellung eines Behälters eine bloße Abstraktion sei, die möglich, aber für die Soziologie nicht relevant ist. Räumlichkeit entstehe vor allem dadurch, dass Menschen sie in ihrer Vorstellung generieren. Außerhalb menschlicher Empfindungen habe der Raum keine Realität, allerdings bedeute dies eben nicht, dass er nur subjektiv oder irreal sei, da die menschlichen Empfindungen die Welt bilden: „... der Raum hat alle Realität, von der innerhalb unsrer Erkenntnis überhaupt die Rede sein kann, eben dadurch, dass er die Form und Bedingung unsrer empirischen Vorstellung ist. Die räumlichen Dinge sind dadurch und insoweit real, als sie unsere Erfahrung bilden" (Simmel 1905, S. 57).

Form   Raum ist demnach für Simmel eine an sich wirkungslose Form, vergleichbar der Form, durch die Holz zu einem Schrank wird, die außerhalb des Materials keine eigenständige Existenz führt (vgl. Simmel 1905, S. 55). Räumlichkeit wird im Prozess des Anschauens und Verknüpfens geschaffen, und emotional besetzt. Dabei nimmt Simmel, entsprechend seiner euklidischen Grundannahmen, einen einheitlichen Raum an, der von „der Seele her" gegliedert werde. Aufbauend auf dieser absolutistischen Grundannahme definiert er als Grundqualitäten des Raums die Ausschließlichkeit, die Zerlegbarkeit, die Fixierung, die Nachbarschaft und die Bewegungsmöglichkeiten von Ort zu Ort. Ein neues, stärker relationales Verständnis von Raum setzt sich erst langsam durch: Wegweisend sind neue Erkenntnisse in der Physik, neue Theorien in der Philosophie, andere bildliche Darstellungen in der Kunst, aber auch ein Wandel der sozialen Welt. Dieser wird im folgenden Abschnitt nachgezeichnet.

8.2 Bildungs- bzw. erziehungssoziologische Raumstudien

Mit der Urbanisierung und Industrialisierung entsteht vor allem zwischen 1870 und 1920 die so genannte *Straßenkindheit*. Kinder zwischen drei und vierzehn Jahren finden sich nach Klassen getrennt, aber geschlechtlich durchmischt zu Cliquen zusammen und entdecken die soziale Welt über die Erkundung (städtischer) Räume (Behnken/Zinnecker 1987). Der Begriff „Straße" umfasst also nicht nur die konkrete Verkehrsstraße, sondern auch öffentliche Gebäude, angrenzende Parks und Plätze etc. Die Straße wird zu einem Lernort (Zinnecker 1979). Der öffentliche Raum, in dem Kinder sich spielend bewegen, ist der Ort, so Jürgen Zinnecker, an dem sie gesellschaftliche Prozesse studieren können. Über die Straße erhalten sie die Chance, sich selbst in die Gesellschaft einzusozialisieren, indem sie deren Regeln und Normen, ihre Strukturen und Gepflogenheit beobachten und austesten. Sie üben die Erwachsenenanforderungen der KäuferInnen, KonsumentInnen oder VerkehrsteilnehmerInnen ein. So entstehen *Kinderöffentlichkeiten* ohne Erwachsene.

<aside>Straßenkindheit</aside>

<aside>Kinderöffentlichkeiten</aside>

Die Erwachsenen tauchen zwar als *Raumwärter* mit verschiedenen Interessen auf, die Kinder können sich jedoch kollektiv mit diesen Erwachseneninteressen am Raum auseinandersetzen (Harms/Preissing 1988; Negt 1983; Ahrend 2002). Insofern ist eine Straßensozialisation explizit auch eine politische Sozialisation (Nissen 1998). Von einer Straßenkindheit kann für Kinder aus der Arbeiterklasse und dem Kleinbürgertum – nach den Zerstörungen des 2. Weltkriegs für alle Kinder – bis in die 1960er Jahre hinein die Rede sein.

Kinder, die wesentliche Anteile des Tages im Straßenraum leben, so findet 1934 Marta Muchow in einer Studie zur kindlichen Raumaneignung heraus, entdecken Raum ringförmig um den Wohnbezirk (Muchow/Muchow 1935, vgl. das Modell von Burgess im vorhergehenden Abschnitt). In den 1960er Jahren kommt Elisabeth Pfeil zu dem gleichen Ergebnis einer allmählichen Ausdehnung des Aktionsraums in konzentrischen Kreisen (Pfeil 1965). Auch sozialökologische Ansätze, die u.a. aus dem geistigen Umfeld der Chicagoer Schule entstehen und Sozialisation als Prozess des Aufwachsens in aktiver Auseinandersetzung mit der stofflich-dinglichen und der sozialen Umwelt verstehen, gehen von einer kontinuierlichen Expansion des kindlichen Erfahrungs- und Vorstellungsbereichs aus (Bronfenbrenner 1981; Baacke 1993[2]). Uri Bronfenbrenner zum Beispiel vertritt die Annahme, dass Kinder kontinuierlich ihre Erfahrungen in verschiedenen Räumen bzw. vermittelte Erfahrungen zu einem Gesamtraum verknüpfen. Die Entwicklung verlaufe von der Mikro- zur Meso- über die Exo- zur Makroebene. Dieter Baackes Ansatz der „Lebensweltanalyse" lehnt sich an Bronfenbrenner an und unterscheidet ebenfalls vier expandierende Zonen, die Kinder und Jugendliche in kontinuierlicher Reihenfolge durchlaufen. Auf diese Weise entsteht auch im alltäglichen Handeln der Eindruck eines einheitlich größer werdenden Raumes.

<aside>Aktionsräume</aside>

Während in den zwanziger Jahren des letzten Jahrhunderts und in der Wiederaufbauphase nach dem zweiten Weltkrieg eine starke Bindung der Menschen zu einzelnen Stadtteilen oder Orten existiert, die sich zum Beispiel darin ausdrückt, dass sich Kinder einer Straße zu „unserer Straße" zusammenschließen und sich gegen Kinder anderer Straßen abgrenzen (Pfeil 1965), setzt sich in den sechziger und frühen siebziger Jahren eine funktionale Raumorganisation durch. Damit entstehen neue Bedingungen der räumlichen Sozialisation.

Funktionale Raumorganisation

Die Organisation des Nebeneinanders ändert sich in den 1970er Jahren in vielen Details. Die Straßen werden dem Autoverkehr vorbehalten. Man kauft in Supermärkten am Ortsrand und nicht in „Tante-Emma-Läden". Aus Schulen werden Schulzentren; Freiflächen werden funktionsgebundene Parkplätze, Spielplätze etc. Monofunktionale Wohnsiedlungen entstehen, in die vor allem junge Familien mit kleinen Kindern ziehen. Von allen Großstadtkindern leben 1972 vier Fünftel in den Außenbezirken der jeweiligen Stadt (Zeiher/Zeiher 1994).

Parallel zu der Unterbringung von Kindern in den anregungsarmen, monofunktionalen Wohngebieten entsteht ein spezialisiertes Angebot für Kinder: Getrennte Spielplätze für jüngere und ältere Kinder, Bolzplätze und Waldspielplätze für Jungen und einige „wilde" Mädchen, Jugendzentren etc. Fragen der Bildung und Erziehung werden zu einem wichtigen gesellschaftlichen Thema, in dessen Mittelpunkt immer auch die Frage nach Umsetzungsmöglichkeiten des Chancengleichheitspostulats steht. Die gezielte Förderung möglichst unterschiedlicher kindlicher Fähigkeiten wird zu einem wesentlichen pädagogischen Ziel (vgl. Kapitel 7.1). Das Besuchen spezieller Kurse im Jugendzentrum, in der Musikschule, im Sportverein oder in der Volkshochschule wird zum normalen Alltag vieler Kinder.

Die räumliche Vergesellschaftung ändert sich nun dahingehend, dass Kinder Raum nicht als etwas sie einheitlich Umgebendes kennen lernen, den sie mit zunehmendem Alter mehr und mehr entdecken, sondern dass Kinder einzelne Räume kennen, die wie Inseln über die Stadt verteilt liegen und die nur durch die eigene biographische Erfahrung einen Zusammenhang erfahren. Es entsteht ein neuer Vergesellschaftungstypus, der als *verinselte Vergesellschaftung* bezeichnet wird.

Verinselte Vergesellschaftung

Lernorte

Helga Zeiher und Hartmut J. Zeiher zeigen auf der Basis vergleichender Fallstudien mit Kindern verschiedener Stadtviertel, dass Raum derzeit von Kindern erfahren wird als „aus einzelnen separaten Stücken (bestehend, M.L.), die wie Inseln in einem größer gewordenen Gesamtraum verstreut sind, der als ganzer bedeutungslos und weitgehend unbekannt bleibt" (Zeiher/Zeiher 1994, S. 27). Helga und Hartmut J. Zeiher können in ihrer Untersuchung zu Orten und Zeiten der Kinder überzeugend darlegen, dass Kinder heute in funktionsgebundenen, über die Stadt verteilten Kinderorten aufwachsen. Eltern transportieren die Kinder von einer Insel zur anderen. Zwischen diesen Orten dürfen sie auswählen, das Wohnumfeld jedoch bleibt vielen Kindern fremd. Erst im Alter von neun oder zehn Jahren beginnen sie, eigenständig ihre Orte aufzusuchen und ihre Umgebung zu erkunden (Ahrend 1997; Deinet 2005). Die Straße als „Lernort" verliert damit an Bedeutung (sie ist jedoch gerade für proletarische Jungen, auch für junge Männer aus verschiedenen anderen Kulturen nicht bedeutungslos). Dies trifft in besonderem Maße auf Kinder aus ländlichen Gebieten und weiblichen Geschlechts zu (Nissen 1992; May 2011). Ebenfalls geschlechtsspezifisch different ist die Menge der Institutionen, die aufgesucht werden. Jungen suchen mehrmals in der Woche immer wieder den gleichen institutionalisierten Freizeitort, meistens den Sportverein, auf, wohingegen Mädchen unterschiedliche Angebote in Anspruch nehmen und sich folglich immer wieder auf neue soziale Situationen einstellen müssen (Nissen 1998, S. 186). Durch Urlaubsreisen und Besuche bei Verwandten und Bekannten, insbesondere dann, wenn diese Reisen mit Flugzeugen unternommen werden, verstärkt sich dieser Prozess für beide Geschlechter. Die soziologische Analyse der Raumkonstitution in der Kindheit kann nicht mehr, das ist eine der wesentlichen Erkenntnisse, in Kategorien von starren Hintergrundräumen analysiert werden. Raum selbst rückt ein in den Handlungsprozess (Deinet/Reutlinger 2005).

Eine andere soziale Entwicklung, die ebenfalls die städtische „Straßenkindheit" abgelöst hat, wird als *Verhäuslichung* bezeichnet (Zinnecker 1990b). Mit den Bildungsreformbemühungen der 1960er Jahre (vgl. dazu Kapitel 2.2 und 4.2.1 dieses Buches) ändern sich nicht nur die Bildungsinstitutionen, sondern das gesellschaftliche Interesse an Kindern allgemein wächst. Der prognostizierte Bildungsbedarf und das Chancengleichheitspostulat bringen die Aufgabe mit sich, Kindern eine umfassende Bildung zukommen zu lassen. Dies betrifft auch außerschulische Aktivitäten der Kinder. So entstehen zunehmend Sportplätze, Kindergärten, Spielplätze, Bolzplätze, Freizeithäuser (Zeiher/Zeiher 1994, S. 21). Diese spezialisierten Orte, die die verinselte Vergesellschaftung ermöglichen, lösen gleichzeitig eine Phase der Verhäuslichung aus. Waren es bis dato nur die bürgerlichen Kinder, die sich zunehmend in geschlossenen, geschützten Räumen aufhalten, so wird die pädagogische Betreuung in spezialisierter und separierter Form zur gesellschaftlichen Normalität.

Verhäuslichung

Soziale Herkunft	Zeitraum		
	1800	1900	1990
Bürgerliche Familie	Verhäusl. Kindheit	Verhäusl. Kindheit	Verhäusl. Kindheit
Kleinbürgerl. Familie	Straßen-kindheit	Mischform Straße/Haus	Verhäusl. Kindheit
Arbeiterfamilie (Städt. Unterschichten)	Straßen-kindheit Arbeits-kindheit	Straßen-kindheit	Verhäusl. Kindheit

(Quelle: Zinnecker 1995, S. 48)

Zinnecker (1990b, S. 156f.) zufolge entstehen dadurch einerseits eine Trennung von fein- und grobmotorischen Tätigkeiten, verlängerte, abstrakte Handlungsketten in städtischen Gebieten sowie viel wache Zeit in abgeschlossenen Räumen (auch Fahrzeuge), andererseits aber auch eine relative Autonomie gegenüber

Umwelteinflüssen, eine Intensivierung des Einzelspiels und mediatisierte Kompetenzen. Die Funktionalisierung der öffentlichen Räume für Verkehr und Warentausch lässt die Straße zu einem gefährlichen Ort für Kinder werden.

Mobilitätsstrategien Christine Ahrend (2002) stellt in einer empirischen Untersuchung fest, dass diese Entwicklungen von den Kindern biographisch different verarbeitet werden. Die *Mobilitätsstrategien*, welche sie entwickeln, unterscheiden sich darin, ob sie die Vorherrschaft des motorisierten Verkehrs erkennen und experimentell eigene Orte entdecken (experimentelle Mobilitätsstrategie), ob sie ihre Bewegungsbedürfnisse an kurzzeitig besuchte spezielle Orte wie zum Beispiel Ferienorte verschieben (verlagerte Mobilitätsstrategie) oder ob sie die Verhäuslichung akzeptieren und auf Bewegung weitgehend verzichten (rudimentäre Mobilitätsstrategie). In der Forschungslandschaft gibt es eine Reihe von Forschungsergebnissen, die die Annahme nahe legen, dass ein expansives Bewegungsverhalten im öffentlichen Raum eher von Jungen ausgeübt wird als von Mädchen sowie dass sich die Muster der Raumkonstitution heute geschlechtsspezifisch unterscheiden (Ruhne 2003).

8.2.1 Geschlechtsspezifische Aspekte der Raumkonstitution

Mädchenschulhof — Ein Schulzentrum im Hamburger Stadtteil Dulsberg gibt Mädchen in der Pause jungenfrei. Ein zweiter Schulhof, eine so genannte Mädchenarena, 3500 qm groß, mit Rasenstufen, einer Wiese, Bäumen und Sportfeldern ermöglicht den Mädchen, sich in Pausen auszutoben. Dulsberg ist eine Ausnahme unter den großstädtischen Schulhöfen, welche häufig von Jungen dominierten Asphaltwüsten gleichen (vgl. Pfister 1993). Das Konzept des Hamburger Mädchenschulhofs, auf dem Jungen auch spielen dürfen, so lange sie sich den Spielstilen der Mädchen anpassen, ist ein Versuch, das expansive Raumverhalten der Jungen zu bremsen, das defensive Verhalten der Mädchen jedoch zu mehr Aktivität zu führen (siehe umfassend zur Schularchitektur Böhme 2009).

Es ist ein bekanntes Phänomen: Jungen dominieren den Schulhof, rennen wilder durch die Schulkorridore und nutzen mehr Platz im Klassenzimmer. Mit dem Körper breiten sie sich mehr aus und lassen den Mädchen neben ihnen weniger Platz bzw. umgekehrt, die Mädchen begeben sich eher in Nischen, laufen langsamer und lassen sich den Platz wegnehmen. Selbstverständlich gibt es Ausnahmen, so genannte wilde Mädchen, die bezeichnender Weise häufig als „halbe Jungen" tituliert werden und schüchterne Jungen, die jedoch nicht als „halbe Mädchen" bezeichnet werden (Klingt „halber Junge" nicht wie eine Aufwertung und „halbes Mädchen" wie eine Abwertung?). Empirisch auffällig sind die platzergreifenderen, aggressiveren Jungen und die braveren, defensiveren Mädchen. Jungen, so bringt es die britische Schulforscherin Tuula Gordon auf den Punkt, versuchen den Erwartungen der Erwachsenengesellschaft an Körperkontrolle zum Beispiel in Form des ruhigen Sitzens auf Schulstühlen durch Bewegung

Phantasiewelten — einzelner Körperteile zu entkommen, Mädchen, indem sie Phantasiewelten aufsuchen (vgl. Gordon 1996, S. 42; Sobiech 2013).

Tatsächlich zeigen Studien über die Aufteilung öffentlicher Plätze, dass für Freizeitgestaltungen, die sich mehrheitlich mit den Interessen von Jungen decken, mehr großflächige, öffentliche Freizeitorte wie zum Beispiel Fußballfelder oder Spielplätze zur Verfügung stehen und für Interessenbereiche von Mädchen wie beispielsweise Rollschuhfahren oder Reiten kaum städtische Orte zur Verfügung gestellt werden (Massey 1994, S. 185). Abenteuerspielplätze, die handwerkliche Fähigkeiten und körperliche Risikobereitschaft schulen sollen, sind ebenfalls an Jungeninteressen orientiert (Flade 1993). Während Jungen zu wenig lernen, sich vor Verletzungen zu schützen und auf den eigenen Körper zu achten, lernen Mädchen, dass ihr Körper permanent potentiell bedroht ist. Aus Angst vor gewaltsamen Übergriffen werden Mädchen häufiger von den Eltern zum Freizeitort begleitet (Nissen 1998); gehen sie allein, dann verweilen sie seltener unterwegs, sondern bewegen sich ziel- und zweckorientiert (Spitthöver 1989). Gabriele Geiger sieht daher auch die Ursachen der Angst von Frauen in öffentlichen Räumen in den „Erziehungspraktiken, nach denen kleine Mädchen immer noch vor dem ‚bösen Onkel‘ gewarnt werden und der ihnen zugestandene Raum grundsätzlich enger bemessen, verregelter und stärker kontrolliert ist als der von Knaben" (Geiger 1989, S. 397; vgl. auch Ruhne 2003).

Während Imke Behnken und Jürgen Zinnecker bis 1920 noch eine Straßenkultur beobachten, in der Mädchen und Jungen gemeinsam agieren, findet Martha Muchow heraus, dass Mädchen selten nur herumtreiben und spielen, sondern sich zweckgerichtet zum Einkaufen, Aufträge erledigen und Geschwister-Beaufsichtigen im öffentlichen Raum aufhalten. Helmut Becker und Michael May (1987) schildern die kulturellen Praktiken von „Arbeiterjugendlichen", sich auf öffentlichen Plätzen und an Straßenecken zu treffen. Es werden dort Informationen ausgetauscht, Witze gemacht und Episoden berichtet. Sie bieten Möglichkeiten des Erfahrungsaustausches und der Informationsweitergabe, also Bildungsräume, wie sie die Schule nur am Rande ermöglicht. Wenn Becker/May die Rituale schildern, mit denen sich die Jugendlichen zum Beispiel begrüßen – „einen Schlag mit der flachen Hand auf den Rücken oder einen mittelschweren Faustschlag auf den Oberarm" – und diese als „maskuline Elemente von Kraft und Mut" (Becker/May 1987, S. 41) interpretieren, wird deutlich, dass es sich nicht nur um eine proletarische, sondern auch um eine männliche Kultur handelt (siehe auch Meuser 2010).

Eine groß angelegte Studie des Deutschen Jugendinstituts München (1992) zeigt, dass in jeder Region und jeder Schicht der untersuchten Altersgruppe, nämlich 8- bis 12jährige Jugendliche, sich die Jungen mehr auf der Straße und öffentlichen Plätzen aufhalten als Mädchen (Deutsches Jugendinstitut 1992, insbesondere Nissen 1992). Dieses Ergebnis bestätigt auch Heinz-Hermann Krüger (1996) in einer empirischen Untersuchung, in der das Aufwachsen in Ost- und Westdeutschland verglichen wird. Die Studie des Münchner Jugendinstituts verdeutlicht aber auch, dass Kinder und Jugendliche in der Stadt eine schichtspezifische Straßennutzung aufweisen. Demzufolge halten sich Arbeiterkinder und -jugendliche mehr als Kinder anderer Schichten im Straßenraum auf (Nissen 1992; vgl. Herlyn 1990; Germes/Tijé-Dra 2012).

Zusammenfassend bedeutet dies: Über Sozialisationsprozesse lernen die Mehrzahl der Mädchen ein sich reduzierendes räumliches Handeln, Jungen ein expandierendes. Diese Prozesse werden in der Sportsozialisation von Mädchen und Jungen verstärkt (vgl. Kröner/Pfister 1992; Rose 1992a/b; Pfister/Valentin 1993; Löw 1994; Nissen 1998). Jungen pflegen in der Freizeit prinzipiell mehr Hobbies, die auf sportlichen Aktivitäten basieren, wohingegen Mädchen mehr künstlerisch-ästhetische und kulturelle Aktivitäten aufweisen. In den Sportarten, die Mädchen wählen, überwiegen nach wie vor solche, die standortgebunden sind und in denen die ästhetische Modellierung des eigenen Körpers im Vordergrund steht und nicht ein expansives Handeln. Auf die Widersprüche, in die sich Mädchen begeben, wenn sie dennoch als männlich assoziierte Sportarten über die Pubertät hinaus betreiben, hat Palzkill (1990) ausführlich hingewiesen. Sie verweigern die als raumreduziert verstandene Weiblichkeit zum Beispiel durch eine erst sehr spät einsetzende Menstruation.

9. Migration im Kontext von Bildung und Erziehung

9.1 Definition Migration

Eng mit der räumlichen Dimension von Bildung, wie sie im Kapitel zuvor erläutert wurde, sind Migrationsprozesse verknüpft. Menschen verlassen Orte, an denen sie zuvor waren, und suchen neue Orte auf. Bisweilen kehren sie zurück oder machen sich wieder zu weiteren anderen Orten auf. So betrachtet, erscheinen Wanderungen eine Trivialität zu sein. Sie gehören offenbar zum Menschsein dazu. Klaus Bade (1994) spricht daher im Zusammenhang mit Migration vom *homo sapiens* als einem *homo migrans*. Zivilisationsgeschichtlich lässt sich dabei etwa an Zeiten eines weit verbreiteten Nomadentums noch vor der Sesshaftigkeit oder an mittelalterliche europäische Völkerwanderungen denken. Stephen Castles und Mark J. Miller (2009) sprechen hingegen davon, wir befänden uns durch die Zunahme gesellschaftlicher Mobilität erst derzeit im Zeitalter der Migration. Zu den sozialen Tätigkeiten des Menschen gehört es augenscheinlich bis heute dazu, durch den Raum zu wandern (lat. *migrare*) und dabei Orte zu wechseln. Die objektiven Ursachen dafür können, wie die subjektiven Gründe auch, äußerst vielfältig und historisch völlig verschieden sein. Flucht, Verfolgung oder Vertreibung aus Herkunftskontexten lassen sich etwa davon unterscheiden, in Zielkontexten Arbeit zu suchen oder Bildungsabschlüsse anzustreben. Von Migrationsprozessen sind sowohl Migrierende als auch nicht Migrierende betroffen. [Migration und Raum]

Mit Räumen sind stets gesellschaftliche Ordnungen und Ordnungsweisen verbunden (vgl. Kapitel 8.1). Prominent, um Migrationen in zunächst ganz allgemeiner Weise zu differenzieren, ist daher die nationalgesellschaftlich bedeutsame räumliche Ordnung von Grenzen, die zwischen Innen und Außen eines Landes oder zwischen Staaten gezogen werden. Deshalb wird auch in der Migrationssoziologie (vgl. etwa Han 2010) binnenstaatliche Migration – ob jemand beispielsweise in Deutschland von Freiburg nach Berlin geht – und nationalstaatliche Grenzen überschreitende Migration – ob jemand von Paris nach Rom zieht – unterschieden. Doch nicht alle, die zum Beispiel Freund und Freundin in anderen Städten besuchen und dabei innerhalb eines Landes den Ort wechseln oder auf ihrem Wege Landesgrenzen überschreiten, sind auch Migranten bzw. Migrantinnen. Dies trifft ebenso nicht auf Reisende und Touristen zu, die auf dem Weg zum Ziel etwa mit dem Flugzeug viele solcher Ländergrenzen überqueren. [Ordnungen und Ordnungsweisen]

Um von Migration zu sprechen, muss also eine irgendwie geartete relative Dauerhaftigkeit, folglich eine zeitliche Dimension, hinzukommen. Denn beispielsweise wird niemand, der für einen Nachmittag zum Einkaufen oder übers Wo- [Migration und Zeit] chenende zum Surfen aus einer Ruhrgebietsstadt in die benachbarten Niederlande fährt, in sozialwissenschaftlich ernst zu nehmender Weise für einen Migranten oder eine Migrantin gehalten. Wer sind also Migrierende? Mit Blick auf internationale Migration, also auf nationalstaatliche Grenzen überschreitende Wanderung, definieren etwa die UN (United Nations), ein „Migrant" sei „jemand, der für ein Jahr oder länger außerhalb seines Landes lebt" (Koser 2011, S. 29). In der Sozialberichterstattung lässt sich auch die Erklärung finden, von Migration werde dann gesprochen, wenn eine Person ihren Lebensmittelpunkt verlege (vgl. Migrationsbericht 2011, S.12). Folglich muss es sich auch um eine zeitliche Dauer von subjektiv relevanter Bedeutung für die Migrierenden handeln.

Definitionsprobleme Doch so einfach und einleuchtend solche Definitionen uns entweder alltagsweltlich oder in wissenschaftlicher Praxis erscheinen mögen, sie reduzieren oftmals die komplexe Migrationswirklichkeit und die individuellen Biographien Migrierender. Da aber sozialwissenschaftliches Arbeiten und damit auch die Soziologie von Bildung und Erziehung auf Definitionen angewiesen sind, um die soziale Welt erfassen zu können, gibt es immer wieder ganz unterschiedliche Versuche, Migration zu definieren. Solche Definitionen haben ihre jeweiligen Stärken und Schwächen. Sie zeigen zumeist das Phänomen nur in einem bestimmten Ausschnitt, während andere Aspekte dadurch notwendigerweise vernachlässigt werden. Festzuhalten gilt daher, Definitionen genau auf ihre Reichweite zu untersuchen, will man sie sinnvoll gebrauchen. Sie zeichnen sich zudem durch ihre jeweilige Nähe oder Ferne zum Gegenstand bzw. ihre spezifische Konstruktion des Gegenstandes aus – je nachdem, auf welcher wissenschaftstheoretischen Grundlage die Definierenden ihren Gegenstand zu bestimmen suchen.

Migrationstypologie Ein denkbarer Weg, Migration möglichst unverkürzt und gegenstandsnah zu bestimmen, liegt beispielsweise darin, unterschiedliche Migrantengruppen und ihre jeweils verschiedenen Weisen, zu migrieren, typenhaft zusammenzufassen und so tendenziell voneinander abzugrenzen. Eine solche Migrationstypologie hat etwa Ludger Pries (vgl. Pries 2010, Gogolin/Pries 2004) für internationale Migrationen unternommen. Er unterscheidet dabei vier große Gruppen. Die erste Gruppe umfasse solche Migrationen, die dem Typ Emi- bzw. Immigration folgen, die zweite Rückkehrmigrationen, die Dritte beinhalte Diaspora- und die vierte schließlich Transmigrationen. Zum ersten Typus gehörten Migrierende, die dauerhaft einen nationalgesellschaftlichen Kontext verließen, um sich im Zielkontext nieder zu lassen. Zwar würden mitunter noch soziale Bezüge zum Herkunftskontext gepflegt, doch begriffen sich die Akteure in Bezug auf den Zielkontext wesentlich als Eingewanderte. Beispiele eines solchen Migrationstyps ließen sich etwa in der europäischen Auswanderung der vorletzten Jahrhundertwende in die USA finden. Klassisch für den Typ Rückkehrmigration sei beispielsweise die sogenannte Gastarbeitermigration, wie sie durch bilaterale Anwerbung von Arbeitskräften nach dem zweiten Weltkrieg in Folge des von den Westalliierten politisch gewollten wirtschaftlichen Aufschwungs in der damaligen BRD entstanden war. Dass daraus faktisch oftmals Einwanderungen wurden, verdeutlicht den analytischen und idealtypischen Charakter der Typologie. Zur Diasporamigration gehörten nicht selten aus Flucht- oder Vertreibungsgründen

140

Migrierende, die einen starken Bezug zu historischen, politischen oder religiösen Kontexten einer Organisation oder eines Landes hätten, in das sie entweder als gelobtes Land oder nach Eintreten einer besseren politischen Lage zurückzukehren gedenken. Von all diesen sei der Typ Transmigration vor allem deshalb zu unterscheiden, weil in seinem Fall der Migrationsprozess auf Dauer gestellt werde und dadurch neue soziale Verflechtungen entstehen, die quer zu nationalgesellschaftlichen Kontexten in transnationalen Netzwerken liegen. Ein Transmigrierender orientiere sich dabei nicht nur sowohl am gesellschaftlichen Herkunfts- als auch am Zielkontext der Migration, sondern schaffe darüber hinaus soziale Verflechtungszusammenhänge, die eine eigene gesellschaftliche Ordnung oberhalb nationalgesellschaftlicher Ordnungen schafften (Pries 2010).

9.2 Bildung und Erziehung

Im Kontext von Bildung und Erziehung ist das Thema Migration vor allem in der letzten Dekade in Publikationen und Diskussionen der Ergebnisse aus den nationalen und internationalen Schülerkompetenztests (PISA, IGLU, TIMMS etc.) sowie durch die diversen Bildungsberichterstattungen, die von den Ministerien oder etwa von der OECD verfasst wurden, prominent vertreten. 2006 gab es zuletzt einen nationalen Bildungsbericht, der sich im Schwerpunkt mit dem Thema Migration befasste (Konsortium Bildungsberichterstattung). Seitdem bildet es ein Querschnittsthema. Deutschland gilt einwanderungspolitisch als ein Land in Europa, in dem die sogenannte Integration von Kindern und Jugendlichen mit Migrationshintergrund ins Bildungssystem und darüber vermittelt auch in die Gesellschaft bislang nur mangelhaft bis ungenügend gelingt (OECD-Bildungsbericht 2012). Dieser Befund ist immer wieder Gegenstand heftig geführter öffentlicher und wissenschaftlicher Debatten – nicht zuletzt über den Integrationsbegriff (vgl. Kap. 9.3), der oftmals im Zusammenhang mit demographischen Prognosen und hinsichtlich wirtschaftlicher Gesichtspunkte diskutiert wird.

Im Folgenden soll Migration im Kontext von Bildung und Erziehung anhand der empirischen Datenlage erläutert werden. Das Bildungs- und Erziehungssystem in Deutschland wird dabei ebenso auf einer Makro-, wie auch auf der Mesoebene von Institutionen thematisiert. Zudem wird die Mikroebene einzelner gesellschaftlicher Praxen sowie der Akteure beleuchtet. Ein Schwerpunkt liegt auf der nationalgesellschaftlichen Perspektive. Zur Bildungssituation können hier, bedingt durch den einführenden Charakter, nur Schlaglichter geworfen und Tendenzen von Entwicklungen beschrieben werden.

9.2.1 Zu Bildungssituation und Bildungsbenachteiligung von Kindern und Jugendlichen mit Migrationshintergrund

Eine soziologische und damit auch empirische Darstellung der Bildungssituation und Bildungsbenachteiligung von Kindern und Jugendlichen mit Migrationshintergrund in Deutschland muss unweigerlich mit einer Vorbemerkung zur uneinheitlichen Erhebungs- und Datenlage beginnen (vgl. Geißler/Weber-Menges 2008). Denn je nachdem, wer aufgrund welcher Kriterien zu welcher Gruppe hinzugezählt wird, lässt sich eine unterschiedliche Populationsgröße ausmachen. Wichtig ist es folglich, bei der Lektüre wissenschaftlicher Texte jeweils auch die Weise mit zu reflektieren, aufgrund welcher Zählweise welche Aussagen getroffen wurden. Dies gilt selbstredend auch für die folgenden Informationen.

Datenlage

Es beginnt bereits mit der statistischen Erfassung, wer überhaupt zur Gruppe der Menschen mit Migrationshintergrund hinzugezählt werden kann. Bezieht man sich dabei auf die Indikatoren des Statistischen Bundesamtes lässt sich seit 2005, nachdem im Mikrozensus zuvor nur in AusländerInnen und InländerInnen zur Beschreibung der Bevölkerung Deutschlands unterschieden worden war, folgende Bestimmung finden:

Migrationshintergrund

> Zur „Bevölkerung mit Migrationshintergrund zählen alle, die entweder selbst oder deren Eltern beziehungsweise Großeltern nach Deutschland zugewandert sind. Zu ihnen gehören u. a. Ausländerinnen und Ausländer, Spätaussiedler, und die Eingebürgerten" (vgl. www.destatis.de).

Mit der Umstellung auf die Kategorie „Bevölkerung mit Migrationshintergrund" ist die Idee verbunden, eine Gruppe innerhalb der Gesamtbevölkerung besser beschreiben zu können, die sich zuvor überhaupt nicht bzw. nur unzureichend über den Indikator der Staatsangehörigkeit statistisch identifizieren ließ. Im Falle von Eingebürgerten wurde dies nicht nur nach der Änderung des Staatsbürgerschaftsrechts im Jahr 2000 aufgrund des dadurch möglichen Optionsrechtes virulent, sondern seitdem ist es ebenso möglich, auch Spätaussiedler differenziert aufzuführen. Ausländerinnen und Ausländer lassen sich nochmal nach den nationalen Herkunftskontexten unterscheiden. Auch kann die Unterscheidung getroffen werden, ob es sich bei den Gewanderten um die sogenannte 1. Generation, also diejenigen, die selbst migriert sind, oder um die 2. bzw. 3. Generation, die keine eigenen Migrationserfahrungen gemacht haben, handelt.

Staatsbürgerschaft

Überhaupt nicht erfasst sind in der amtlichen Statistik damit die sogenannten „Papierlosen", also all diejenigen, die zwar in Deutschland leben, aber nirgends behördlich gemeldet und in diesem Sinne undokumentiert sind. Ihre Populationsgröße ist im Kontext irregulärer Migration nur zu schätzen. Vogel/Aßner (2011) berechnen die Zahl der in Deutschland Lebenden auf 100- bis 400tausend für das Jahr 2010. Der Begriff der „Illegalen Migranten" ist für diese Gruppe von Menschen umstritten, weil er bereits auf der Ebene der Beschreibung die so Beschriebenen kriminalisiere und dadurch den irreführenden Eindruck evoziere, sie migrierten mit der Absicht, geltende Gesetze brechen zu wollen (vgl. Migrationsbericht 2011, S. 196).

Papierlose

Im Rahmen der nationalen Bildungsbeteiligung von Migranten und Migrantinnen ist nicht nur hervorzuheben, dass im Jahre 2010 etwa 19% der Bevölkerung in Deutschland insgesamt einen Migrationshintergrund im oben genannten Sinne hatten, sondern dass der Anteil jüngerer Menschen mit Migrationshintergrund zunimmt. Liegt er bei den 24-Jährigen bei 23%, beträgt er bei den unter 1-Jährigen bereits 35% (Bildungsbericht 2012, S. 17). PISA 2009 hat eine Quote

Bildungsbeteiligung

von 26% der 15-Jährigen Schülerinnen und Schüler ermittelt (vgl. Stanat u.a. 2010). Diese Befunde sind äußerst folgenreich und betreffen alle Bildungs- und Erziehungsinstitutionen von den frühkindlichen Bildungs-, Betreuungs- und Erziehungsangeboten an über die Schulen im Primar- und Sekundarbereich bis hin zu den Ausbildungsinstitutionen, Fachhochschulen und Universitäten, denn diese demographische Entwicklung bedeutet zunehmend auch eine deutliche Veränderung in der Sozialstruktur. Die Autoren des Bildungsberichtes gehen zudem davon aus, dass der Anteil von aktuell 45% Ausländerinnen und Ausländern an der Gruppe von Menschen mit Migrationshintergrund sich aufgrund des staatsbürgerschaftlichen Optionsrechtes (s.o.) in Zukunft zunehmend verringern wird.

Dem hohen Anteil von derzeit ca. einem Viertel der Schülerinnen und Schüler mit Migrationshintergrund stehen erhebliche Bildungsdisparitäten gegenüber. Die Bildungsbeteiligung von Migrantenkindern ist gegenüber Nichtmigrantenkindern überwiegend als disproportional einzuschätzen, wobei die „Schülerschaft mit Migrationshintergrund in deutschen Schulen (...) zunehmend in Deutschland geboren und aufgewachsen" ist (Stanat, u.a. 2010, S. 225). Rocio Ramírez-Rodríguez und Dieter Dohmen können bereits Disparitäten in der frühkindlichen Partizipation an den Angeboten des Elementarbereichs zeigen (2010, S. 292). Insgesamt komme es laut Michael Matzner allerdings „zu einer wachsenden Annäherung zwischen Kindern mit und ohne Migrationshintergrund" (2012, S. 90) in den Besuchsquoten, wobei diese Einschätzung auf einem Vergleich zwischen Kindern mit und ohne deutsche Staatsangehörigkeit basiert (vgl. Bildungsbericht 2006, S. 150). *Bildungsdisparitäten*

Bildungsdisparitäten sind ebenfalls in der Primarstufe zu beobachten. Ausländische Kinder werden doppelt so häufig wie inländische bei der Einschulung zurückgestellt (Geißler/Weber-Menges 2008, S. 15) bzw. werden überhaupt erst zu einem späteren Zeitpunkt eingeschult. Zudem ist die Wahrscheinlichkeit, dass Migrantenkinder gegenüber Nichtmigrierten eine Klasse in der Grundschule wiederholen müssen, viermal höher (Krohne/Meier 2004).

Auch nach der ersten struktursystematischen Selektionshürde des Bildungsübergangs (vgl. ges. dazu: Kristen 2002) in die weiterführenden Schulen zeigen sich klare Unterschiede. So besuchen Jugendliche mit Migrationshintergrund deutlich seltener das Gymnasium und umso häufiger eine Hauptschule (vgl. Kap. 4.2.2). Sie werden häufiger auf eine SOLB, bzw. Förderschule überwiesen (vgl. Bildungsbericht 2006, S. 152). Ebenso betreffen sie mehr Abschulungen – also der Wechsel von einer höher zu einer geringer qualifizierenden Schule – und umgekehrt korrigieren sie „Übergangsentscheidungen von der Grundschule zur Hauptschule später seltener durch Aufstiege" als ihre Altersgenossen ohne Migrationshintergrund (Ramirez-Rodriguez/Dohmen 2010, S. 295). Zudem verlassen sie die Schule häufiger ohne Abschluss. In der Sekundarstufe II sind Jugendliche mit Migrationshintergrund folglich im Vergleich unterrepräsentiert und auch ihre Ausbildungsbeteiligung fällt wesentlich geringer aus. Überproportional hoch sind sie wiederum in Berufsvorbereitungs- und –fördermaßnahmen vertreten (vgl. ebd. S. 307).

In Bezug auf Leistungsunterschiede zwischen den Kindern und Jugendlichen mit und ohne Migrationshintergrund lassen sich folgende Ergebnisse festhalten: *Leistungsunterschiede*

143

Anhand der Verteilung von Schulnoten konnte Cornelia Kristen (2008) zeigen, dass Migrantenkinder schlechter in den Fächern Deutsch und Mathematik abschneiden, wobei sie tendenziell in Mathematik bessere Noten erhalten als in Deutsch. Die Kompetenzmessungen der PISA-Studien zeigen laut Petra Stanat u.a., dass „auch in PISA 2009 die mit einem Migrationshintergrund verbundenen Disparitäten weiterhin groß sind" (2010, S. 227). Im Vergleich zur Erhebungswelle von 2000 sei jedoch deren Lesekompetenz gestiegen.

Die Gruppe der Kinder und Jugendlichen mit Migrationshintergrund ist keine homogene sondern eine äußerst heterogene Gruppe. Auch dies ist hinsichtlich ihrer Bildungssituation zu berücksichtigen. Oftmals werden sie in repräsentativen Studien – soweit dies die Datenlage zulässt (vgl. Diefenbach 2010) – nach ethnischen Herkunftskontexten (vgl. Ethnizität Kap. 4.1.3) differenziert, doch können ebenso relevante Unterschiede hinsichtlich ihres aufenthaltsrechtlichen Status, der Familienkonstellationen und des sozioökonomischen Hintergrunds beobachtet werden. Auch sind die individuellen Migrationsverläufe und Absichten, die mit einem Migrationsprojekt verknüpft waren oder sind, vielgestaltig und unterliegen einem Wandel. Die Heterogenität der Gruppe mit Migrationshintergrund zeigt sich jedoch auch in der unterschiedlichen Bildungsbeteiligung und Kompetenzentwicklung. So fassen Ramírez-Rodríguez/Dohmen die Ergebnisse des Bildungsberichtes (2006) in folgenden Relationen zusammen:

Ethnische Unterschiede

„Die Gruppe der Ausländer/innen verfügt tendenziell über das niedrigste, die (Spät-)Aussiedler/innen und die Eingebürgerten – mit einer gewissen internen Differenz – über ein mittleres und die der ‚sonstigen Deutschen mit Migrationshintergrund' über das relativ höchste Bildungsniveau" (a.a.O. 2010, S. 297).

Sie weisen zudem unter der Voraussetzung, die Gruppe der Ausländer und Ausländerinnen und Eingebürgerten weiter hinsichtlich der Herkunftsländer zu differenzieren, daraufhin, dass „Migrant/innen aus den Anwerbestaaten über das niedrigste Qualifikationsniveau verfügen" (ebd.). Zu den Anwerbestaaten gehörten 1955 Italien und folgend Spanien (1960), Griechenland (1960), Türkei (1961), Marokko (1963), Portugal (1964), Tunesien (1965) und Jugoslawien (1968). Den türkischen und italienischen Kindern und Jugendlichen falle dabei gegenüber denjenigen aus dem ehemaligen Jugoslawien, die besser, und den Griechen und Spanier, die den Deutschen vergleichbar abschneiden, die Rolle zu, am schlechtesten abzuschneiden. Auch die Ergebnisse aus PISA 2009 weisen die Lesekompetenz der Schülerinnen und Schüler türkischer Herkunft am geringsten aus (Stanat u.a. 2010, S. 226).

Bildungserfolg Gegenüber den bisherigen Befunden lassen sich auch bildungserfolgreiche Migranten und Migrantinnen ausmachen. Keineswegs sind dies ausschließlich „highly skilled migrants", die durch große global operierende Firmen angeworben werden oder solche, die in der internationalen Diplomatie tätig sind und für die der Typ Transmigration kennzeichnend ist. Wesentlich ist dabei die Frage, was unter Bildungserfolg überhaupt zu verstehen ist und woran er sich bemisst. Sara Fürstenau (2004) konnte beispielsweise zeigen, inwieweit portugiesisch sprachige Jugendliche ihre beruflichen Orientierungen transnational ausrichten, sobald sie für sich einen Weg gefunden haben, ihr bilinguales kulturelles Kapital (vgl. Kap. 3.1) einsetzen zu können. Betrachtet man ausschließlich die Anzahl erreichter Bildungsabschlüsse zwischen der ersten Generation und den folgenden Generationen, so handelt es sich bei Migrationen en gros um einen Erfolgsfall, erreichen doch die meisten Migrantenkinder gegenüber ihren Eltern entweder überhaupt einen oder einen höher qualifizierenden Schulabschluss. Weitere qualitative einzelfallbezogene Studien zum Bildungserfolg junger Migrantinnen (Hummrich 2010) oder zu Aufstiegsprozessen im gesellschaftlichen Raum (Pott 2002) bzw. vergleichende Fallstudien zu Bildungserfolg und –misserfolg männlicher Adoleszenten (King/Koller/Zolch/Carnicer 2011) liegen vor. Zwar ergänzen und differenzieren diese Befunde das zuvor gezeichnete Bild, doch bleibt festzuhalten, dass die Bildungssituation von Migrantenkindern in Deutschland immer noch als desolat und prekär einzuschätzen ist.

9.2.2 Ursachen für Bildungsdisparitäten

Zur Erklärung der bislang dargestellten deskriptiven Befunde lassen sich verschiedene Ursachen für die gravierenden Unterschiede in der Bildungsbeteiligung ausmachen (vgl. Diefenbach 2007, Stanat 2006) Relative Einigkeit unter den in der Bildungssoziologie tätigen Migrationsforschenden liegt darin, dass die Ursachen für die „Schlechter-Stellung" (Mecheril 2004) der Migrantenkinder, ihre niedrigere Bildungsbeteiligung und ihren Bildungs(miss)erfolg weniger auf deren Kompetenzdefizite oder gar deren Zugehörigkeit zu einer ethnischen Gruppe zurückzuführen sind, als vielmehr auf die gesellschaftlichen Positionen, die sich durch die Migrationssituation selbst oder vor allem durch die gesellschaftlichen Folgen von Migration ergeben. In die Leistungsunterschiede gehen also leistungsfremde Einflüsse ein, die sich nicht allein familialen sondern ebenso gesellschaftlichen Sozialisationsbedingungen verdanken, in deren Kontext Kinder und Jugendliche mit Migrationshintergrund aufwachsen. Erst in der „Bündelung von Kausal- und Wirkungszusammenhängen" und in der „Kumulation von Faktoren, die zu einer benachteiligten bzw. benachteiligenden Situation im Bildungssystem" (Ramírez-Rodríguez/Dohmen 2010, S. 308) führen, lässt sich deren Lage angemessen erklären. Die Bildungsinstitutionen nehmen dabei eine bedeutende Funktion ein. Diese lässt sich entweder pädagogisch in unzureichender spezifischer Förderung charakterisieren oder bildungssoziologisch als (Re-)Produktion sozialer Ungleichheit (vgl. Kap. 4.2.2) beschreiben.

Die Ursachen können zu unterschiedlichen Erklärungsansätzen zusammengefasst oder auch verschiedenen Strängen zugeordnet werden. Selbstverständlich kann hier keine Vollständigkeit beabsichtigt werden. Rainer Geißler und Sonja Weber-Menges (2008) identifizieren etwa zwei Stränge verschiedenartiger Ursachengeflechte. Dem migrationsspezifischen stellen sie den schichtspezifischen Strang gegenüber. Beide lassen sich zudem unterschiedlich gewichten. [Erklärungsansätze]

Die schichtspezifische Erklärung (vgl. Kap. 4.1) macht vor allem den tendenziell niedrigeren sozioökonomischen Status der Migrantenfamilien in Deutschland als Ursache für Bildungsdisparitäten verantwortlich. So sehen die Autoren [Schichtspezifische Erklärung] dies als Folge der durch die Arbeitsmigration in den 1950er und 1960er Jahren entstandenen „extremen Unterschichtung" an, die „schichttypische Lernmilieus" nach sich gezogen habe. Im dortigen Kontext erlernte Fertigkeiten und Orientierungen werden wiederum im „hierarchisch gegliederten und schichttypisch besuchten Schulsystem nicht kompensiert sondern verstärkt" (2008, S. 18ff.). Auch müssen schichttypische Bildungsorientierungen und Bildungsentscheidungen der Eltern zur Erklärung herangezogen werden. Zudem zeichne sich das Lehrpersonal durch „meritokratische Defizite" (S. 20) in der Leistungsbewertung (meritokratisches Prinzip) aus. In deren Beurteilung gehen also – ihnen zumeist unbewusst – Annahmen über die soziale Herkunft der Schülerinnen und Schüler ein, die ihre tatsächliche Leistungen zu ihren Ungunsten verfälsche (vgl. Ditton 2004).

Migrationsspezifische Erklärungen gehen zunächst von der Beobachtung aus, dass in empirischen Untersuchungen auch bei Kontrolle der sozialen Schicht Unterschiede im Bildungserfolg zwischen Kindern und Jugendlichen mit und ohne Migrationshintergrund bestehen bleiben. Diese Differenzen werden dann vor allem auf unterschiedliche Kenntnisse in der Unterrichts- und Verkehrssprache Deutsch und auf kulturelle Unterschiede zurückgeführt (vgl. Geißler/Weber-Menges 2008, S. 21).

Ramírez-Rodríguez und Dohmen systematisieren die vorhandenen empirischen Erklärungsansätze in einer etwas anders gelagerten Weise. Zu den kulturalistischen Ansätzen zählen sie alle diejenigen, welche die „Familie als primäre Erziehungsinstanz und ihre Verfügung über ökonomisches, kulturelles und soziales Kapital in den Vordergrund" stellen respektive der im Zusammenhang mit kulturellem Kapital operationalisierten „Ausdrucksformen (inkorporiertes, objektiviertes und institutionalisiertes kulturelles Kapital)". Studien dieses Typs untersuchten solche Indikatoren hinsichtlich Familien mit Migrationshintergrund wie dort „gesprochene Sprache, Essgewohnheiten, ethnische Zusammensetzung des Freundeskreises sowie bevorzugte Musik und Zeitungslektüre" um deren kulturelle Orientierung an Herkunfts- und Aufnahmegesellschaft zu messen (2010, S. 300). Dabei handelt es sich für die Autoren allerdings um stark anfechtbare Indikatoren, deren Erklärungskraft für Bildungsdisparitäten nicht zuletzt dadurch eingeschränkt sei.

Ausschlaggebender dafür sehen sie die Rolle der Sprache an, wobei sich die Autoren vor allem auf die Ergebnisse der IGLU-Studie von 2006 beziehen. Deren Ergebnisse ließen darauf schließen, dass der heimische Sprachgebrauch sich auf die unterschiedlichen Lesekompetenzen auswirke. Sie heben allerdings auch die Bedeutung der mit Migration einhergehenden Bilingualität hervor. Zwar bildet die Verkehrssprache Deutsch eine fundamentale Ressource für den hiesigen Bildungssektor und damit für den Arbeitsmarkt, doch liefert die jeweilige Herkunftssprache – die jeweils eigene oder diejenige der Eltern – „eine mögliche Bedingung zur Aufrechterhaltung eines positiven familiären Zusammenhangs" (S. 301).

Mit Bezug zur Theorie der primären und sekundären Herkunftseffekte nach Raymond Boudon (1974) können Ramírez-Rodríguez und Dohmen im Rahmen

Migrationsspezifische Erklärung

Kulturalistische Erklärungsansätze

des sozioökomischen Erklärungsansatzes die voran gestellten schichtspezifischen Erklärungen komplettieren und differenzieren. Die Sozialisation im Elternhaus, wie sie bereits im kulturalistischen Ansatz aufgeführt wurde, wird dabei als primärer Effekt und die sozioökonomische Lage sowie die daraus resultierenden Entscheidungen als sekundärer Herkunftseffekt bezeichnet. Diese gelten in Folge als schichtspezifische Bildungsinvestitionen seitens der Familien in den Bildungsgang ihrer Kinder, die aus den eigenen Einschätzungen in Bezug auf Nähe und Distanz zur jeweiligen Bildungs- und Schulkultur (vgl. Kap. 5.2.2) und finanziellen Ressourcen resultierten. Dieser Ansatz sei auch deshalb hervorzuheben, weil er „zirkuläre Effekte im Lebenslauf" erklären könne. Mit anderen Worten bedeutet dies: Eine bildungsbenachteiligte Familie wird „weniger in die Bildung ihrer Kinder investieren können" als eine bildungsnahe Familie (S. 302). Aus den über den Bildungsgang vermittelten Chancen auf dem Arbeitsmarkt resultieren wieder beruflich geringer qualifizierte Positionen, die wiederum in geringere Bildungsinvestitionen münden usf.

Sozioökonomische Erklärungsansätze

In Bezug auf Migrierende ist insbesondere hinsichtlich des Stellenwertes kulturellen Kapitals zu berücksichtigen, dass sich dessen Anerkennung mit dem Wechsel von der einen in die andere Gesellschaft schlagartig verändern und dann in der intergenerationalen Transmission (vgl. Nauck/Steinbach 2004) nicht weiter gegeben werden kann oder eingeschränkten Konvertierungsmöglichkeiten unterliegt. Mit Bezug wiederum zur Habitustheorie Bourdieus (vgl. Kap. 3.1) lässt sich jedoch erklären, wie es ebenso dazu kommen kann, dass Familien zwar über nicht anerkanntes institutionalisiertes Kapital – etwa nicht anerkannte zertifizierte Bildungsabschlüsse – aber über einen Bildung wertschätzenden Habitus verfügen, den sie an ihre Kinder weitergeben können.

Im Rahmen dieser Erklärungsansätze lassen sich noch weitere Faktoren eruieren, die sich ebenfalls auf Bildungsinvestitionen der Familie und damit auf die Bildungssituation der Kinder und Jugendlichen mit Migrationshintergrund auswirken. Diese liegen in den Handlungsstrategien, die aus der Migrationssituation selbst resultieren (vgl. Diefenbach 2002). Sie hängen nicht nur und zuletzt damit zusammen, um welchen Typ der eingangs (vgl. Kap. 9.1) bereits erwähnten unterschiedlichen Formen von Migration es sich handelt, sondern ebenso sind diese Typen mannigfach durch aufenthaltsrechtliche und arbeitsrechtliche Rahmenbedingungen objektiv bestimmt sowie durch individuelle und subjektive Aufenthaltsabsichten und –perspektiven geprägt. Bildungsorientierungen und auch die Möglichkeiten, kulturelles Kapital zu transferieren, werden davon abhängen, wie das Migrationsprojekt geplant wurde oder welchen Umständen es sich verdankt, bzw. welche Bleibe- oder Rückkehrabsichten damit verbunden sind bzw. wahrgenommen werden (vgl. Stanat 2006).

Migrationssituation

Nicht zuletzt können sich Effekte des Bildungssystems selbst auf die Bildungssituation im Sinne des mangelnden Schulerfolgs von Migrantenkindern auswirken. Die Komplexität des deutschen föderalistischen Schulsystems setzt nicht nur besonderes Wissen darüber voraus. Zu den Effekten gehören ebenso auch die sogenannten Kontextmerkmale wie „Charakteristika der Schule, des Unterrichts und der Klasse(n)" (Ramírez-Rodríguez/Dohmen 2010, S. 304), die

Effekte des Bildungssystems

allerdings in repräsentativen Studien bis auf wenige Ausnahmen bislang nur wenig untersucht worden sind. So kann Diefenbach (2007) zeigen, inwieweit ein großer Zusammenhang zwischen der besuchten Schulform und dem erreichten Schulabschluss von Migrantenkindern besteht. Ausländische Schülerinnen und Schüler erreichen an einer integrierten Gesamtschule bessere Abschlüsse als an Sekundarschulen und sie verlassen die Gesamtschule auch seltener ohne Abschluss als nach dem Besuch anderer Schulformen. Zudem können Eltern die überwiegend ausgesprochene Übergangsempfehlung zur Hauptschule an Gesamtschulen besser mit den eigenen hohen Bildungsaspirationen in Bezug auf ihre Kinder vermitteln. Der Einfluss einer homogenen Konzentration von Migrantenkindergruppen in Schulen oder Klassen ist bisher im Zusammenhang mit der Leistungsentwicklung für Hauptschulen bei geringem Anteil und Grundschulen bei hohem Anteil empirisch – also unterschiedlich, je nach Schulform – belegt (vgl. Stanat 2006). Die Bildungsberichterstattung (Konsortium Bildungsberichterstattung 2012) weist zudem sprachliche Segregationen in Kindertagestätten aus.

Institutionelle Diskriminierung

Eine weitere Erklärungsfolie bietet die Untersuchung von Mechthild Gomolla und Frank-Olaf Radtke zur Institutionellen Diskriminierung (2009) im Rahmen einer systemtheoretisch orientierten Organisationstheorie (vgl. Kap. 3.2.1) an. Sie können in ihrer Regionalstudie zeigen, inwieweit sich organisationsbezogene Zwänge, wie das rein quantitative Schulangebot oder Belastungen sowie Fortbestehen einzelner Schulen auf die Selektionsentscheidungen der Lehrerschaft auswirken. Gleichzeitig weisen sie in Argumentationsanalysen nach, wie diese Entscheidungen seitens der Lehrenden mit ganz anderen Inhalten, etwa Annahmen über kulturelle Zugehörigkeiten, sprachliches Niveau und zukünftige Leistungsentwicklung begründet werden, sodass es zu überproportional hohen Überweisungsquoten von Migrantenkindern auf Haupt- und Förderschulen kam.

Schulische Benachteiligung

Werden die Befunde zu Bildungsbeteiligung und den Ursachen, die dazu führen, in den Kontext bildungspolitischer Überlegungen gestellt, lässt sich der Schluss ziehen, dass Kinder und Jugendliche mit Migrationshintergrund systematisch im deutschen Bildungssystem benachteiligt sind. Geißler und Weber-Menges sprechen aufgrund der sozioökonomischen und migrationsspezifischen Ursachen davon, Migrantenkinder seien „doppelt benachteiligt" (2008, S. 22).

Ethnisierung

Die Gründe für die voran gestellten Bildungsdisparitäten ausschließlich oder dominant in ethnischen Zugehörigkeiten oder Zuordnungen der Migrantenkinder zu suchen, hieße gesellschaftliche Kontexte von Verteilungs- und Machtkämpfen auszublenden und damit den Bildungsstand der Kinder und Jugendlichen, respektive ihrer Eltern und Großeltern zu ethnisieren. Sie verfügen nicht über vergleichsweise geringere Bildung, *weil* sie einen Migrationshintergrund haben, sondern aufgrund ihres Status, den sie im Bildungssystem bisher bloß erlangen konnten.

Meritokratie und Legitimation

Sobald allerdings das Bildungssystem einer modernen Gesellschaft, das seine Bildungszertifikate nicht mehr nach Privilegien, sondern ausschließlich nach einem chancengleich orientierten Maßstab der Leistung – d.h. am meritokratischen Prinzip ausgerichtet – verteilen kann, dauerhaft eine Gruppe von Schülerinnen und Schülern leistungsfremd benachteiligt, stellt sich die Frage nach dessen gesellschaftlicher Legitimation.

9.3 Integration

Der Begriff Integration (lat. *Wiederherstellung, Erneuerung*) nimmt einen nicht unbeträchtlichen Teil innerhalb der öffentlichen, politischen und wissenschaftlich geführten Debatten um Migrationsprozesse ein. In diesen Diskursen wird darunter zumeist ein Prozess der Eingliederung von Migranten und Migrantinnen verstanden, doch lässt sich dort ebenso auch die Rede finden, eine Gesellschaft sei insgesamt im Sinne des Zusammenhalts ihrer Mitglieder mehr oder minder integriert. Dies zeitigt auch rechtliche Konsequenzen. In Deutschland gibt es z.B. sogenannte Integrationskurse, an denen sich Ausländer (im staatsbürgerschaftlichen Sinne) nach Inkrafttreten des Zuwanderungsgesetzes vom 1. Januar 2005 beteiligen können bzw. müssen. Ihnen soll dadurch Wissen über Geschichte, Kultur und Gesellschaft Deutschlands, das in einem Curriculum festgelegt wurde, vermittelt werden. Ziel soll es dabei sein, die Bereitschaft und die Fähigkeit zu fördern, sich zu integrieren. In den öffentlichen Medien oder der Politik wird oftmals pejorativ von einer „Integrationsunwilligkeit" der Migranten und Migrantinnen gesprochen. Nicht zuletzt in dieser Rede steckt die alltagsweltliche und herrschende normative Vorstellung, Menschen müssten sich auf eine spezifische Weise in eine Gesellschaft einfügen oder eingliedern. Sie sollten deren Normen und Werte oder Kultur annehmen oder sich, in der schlichteren Variante formuliert, einer „Leitkultur" anpassen. Andernfalls zöge dies Sanktionen oder eine Gefährdung des gesellschaftlichen Zusammenhangs nach sich. Nachgefragt, was denn so eine leitende Kultur zum konkreten Inhalt haben könne, erhält man jedoch zumeist wenig Konkretes oder Definiertes zur Antwort. Eine solche Diffusität ist dabei der Regelfall und das hat nicht bloß individuelle, sondern vielmehr systematische Gründe.

Denn eine moderne Gesellschaft kennzeichnen Differenzierungsprozesse und diese gehen mit einer Pluralität von Normen, Werten und kulturellen Lebensweisen einher. Solche Prozesse werden schon bei den Klassikern der Soziologie reflektiert: Bei Durkheim (vgl. Kap. 2.1.1) etwa als soziale Arbeitsteilung, bei Mannheim (Kap. 2.1.2) als Vielfalt der Ideensysteme oder bei Max Weber als verschiedene „Wertsphären" (1980), die unser Handeln in seiner Sozialität bestimmen. Auch Parsons geht in seiner strukturfunktionalistischen Sicht von verschiedenen Systemen als Teilen eines Gesamtsystems der Gesellschaft aus (vgl. Kap. 2.2.1). Deren Zusammenhang aber bildet ein Konsens gemeinsamer Normen und Werte, die jedoch in den jeweiligen Subsystemen in je spezifischer Weise als Rollenerwartungen in Interaktionen an die Gesellschaftsmitglieder herangetragen werden.

Eingedenk dieser soziologischen Perspektiven ist es aber unmöglich, einen materialen Wertekanon jenseits relativ formal gehaltener grundständiger Orien-

Rede von Integration

Differenzierung und Pluralität

tierungen, wie einer positiven Bezugnahme auf ökonomische Leistungsorientierung und politische Demokratieorientierung etc., festzuschreiben. Alltagstheoretisch begleitet jedoch die Fiktion eines solchen Kanons die öffentlichen Diskurse. Sie begleitet subjektive Zugehörigkeitsideen, die zu kollektiven Vorstellungen eines „Wir" werden können (vgl. Hoffmann 1991). Es handelt sich dabei um

Differenz gesellschaftliche Konstruktionen von Differenz, die in sozialen Praxen allerdings ganz reale Konsequenzen zeitigen kann, denn sie wird i.d.R. genutzt, darüber zu bestimmen, wer als dazugehörig angesehen und empfunden wird und wer nicht. Eine solche interaktive oder kommunikative Herstellung von Differenz, mit der Akteure zu eben anderen Akteuren gemacht – i.S.v. sozial hervorgebracht oder

„othering" konstruiert – werden, lässt sich als Prozess des „othering" (Said 1978, Hall 2000) verstehen.

Die Pluralisierungs- und Differenzierungsprozesse moderner Gesellschaften stellen soziologische Integrationstheorien im Kontext von Migration vor spezifi-

Individuum und Gesellschaft sche Probleme, da der Begriff Integration als Eingliederung einen systematischen Gegensatz von Individuum und Gesellschaft enthält. Migration stellt dann aus dieser Perspektive geradezu notwendig einen paradigmatischen Fall der wissenschaftlichen Beobachtung von Integrationsprozessen dar, da durch Migrationen nun viele neu hinzukommende Individuen hervortreten, die in den gesellschaftlichen Zielkontext eingegliedert werden (sollen) oder sich eingliedern (müssen). Aus dieser Sicht liegt es daher nahe, den Eingliederungsprozess auf der individuellen Ebene als spezifischen Sozialisationsprozess zu beschreiben. Auf die Frage, in welcher Weise dabei nun gesellschaftliche Strukturen, Kulturelemente oder Normen und Werte im Kontext von Pluralität übernommen oder in diesem Prozess auch transformiert und ggf. neu hinzugefügt werden (können), müssen migrationssoziologisch relevante Integrationstheorien eine Antwort finden.

Politisch findet die beschriebene gesellschaftliche Pluralität beispielsweise

Multikulturalität ihren Ausdruck in Konzepten von Multikulturalität oder von multikulturellen Gesellschaften, wie sie sich in den Einwanderungsländern der USA, Kanada und Australien zunächst, wenn auch unterschiedlich in den 1970er Jahren und in Deutschland ab den 1980er Jahren entwickelt haben (vgl. Han 2010, S. 330).

Migration und Integration Der Zusammenhang von Migration und Integration wird international von unterschiedlichen Autoren unter ganz verschiedenen theoretischen Gesichtspunkten analysiert. Der Migrationssoziologe Petrus Han (2010, S. 305) zeigt, dass integrationstheoretische Überlegungen zunächst in den traditionellen Einwanderungsländern im Kontext der Migrationssoziologie entstanden sind, bevor sie auch von deutschsprachigen Soziologen angestellt wurden. Gesellschaftliche Integration betrifft jedoch, sozialisationstheoretisch gesehen, zunächst einmal alle Gesellschaftsmitglieder, nicht nur Migranten und Migrantinnen. Dennoch spielt der Begriff insbesondere in migrationssoziologischen Debatten eine prominente Rolle.

Integrationstheorie Die diesbezüglich einflussreichste unter den Integrationstheorien in der deutschsprachigen Debatte ist von Hartmut Esser (u.a. 1980, 1999, 2001, 2004, 2006, 2008) entwickelt worden. Seit und mit dem Erscheinen von „Aspekte der

Wanderungssoziologie" hat er ein in Phasen organisiertes Modell von Integrationsprozessen entfaltet, das sowohl analytische als auch empirische Geltung beansprucht und sich am „methodologischen Individualismus" sowie einer „kognitiven Theorie des Lernens und Handelns" (Esser 1980, S. 14) orientiert. Esser beansprucht mit seiner Theorie, Eingliederungsprozesse im Kontext von Migrationsphänomenen für moderne Gesellschaften insgesamt erklären zu können. Han hat hervorgehoben, dass diese in den Stufen Akkulturation – Integration – Assimilation verlaufe, deren Abschluss jeweils Bedingung für die nächste sind (2010, S. 315). Der Eingliederungsprozess von Migrierenden lässt sich dabei als ein Prozess der „Re-Sozialisierung" (Geisen 2010, S. 23) begreifen, der gewährleisten soll, das ein gesellschaftlicher Gleichgewichtszustand, der durch Migrationsprozesse gleichsam irritiert wurde, auf personaler, sozialer und systembezogener Ebene wiederhergestellt wird.

Seine Theorie und ihr äußerst komplexes Begriffsinventar sollen im Folgenden stellvertretend für andere Theorien ausführlicher dargestellt werden. Dadurch wird nicht nur im Rahmen dieser Einführung Gelegenheit dazu gegeben, die zuvor benannten alltagsweltlichen Vorstellungen von Integration in einen (bildungs-)soziologischen Kontext zu stellen, sondern ebenso wird auch eine theoretische Folie geliefert, vor der sich die empirischen Befunde zu Bildungsbeteiligung und -benachteiligung der vorausgegangenen Kapitel interpretieren lassen.

9.3.1 Systemintegration und Sozialintegration

Integration bedeutet aus einer systemtheoretischen Sicht (Kap. 2.2.1 und 3.2.) den Zusammenhalt von Teilen. Diese sehr allgemein formulierte Definition lässt sich für die Analyse gesellschaftlich relevanter Vorgänge nutzen und interpretieren. Die Teile stehen in Relationen zueinander, die verschiedene Formen annehmen können und die das System von seiner Umwelt abgrenzen, zu der es jedoch ebenso in Beziehung stehen kann. Über die Relationen der Teile innerhalb des Systems wird es als solches überhaupt identifizierbar und über dessen Beziehungen zur Umwelt von ihr abgrenzbar. Esser unterscheidet zunächst und ganz grundsätzlich eine Systemintegration von einer Sozialintegration (vgl. etwa 2001). Beide Perspektiven nicht auseinander zu halten, führe laut Esser immer wieder zu Missverständnissen, die sich durch deren analytische Trennung aber vermeiden ließen. Diese kann verschiedene Formen annehmen, wobei vor allem das, was Esser unter Assimilation fasst, als umstritten gilt und deswegen immer wieder sowohl wissenschaftlich als auch politisch begründete Kritik hervorruft - beispielsweise aus migrationspädagogischer (vgl. Mecheril 2009) oder gesellschaftstheoretischer Sicht (vgl. Geisen 2010).

Die Systemintegration betrifft den Zusammenhalt der Teile als Ganzem, also die „Integration des *Systems* einer Gesellschaft als Ganzheit". Die Sozialintegration betrifft die „Integration der *Akteure* (bzw. der von ihnen gebildeten Gruppen) ‚in' das System hinein" (Esser 2001, S. 3). Eine Systemintegration kann

Integration und System

Systemische und soziale Integration

sich auch ganz unabhängig von den Motiven, Orientierungen und Absichten der individuellen Akteure entwickeln, die Sozialintegration ist gerade darauf, respektive auf deren Beziehungen, angewiesen. Das Verhältnis beider formuliert Esser in folgender Weise:

„Die Systemintegration ist die Integration eines sozialen Systems ‚über die Köpfe‘ der Akteure hinweg, die etwa durch den Weltmarkt, durch den Nationalstaat, durch die großen korporativen Akteure, etwa die internationalen Konzerne, oder auch durch supranationale Einheiten, wie die Europäische Union, besorgt wird. Die Sozialintegration ist dagegen der Einbezug, die ‚Inklusion‘ der Akteure in die jeweiligen sozialen Systeme. Und so kann es durchaus möglich sein, dass eine Gesellschaft stark integriert ist, etwa über das Marktgeschehen oder die politische Ordnung, dass es aber Gruppen oder Personen gibt, die mehr oder weniger ‚in‘ diese Gesellschaft hinein ‚integriert‘ sind. Kurz: Es kann grundsätzlich eine Systemintegration auch *ohne* Sozialintegration geben." (a.a.O. 2001, S.4).

Mechanismen der Systemintegration

Aufgrund der theoretischen und empirischen Möglichkeit der Unabhängigkeit beider Integrationsweisen seien auch deren Mechanismen zu unterscheiden. Im Falle der Systemintegration beträfe dies in nahezu anonymer Weise die Mechanismen *Markt*, *Organisation* und *Medien*. Diese funktionierten zwar nicht vollständig ohne Akteure und deren Praxis, aber sie seien tendenziell nicht an einzelne Personen bzw. deren Absichten und Motive gebunden.

Markt, Organisation, Medien

Der *Markt* sei zwar auf die Tauschbeziehungen von Marktteilnehmenden angewiesen aber von den einzelnen Absichten in seinem Funktionieren nicht abhängig. *Organisationen*, deren jeweilige Ordnung sich in Regeln ausdrückt, seien in der Anwendung der Regeln, etwa um sie durchzusetzen, von den Motiven der Einzelnen unabhängig. Bei *Medien* handele es sich nicht um Massenmedien sondern um spezifische Vermittlungen, die dafür sorgen, dass es „zwischen gesellschaftlichen Bereichen, den Gruppen und Akteuren" zu Kooperationen kommen kann. Esser unterscheidet diesbezüglich in „symbolisch generalisierte Medien" und „Interpenetrationen" (2001, S. 7). Interpenetrationen brechen gewissermaßen die Eigenlogiken der Systeme, die mit einer funktionalen Differenzierung einhergehen. Ins politische System, dessen Prozessieren sich wesentlich dem Medium Macht verdankt, gingen beispielsweise auch wissenschaftliche Inhalte ein, um etwa politische Entscheidungen zu treffen. Der *Markt*, der auf dem Medium des Geldes basiert, sei ebenso durch solidarische Beziehungen gekennzeichnet. Es kommt also zu einem wechselseitigen Austausch zwischen den (Teil-)Systemen, ohne dass deren Eigenlogiken, die für ihr Prozessieren notwendig sind, gefährdet werden. Im Gegenteil sind die symbolisch generalisierten Medien „‚Spezialsprachen‘ der jeweiligen Bereiche, mit denen bewirkt wird, dass die Akteure sofort den Vorgaben und ‚Logiken‘ der Bereiche folgen und, unabhängig von ihren sonstigen Motiven, wie selbstverständlich ganz spezifische Handlungen ausführen, die dann das ‚Prozessieren‘ der Systeme und damit systemintegrativ ihren Zusammenhalt sichern" (S. 7). Die systemintegrative Funktion der *Medien* aber zeige letztlich die Bedeutung der Akteure und ihren Dispositionen, Eigenschaften und Fertigkeiten. Denn trotz der noch zuvor attestierten grundsätzlichen Unabhängigkeit der systemischen von der sozialen Integration für alle systembezogenen Prozesse, funktionierten die *Medien* nur auf der

„Grundlage gewisser kultureller Orientierungen, die die *Akteure* in bestimmten Situationen leiten und sie zu einem Handeln bringen" (S. 8). Das heißt, die *Medien* sind letztlich in den sozialen Beziehungen der Akteure material eingelagert, die ihrerseits über Zugänge zu den Fertigkeiten und Ressourcen verfügen müssen, um ihr Handeln gemäß der Eigenlogiken der Systeme auszurichten, bzw. um von den Systemen berücksichtigt zu werden.

Im Zusammenhang mit den Formen der Sozialintegration benennt Esser im Kontext der „Integration von Migranten oder fremdethnischen Gruppen" klare Voraussetzungen, wie solche der „Gewährung von Rechten, des Erwerbs von Sprachkenntnissen, der Beteiligung am Bildungssystem und am Arbeitsmarkt, der Entstehung sozialer Akzeptanz, der Aufnahme von interethnischen Freundschaften, der Beteiligung am öffentlichen und am politischen Leben und auch der emotionalen Identifikation mit dem Aufnahmeland" (S. 8). Formen der Sozialintegration

Zu den verschiedenartigen Varianten, in denen sich soziale Integration vollziehen kann, zählt Esser erstens Kulturation, wodurch die Akteure gesellschaftlich relevantes Wissen und Kompetenzen erlangen. Dieser Prozess lässt sich eben auch als Bildungs-, Erziehungs-, und Sozialisationsprozess (vgl. Kap. 1.1 und 1.2) in den entsprechenden Institutionen verstehen. Die in diesen Prozessen erworbenen gesellschaftlich „nötigen (kulturellen) Fertigkeiten" seien „eine Art von (Human) Kapital, in das die Akteure auch investieren können oder müssen, wenn sie für andere Akteure interessant sein wollen und, etwa, an der Besetzung gesellschaftlicher Positionen interessiert sind". – Deutlich wird hier an den Begrifflichkeiten Essers die für ihn dominant systemintegrierende Funktion des Marktes, auf dem die Akteure sozusagen etwas anbieten und abnehmen können. – Kulturation, die mit jedem neu geborenen Gesellschaftsmitglied beginnt, nennt Esser *Enkulturation*, spätere Kulturation in andere oder neue gesellschaftliche Kontexte, also im Fall von Migration, *Akkulturation*. Dabei gilt: „Die später erfolgende Akkulturation an eine neue Umgebung fällt umso schwerer, je später sie nach der Enkulturation erfolgt und je unterschiedlicher die Kulturen sind" (a.a.O., S. 9). Hier hat Esser vor allem auch sprachliche Akkulturation im Blick. Kulturation

Unter Platzierung versteht er den Prozess, dass gesellschaftliche Positionen durch Akteure eingenommen werden. Bedeutende Formen dieser sozialen Integration seien beispielsweise die „Verleihung bestimmter Rechte", z.B. Staatsbürgerschaftsrechte und das damit einhergehende Wahlrecht, oder „die Übernahme beruflicher und anderer Positionen", die Ergebnis dessen sei, welche „Bildungskarriere" (a.a.O., S. 9) durchlaufen werde. Interessant im Kontext von Bildungsentscheidungen und Übergangsempfehlungen sind Essers Ausführungen, dass eine erfolgreiche Platzierung nicht nur aus eigenen sondern auch aus Entscheidungen anderer Akteure – etwa von Lehrkräften, eine bestimmte Schule oder Schulform zu empfehlen – resultierten. Ebenso spielen aber auch Arbeitgebende eine Rolle, die eine Bewerbung annehmen oder ablehnen. In diesem Zusammenhang können auch Vorurteile, Diskriminierungen und Schließungen beobachtet werden, die als Barrieren zu begreifen seien. Hierbei ist nicht zuletzt an die bereits erwähnten leistungsfremden Kriterien (Kap. 9.2.2) schulischer Bewertungspraxen zu denken. Platzierung

Es wird insgesamt deutlich, dass im Rahmen von Essers Integrationstheorie die soziale Integration über Platzierung von der Form der Kulturation abhängt. Doch auch umgekehrt hänge die Art und Weise der Kulturation und deren Chancen, etwa Wissen und Kompetenzen gewinnbringend einsetzen zu können, von der bereits erlangten gesellschaftlichen Position ab. „Die soziale Integration über den Mechanismus der Plazierung ist wohl die wichtigste Bedingung zur Erlangung von gesellschaftlich generell verwendbaren Kapitalien, insbesondere in Form des ökonomischen und des sog. Humankapitals" (S.10, *Rechtschreibung w.i.O.*).

Interaktion — Symbolische Interaktion, gedankliche Koorientierung, Kommunikation sowie soziale Beziehungen (Nachbarschaft, Freundschaft, eheliche Beziehungen u.a.) sind für Esser Spezialfälle von Interaktionen, über die sich auch eine Platzierung und zwar in alltäglichen, nicht-formellen und vor allem nicht marktförmigen gesellschaftlichen Bereichen vollziehe. In „eingelebten alltäglichen Bezügen" werden sie als wechselseitige, über Wissen und Symbole vermittelt, koordinierte und damit geteilte Handlungen vor allem in emotionaler Weise praktisch. Gerade Dissonanzen wirkten sich daher in besonderer Weise hemmend aus. Im Zusammenhang mit eingewanderten Migrierten führt Esser an äußere Spannungen, die in der Nachbarschaft entstehen oder aber an interne, die sich angesichts von „Unverträglichkeiten der neuen Beziehungen mit den enkulturierten Selbstverständlichkeiten" ergeben können (S. 11). Ob es zu einer Aufnahme fremdethnischer Beziehungen käme, hänge von den mit den Dissonanzen verbundenen Kosten einer Beziehungsaufnahme und der Attraktivität der jeweils anderen zusammen. Da eine wichtige strukturelle Bedingung dafür, Interaktionen aufzunehmen, in den „objektiv gegebenen Gelegenheiten des Zusammentreffens" liege, seien die Chancen für interethnische Interaktionen in ethnisch segregierten Wohnvierteln und Schulklassen nur klein. Zudem gehöre zur Aufnahme von Interaktionen zwischen Ethnien dazu, kulturelle Fertigkeiten, etwa auch die jeweilige Sprache zu sprechen. Weil es zwischen den Formen von Akkulturation, Interaktion und Platzierung, z.B. in Schulklassen und Stadtteilen, zu Verstärkungen kommen könne, ließe sich auch von sozialen Segmentationsprozessen in ethnischen Gemeinden sprechen. Vor allem dann, wenn dort ökonomische und institutionelle Strukturen ausgebildet werden, die sich tendenziell in Richtung Vollständigkeit und Schließung entwickelten.

Identifikation — Abschließend geht Esser auf Identifikation als letzte Form der sozialen Integration ein, die als mehr oder minder bewusst und auch emotional zu charakterisieren sei. Sie beinhaltet die Übernahme von „Loyalitäten" (Esser 2004, S. 46) des Einzelnen zum jeweiligen sozialen System. „Es ist eine gedankliche und emotionale Beziehung zwischen dem einzelnen Akteur und dem sozialen System als „Ganzheit" bzw. als „Kollektiv", die bei dem Akteur als Orientierung besteht" (Esser 1999, S. 18). Sie könne etwa als gemeinsames „Wir-Gefühl" mit den anderen Gesellschaftsmitgliedern oder Gruppen erscheinen (Esser 1999, S. 18).

Kontexte und Konstellationen sozialer Integration — Für die gesellschaftliche Situation der Migrantinnen und Migranten lassen sich im Zusammenhang mit diesen Formen der sozialen Integration, wenn auch stark vereinfachend, mindestens zwei relationale Kontexte unterscheiden. Auf der einen Seite die ethnische Gruppe - etwa in der Herkunftsgesellschaft, einem transnationalen Netzwerk oder in einer ethnischen Kolonie innerhalb der Aufnahmegesellschaft – und auf der anderen Seite die Aufnahmegesellschaft als solche, bzw. ein Segment davon. Esser unterscheidet daraus resultierend vier Konstellationen, in denen sich Migrierte befinden können. Das Fehlen jeder sozialen Integration bezeichnet er als *Marginalität*, um eine *multiple Inklusion* handelt es sich, wenn eine soziale Integration gleichzeitig in beide soziale Systeme stattfindet, *individuelle Segmentation* liegt dann vor, wenn sie (nur) in die ethnische Gruppe, *individuelle Assimilation* dann, wenn sie (nur) in die Aufnahmegesellschaft erfolgt (vgl. Esser 2004, S. 46).

9.3.2 Individuelle und gesellschaftliche Assimilation, multiethnische Gesellschaft, ethnische Schichtungen und Differenzierungen

Esser beschreibt gemäß seiner zuvor getroffenen Unterscheidung der vier Formen sozialer Integration ebenso im Zusammenhang mit individueller Assimilation vier verschiedene Aspekte: „die kulturelle Assimilation, speziell in der Form des Spracherwerbs, die strukturelle Assimilation, vor allem als Erwerb von Bildungsqualifikationen und der Platzierung auf dem (primären) Arbeitsmarkt; die soziale Assimilation als die Existenz von Kontakten zur einheimischen Bevölkerung (...) und die emotionale Assimilation als - mehr oder weniger milde - Identifikation mit den Verhältnissen im Aufnahmeland". Assimilation sei auch im empirischen Sinne dann erreicht, wenn eine „Angleichung der sozialen Positionierung, der Eigenschaften und schließlich der Verhaltensweisen an einen bestimmten Standard" stattgefunden habe (ebd. S. 46). Es sei dabei konzeptuell nicht ausgeschlossen, dass Angleichung auch von der Aufnahmegesellschaft ausgehe.

Individuelle Assimilation

Innerhalb der hier nun referierten Vieldimensionalität liegen sicherlich die Extreme sozialer Bezüge für Esser in einer kompletten Assimilation einerseits und einer vollständigen Segmentation andererseits. In seiner Bewertung der zuvor hier unterschiedenen Konstellationen ist für ihn aber klar und deutlich, dass es zur individuellen Assimilation nur zwei Alternativen gebe. Da Marginalität nicht wünschenswert sei, blieben noch multiple Inklusion und (individuelle) Segmentation übrig. Gegenüber der reinen individuellen Assimilation und im Vergleich mit der (individuellen) Segmentation setze die multiple Inklusion jedoch „stets mehr voraus an Verfügbarkeiten von Opportunitäten und an Investitionen" (S. 47) der Akteure. Sie bilde zwar oft den Bezugspunkt für die Konzeption einer multikulturellen Gesellschaft, doch sei sie wahrscheinlich eben aufgrund dessen, vieles vorauszusetzen, worüber aber nicht viele verfügen, nur in Ausnahmefällen und bei speziellen Gruppen wie Akademikern und Künstlern anzutreffen. Zudem sei auch die multiple Inklusion partiell an eine individuelle Assimilation an Standards der Aufnahmegesellschaft gebunden, wie das Beispiel von Zweisprachigkeit zeige. Die Bewertung der (individuellen) Segmentation sei demgegenüber auf der individuellen Ebene viel schwerer einzuschätzen, da nicht zu sagen sei, ob ein Leben in einer „ethnischen Gemeinde unbefriedigender und

Alternativen

damit weniger erstrebenswert sein sollte als eines in einer homogenen deutschen Kleinstadt" (S. 49). Daher müsse zur Einschätzung einer solchen Konstellation die individuelle Perspektive vielmehr verlassen werden.

Esser wechselt also an dieser Stelle innerhalb seiner Argumentation die Ebene der Analyse, denn die Beziehungen der Bevölkerungsgruppen – Zugewanderte und Einheimische – zueinander betreffen „stets auch Aspekte, die die sozialen Strukturen der Aufnahmegesellschaft berühren", und die gegenüber „den individuellen Aspekten (...) politisch und sozial als die wichtigeren" einzuschätzen seien. Während einige dieser Strukturen direkt aus den „individuellen Eigenschaften und Verhaltensweisen" der Akteure resultierten und sich als *soziale Aggregate* etwa in den statistischen „Kategorien von Geschlechts-, Bildungs- und Einkommensgruppierungen" zusammen fassen ließen, gäbe es andere Strukturen, die zwar damit verbunden seien, aber nicht vollständig darin aufgingen und die als *soziale Systeme* zu beschreiben wären. Aggregieren lassen sich folglich Merkmale ansonsten unverbundener Akteure, doch mit den sozialen Systemen können „demgegenüber (Prozeß-)Gleichgewichte aneinander anschließender Handlungen und Kommunikationen, wie das etwa Organisationen, Gemeinden und Verwandtschaften sind" gefasst werden (S. 50). Diese gehen also über das individuelle Handeln hinaus.

Soziale Ungleichheit (vgl. Kap. 4.1) betreffe die „Unterschiedlichkeit und Varianz in der Zusammensetzung verschiedener Aggregate, *soziale Differenzierung* die Unterschiedlichkeit und Varianz in Hinsicht auf die in einer Gesellschaft vorhandenen sozialen (Sub-)Systeme". Letztere sind als funktionale Differenzierung (vgl. Kap. 3.2.1) in Formen der „gesellschaftlichen Arbeitsteilung nach Funktionssystemen, kultureller Differenzierungen in unterschiedliche kulturelle Milieus oder auch normativer Differenzierungen in deviante Subkulturen oder gar Gegenkulturen" bekannt (ebd.).

Daraus resultieren für Esser nun zwei unterschiedliche Bezüge gesellschaftlicher Assimilation. Angleichung in Bezug auf soziale Ungleichheit bedeute für die unterschiedlichen Gruppen das Verschwinden von Differenzen ethnischer Kategorien, allerdings nicht die Auflösung sozialer Ungleichheit einer Gesellschaft in Gänze. Im Kontext von Ungleichheiten in der Bildungsbeteiligung zwischen Kindern und Jugendlichen mit und ohne Migrationshintergrund, die Esser als ethnische Unterschiede fasst, hieße das etwa, dass die statistisch messbare Ungleichverteilung z.B. von Bildungsabschlüssen nicht länger entlang dieser Kategorie verlaufe. Ebenso lässt sich das auf andere Indikatoren, wie etwa Einkommensunterschiede zwischen Migrierten und Nichtmigrierten, übertragen. Damit aber auch nicht auf Einkommensunterschiede überhaupt.

In puncto sozialer Differenzierung komme es dann zu einer gesellschaftlichen Assimilation, wenn sich die eigenständigen sozialen Systeme in Form „ethnischer Segmente, etwa als ethnische Enklaven und Organisationen auflösen, speziell in der Hinsicht, daß alle (...) ethnischen Institutionalisierungen, Codierungen und Grenzziehungen der sozialen Beziehungen und Organisationen aufgelöst sind" (S. 51, *Rechtschreibung w.i.O.*). Hieran wird insbesondere deutlich, wie Esser die Assimilationsprozesse im Kontext einer Theorie fortschreitenden

Marginalien:

Soziale Strukturen: Aggregate und Systeme

Soziale Ungleichheit/ soziale Differenzierung

Gesellschaftliche Assimilation

funktionalen Differenzierung beschreibt, die allerdings mit Blick auf den gegenwärtigen empirischen Stand der Gesellschaft noch nicht konsequent genug entwickelt sei. Erst dann, wenn ständische, also im vorliegenden Zusammenhang ethnische und damit vormoderne und funktionsfremde Elemente aufgelöst seien, kämen die modernen funktionalen Differenzierungsprozesse zu sich selbst und erst dann verwirklichten sie sich gleichsam vollständig. Dazu – und somit auch zur sowohl gesellschaftlichen als auch individuellen Assimilation – gibt es innerhalb der Integrationstheorie Essers keine für ihn wünschenswerte Alternative.

Dieser Zusammenhang lässt sich abschließend auch daran deutlich machen, welche Varianten er innerhalb einer multiethnischen Gesellschaft (vgl. Kap. 4.1.3) beschreibt und wie er diese jeweils bewertet. Dabei werden die Varianten nicht nur danach unterschieden, ob sie nun soziale Ungleichheiten oder soziale Differenzierungen betreffen, sondern auch noch einmal hinsichtlich dessen, ob sich darin jeweils eine Andersartigkeit (horizontale Dimension) oder Andersrangigkeit (vertikale Dimension) der unterschiedlichen Bevölkerungsgruppen zeige. Solange es um horizontale soziale Ungleichheiten von Lebensstilen, religiösen Überzeugungen oder sonstigen Präferenzen ginge, die Esser als *ethnische Pluralisierung* durch eine „Vielfalt ethnischer Lebensweisen und Traditionen" eines „ansonsten individualisierten Lebensstil[s]" fasst, sei dies als „unproblematisch" einzuschätzen. Schließlich handele es sich um eine Bereicherung und damit um ein „Produkt der modernen, funktional differenzierten Gesellschaften" (S. 52).

Ethnische Schichtungen als vertikale soziale Ungleichheiten in Form ethnisch bedingter Unterschiede im Einkommen, in Bildungsabschlüssen oder der Qualität der Wohnumgebung „mögen angesichts der langfristigen Wirkungen von Statusvererbungen auch in den offensten Gesellschaften unvermeidlich sein, aber sie bleiben ein askriptives Fremdelement und ein politisches Ärgernis, weil sie mit den Gleichheitspostulaten der funktionalen Differenzierung nicht vereinbar sind" (S. 53). Gilt diese Esser noch als unvereinbar, kann die *ethnische Segmentation* als horizontale soziale Differenzierung in Form der Abspaltung einer ethnischen Gruppe von den anderen Gruppen nur als „funktionale Entdifferenzierung und damit als ein Rückfall in vormoderne gesellschaftliche Strukturen verstanden werden". Damit drohten bei etwa gleicher Macht zwischen ihnen Konflikte über die Vorherrschaft „der jeweils eigenen kulturellen Codierung" (ebd.). Sobald in einer vertikalen sozialen Differenzierung zwischen den Gruppen auch noch Macht, Prestige und Privilegien unterschiedlich verteilt sein sollten, ist ein solcher ethnischer (Neo)Feudalismus als „Quasi-Kastensystem" (S. 52) zu bezeichnen und schließlich laut Esser vollends „unvereinbar mit den Konstruktionsprinzipien funktionaler Differenzierung" zu bewerten (S. 53).

9.3.3 Diskussion des Integrationsparadigmas

Esser hat mit seiner makrosoziologischen Integrationstheorie eine komplexe und vielschichtige Perspektive auf Migrationsprozesse im Rahmen der allgemeinen soziologischen Theorie funktional differenzierter Gesellschaften entwickelt. Die

Multiethnische Gesellschaft

Ethnische Schichtungen und Differenzierungen

Bezüge zur Soziologie der Bildung und Erziehung sollten nicht nur u.a. über den Begriff der Akkulturation, sondern auch über die Konzeption des Eingliederungsprozesses als Prozess der „Re-Sozialisierung" (Geisen 2010, S. 23) deutlich geworden sein. Die empirischen Ergebnisse zur Bildungsbeteiligung sowie Bildungsbenachteiligung von Kindern und Jugendlichen mit Migrationshintergrund, wie sie im Kapitel zuvor dargestellt wurden, lassen sich mit Esser als Folgen von individuellen und strukturellen Desintegrationsprozessen innerhalb des nationalen Bildungssystems verstehen. Damit gehen ethnische Schichtungsprozesse einher. Gegenüber der Funktionalität der Systeme können diese, theorieimmanent betrachtet, langfristig aber nur dysfunktional sein. Im Zuge fortschreitender Modernisierung, die Esser in weltweiten Maßstäben etwa von Globalisierung betrachtet, werden sie sich aus seiner Theorieperspektive auflösen (müssen).

Vorläufer Wie schon erwähnt, gibt es auch noch andere sozialwissenschaftliche Integrationstheorien. Innerhalb der Migrationssoziologie greift Esser beispielsweise bereits auf theoretische Modelle zurück, wie sie schon von Milton M. Gordon und Robert Park oder Shmuel N. Eisenstadt in den USA entwickelt wurden. Doch auch die dort verwendeten Begriffe der „absorption" und „dispersion" weisen eine deutliche Nähe zum Begriff der Assimilation auf, die eben dann zum wünschenswerten Ziel auch für Esser wird. Integration heißt bei den US-amerikanischen Klassikern Verschmelzung von Identität der Einwanderer und den gesellschaftlichen Institutionen und falls diese nicht gelänge, könne dies nur als Zeichen dafür gewertet werden, dass die Institutionen die Neuhinzugekommenen nicht genügend absorbiert habe (vgl. Geisen 2010, S. 22). Das Ziel des Prozesses besteht aber auch hier ganz klar in der schrittweisen Angleichung an die Aufnahmegesellschaft und damit die partielle oder vollständige Aufgabe kultureller oder sozialer Eigenständigkeit der Einwanderer. Auch Hans Joachim Hoffmann-Nowotny (1999) stellt neben Integration als Eingliederung in die Positionsstruktur der Einwanderungsgesellschaft einerseits die Assimilation als kulturelle Adaption andererseits.

Die theorieimmanente deutliche Betonung auf individueller und gesellschaftlicher Assimilation, die Esser sowohl als seinen normativen Bezugspunkt festlegt, als auch empirisch als erkennbaren „Trend" (Esser 2006, S. 27) ausmacht, hat immer wieder Kritik hervorgerufen. Sie richtet sich zum einen auf den
Kritik normativen Ausgangspunkt seiner Theoriebildung. Zum anderen wird theoriepolitisch kritisiert, seine Annahmen könnten trotz aller Komplexität und Differenziertheit doch zu sehr alltagstheoretische Vorstellungen von Integration verfestigen, die es in ihrer gesellschaftlichen Genese allererst zu hinterfragen gelte. Im Kontext von Transnationalisierung und einer Soziologie der Weltgesellschaft steht schließlich zur Debatte, inwieweit die Theorie Essers noch zu dominant dem nationalgesellschaftlichen Container-Modell verpflichtet ist. Während einige Autoren und Autorinnen wie Annette Treibel (2011) oder Annita Kalpaka und Nora Räthzel (1990) daher den Integrationsbegriff aufgrund seiner Geschlossenheit bzw. Einseitigkeit ablehnen, hält Christine Riegel (2004) in kritischer Weise daran fest, indem sie ihn als Komplementärbegriff zur Ausgrenzung verwendet. Gegenüber der Identifizierung des Begriffes mit Assimilation sieht sie nämlich

Integration als Produkt eines Wechselverhältnisses unterschiedlicher Gruppen an und damit als Frage von Praxis. So lässt sich festhalten: Modellen, in denen Assimilation mehr oder minder vorab bereits als Ergebnis feststehen, folgen „Modelle, nach denen der Ausgang des Prozesses offen ist" (Auernheimer 2012, S. 92).

Thomas Geisen (2010) stellt aus differenztheoretischer Sicht die Frage, auf welche Art bereits in den theoretischen Prämissen auf gesellschaftstheoretischer Ebene Differenz in Integrationstheorien konstruiert wird. Als deren zentrale Dimension lässt sich der eingangs hervorgehobene konstitutive Unterschied zwischen Individuum und Gesellschaft ansehen. Beide Seiten werden „als grundlegend voneinander verschieden angesehen" (a.a.O., S. 31). Aus diesem Blickwinkel stellt sich Gesellschaft auf der Systemebene immer schon als bereits integrierter Zusammenhang dar, dem dann Individuen als einzugliedernde „Integrationsbedürftige" (S. 28) quasi gegenüber gestellt werden. Sie können aufgrund dessen dann entweder im Rahmen einer allgemeinen Sozialisationstheorie als noch nicht sozialisierte Kinder oder Jugendliche bzw. im Rahmen einer spezifischen Integrationstheorie als junge oder erwachsene neuhinzukommende Migrierte oder Fremde adressiert werden. Dieser Zuschreibungsprozess müsse selbst aber schon als „Vergesellschaftung" (ebd.) angesehen werden, was Geisen als Alternative zum Integrationsparadigma vorschlägt. Durch eine solche Perspektive ließe sich dann auch auf einer reflexiven Ebene Integrationstheorie und -politik kritisieren. Mit der Perspektive auf Assimilation werde hingegen „Migration als ein Prozess aufgefasst, auf den beiderseits – also sowohl von den individuellen Akteuren als auch von der Gesellschaft – mit Integration reagiert wird" (S. 25). Damit kann jedoch die „Perspektive, dass es sich beim Integrationsverhältnis bereits selbst um ein gesellschaftlich produziertes Verhältnis handelt," gar nicht erst ermöglicht werden (S. 31). Dadurch wird ein theoretischer Rahmen für Diskursanalysen eröffnet, wer unter welchen Bedingungen und mit welchen Konsequenzen von wem bzw. was überhaupt integriert werden soll oder wer von wem verlangt, sich zu integrieren.

Vergesellschaftung statt Integration

10. Tipps für Studierende

10.1 Institutionen, Studienorte

Bei den im Folgenden aufgelisteten Institutionen handelt es sich um solche, die sich wesentlich oder teilweise mit Fragen der Soziologie der Bildung und Erziehung beschäftigen. Es sind keine rein bildungssoziologischen Institute.

– Max-Planck-Institut für Bildungsforschung (www.mpib-berlin.mpg.de)
Das Institut für Bildungsforschung ist eines von insgesamt 80 Instituten der Max-Planck-Gesellschaft zur Förderung der Wissenschaften e.V. Es widmet sich der sozialwissenschaftlichen Grundlagenforschung. Zu den Forschungsthemen zählen Bildungs- und Entwicklungsprozesse von der Kindheit bis ins hohe Alter, Bildungssysteme sowie Bildungsinstitutionen. Die vier Forschungsbereiche des Instituts (Adaptives Verhalten und Kognition, Adaptive Rationalität, Entwicklungspsychologie, Geschichte der Gefühle) kooperieren in interdisziplinären Forschungsvorhaben miteinander sowie mit externen Forschungseinrichtungen. Ebenfalls interessant sind die Forschungsarbeiten weiterer Max-Plack-Institute, wie zum Beispiel das Max-Planck-Institut für demografische Forschung in Rostock, das Max-Planck-Institut zur Erforschung multireligiöser und multiethnischer Gesellschaften in Göttingen oder das Max-Planck-Institut für Gesellschaftsforschung in Köln (vgl. Max-Planck-Gesellschaft, 10.06.2013).

– Innovationsportal des deutschen Bildungsservers
(http://www.bildungsserver.de/innovationsportal/index.html?mehr=1&)
Das Innovationsportal gibt einen Überblick über bildungspolitische Maßnahmen und Modellversuche von Bund und Ländern sowie internationale Projekte und Vorhaben freier Träger. Ziel ist der schnellere Austausch von Informationen (zwischen Verwaltung, Forschung und Praxis) und eine damit verbundene Qualitätsentwicklung innerhalb des Bildungssystems. Kernstück hierfür ist eine Datenbank mit derzeit 973 Datensätzen. Zudem bietet das Onlinemagazin „Bildung+ Innovation" interessante Artikel zu vielfältigen Themenschwerpunkten, wie z.B. Begabtenförderung, Förderung von Bildungsbenachteiligten, Durchlässigkeit von Bildungsangeboten, Bildungsnetzwerke u.a. (vgl. Deutscher Bildungsserver, 10.06.2013).

– Bundesinstitut für Berufsbildung (www.bibb.de)
Das Bundesinstitut für Berufsbildung wurde 1970 gegründet und arbeitet heute auf der Rechtsgrundlage des Berufsbildungsgesetzes vom 23. März 2005. Hauptaufgabe ist dabei die Erforschung und Weiterentwicklung der beruflichen Aus- und Weiterbildung in Deutschland. Es beobachtet und untersucht die Aus- und Weiterbildungspraxis in den Betrieben, erprobt neue Wege in der Aus- und Weiterbildung, entwickelt Konzepte für die Qualifizierung der betrieblichen AusbilderInnen, fördert moderne Ausbildungszentren und vieles mehr. Hinzu kommen verschiedenste Forschungsprojekte, die sich mit den umfassenden Themen der Berufsbildung beschäftigen (vgl. Bundesinstitut für Berufsbildung, 10.06.2013).

– Deutsches Jugendinstitut (www.dji.de)
Das DJI wurde 1963 gegründet. Es hat seinen Sitz in München und verfügt über eine Außenstelle in Halle/Saale. Es ist ein gemeinnütziger Verein mit Mitgliedern aus Politik, Wissenschaft, Verbänden und Institutionen der Kinder-, Jugend- und Familienhilfe. Mit derzeit ca. 140 wissenschaftlichen MitarbeiterInnen ist das DJI das größte außeruniversitäre Forschungsinstitut im Bereich Kinder, Jugendliche, Frauen und Familien. Das DJI benennt selbst vier Aufgabenbereiche: 1. Forschung zu Lebenslagen von Kindern und Jugendlichen, 2. Entwicklung von Problemlösungen für die Leistungssysteme, 3. Politikberatung für Bund, Länder, Kommunen und die Europäische Union und 4. Dienstleistung für Dritte als Praxis- und Fachberatung sowie Implementations- und Begleitforschung. Es gliedert sich in sechs Fachabteilungen, die sich unter anderem mit folgenden Projekten beschäftigen:

– Lokale Bildungslandschaften
– Prävention von Delinquenz und Gewalt im Kindes- und Jugendalter
– Gender, Familie und Karriere
– Exklusions-/Inklusionserfahrungen von benachteiligten Jugendlichen
– Interkulturelle Kompetenz durch internationale Kinderbegegnung

Zudem finden sich auf der Internetseite zahlreiche Informationen und Ergebnisse zu den einzelnen Projekten, sowie eine umfangreiche Datenbank, weitere Links und Literaturhinweise (Vgl. Deutsches Jugendinstitut, 12.06.2013).

– Deutsches Institut für Erwachsenenbildung (www.die-bonn.de)
Das DIE ist ein Institut der Leibnizgemeinschaft (WGL). Das DIE sieht seine Aufgaben zum einen in der Daten- und Informationsvermittlung zwischen Wissenschaft und Praxis. Dazu richtet es spezielle Dienstleistungsangebote an professionelle WeiterbildnerInnen und WissenschaftlerInnen. Zum anderen will die außeruniversitäre Einrichtung durch eigene Forschungsvorhaben in den Schwerpunkten Inklusion/Lernen im Quartier, Kooperative Bildungsarrangements, Professionalität sowie System und Steuerung die Entwicklung der Erwachsenenbildung national und international weiterbringen (vgl. Deutsches Institut für Erwachsenenbildung, 12.06.2013).

– Deutsches Institut für Internationale Pädagogische Forschung (www.dipf.de)
Das DIPF wurde 1951 gegründet und hat seinen Sitz in Frankfurt/Main sowie Standorte in Berlin und Leipzig. Es gehört der Wissenschaftsgemeinschaft Gottfried Wilhelm Leibniz (WGL) an. Das Institut dokumentiert, beschreibt und analysiert die Bildungsentwicklung in Deutschland und anderen Ländern. Zu den weiteren Aufgaben gehören Beratung in Bildungspolitik, Bildungsverwaltung und Bildungspraxis sowie die Förderung des wissenschaftlichen Nachwuchses. Das Institut stellt bibliothekarische und archivarische Dienstleistungen zur Verfügung und führt Forschungen zu den unterschiedlichsten Bereichen der Bildung durch, z.B. mit Schul- und Unterrichtsqualität oder Lern- und Leistungsstörungen (vgl. Deutsches Institut für Internationale Pädagogische Forschung, 17.06.2013).

– Institut für Hochschulfoschung Wittenberg (HoF) e.V. (www.hof.uni-halle.de)
Das Institut wurde 1996 gegründet. Es ist das erste und bisher einzige Institut für Hochschulforschung in den neuen Bundesländern und führt Untersuchungen zur Hochschule im gesellschaftlichen Wandel durch. Erforscht wird dabei hauptsächlich die Hochschulentwicklung in Deutschland im internationalen Kontext. Der besondere regionale Schwerpunkt des Instituts liegt in den neuen Bundesländern. Laufende Projekte sind z.B.:

– Studienerfolg und -abbruch in Sachsen-Anhalt
– Demografische Entwicklung und Perspektiven ostdeutscher Hochschulen
– Hochschule & Wissenschaft als Gegenstände von Stadtentwicklungskonzepten
– Study and Work - ausländische Studierende in Ostdeutschland halten (Vgl. Institut für Hochschulfoschung Wittenberg (HoF) e.V., 17.06.2013a). Eine ständige Aufgabe des HoF besteht in der Dokumentation von Quellen und Daten zur Hochschulentwicklung in Deutschland und Europa. Das Institut beschäftigt derzeit 40 Mitarbeiter und ist am Studiengang Soziologie der MLU beteiligt (Institut für Hochschulfoschung Wittenberg (HoF) e.V., 17.06.2013b). Zudem steht es in enger Kooperation mit dem WZW Wissenschaftszentrum Sachsen-Anhalt Wittenberg.

– INCHER- Kassel (International Centre for Higher Education Research Kassel)/Internationales Zentrum für Hochschulforschung Kassel (www.incher.uni-kassel.de)
Das INCHER ist eine interdisziplinäre Forschungseinrichtung der Universität Kassel und beschäftigt sich mit Fragen zum Thema Hochschule und Studium an der Schnittstelle von Gesellschaft. Circa 45 Mitarbeiter arbeiten derzeit an verschiedenen Projekten, die in vier Arbeitsbereiche (Studierende und Absolvent(inn)en, Wissenschaftlicher Wandel, Governance und Organisation, sowie Innovation und Transfer) realisiert werden (vgl. Internationales Zentrum für Hochschulforschung Kassel, 17.06.2013).

Die Soziologie der Bildung und Erziehung ist ein Fach, das an einigen Universitäten vertreten ist, die nicht selten auch an erziehungswissenschaftlichen Fachbereichen beheimatet sind. Deshalb ist es schwierig, Tipps bezüglich der Studienorte zu geben. Von Interesse für bildungssoziologisch interessierte Studierende sind jedoch mit Sicherheit die folgenden Universitäten (die Liste erhebt keinen Anspruch auf Vollständigkeit):

— Die Uni Bamberg bietet bildungssoziologische Aspekte von verschiedenen Professoren: http://www.uni-bamberg.de/soziologie

— In der Uni Darmstadt bildet der Arbeitsbereich "Geschlechterverhältnisse, Bildung und Lebensführung" einen bildungssoziologischen Schwerpunkt. Geleitet wird der Bereich von Prof. Dr. Cornelia Koppetsch (Technische Universität Darmstadt, 18.06.2013).

— Am Institut für Soziologie der Martin-Luther-Universität Halle-Wittenberg gibt es den Arbeitsschwerpunkt "Bildungs- und Mikrosoziologie" (vgl. Martin-Luther-Universität Halle-Wittenberg, 18.06.2013). Soziologie kann im Ba/Ma-Studiengang mit 180 Punkten studiert werden, oder auch in Kombination mit einem anderen Studienfach, was zu interessanten Studienprofilen führen kann. Darüber hinaus bietet der Fachbereich Erziehungswissenschaften mit dem Schwerpunkt "Sozialpädagogik" unter Prof. Thomas Olk bildungssoziologische Überschneidungspunkte.

— Die Uni Hannover hat ebenfalls einen Arbeitsbereich der Bildungssoziologie. http://www.ish.uni-hannover.de/7627.html

— An der Uni Kassel werden bildungssoziologische Aspekte im Rahmen des BA- und MA- Studiengangs der Soziologie angeboten. Forschung und Lehre konzentrieren sich u.a. auf „Soziologie der Diversität" (unter Leitung von Prof. Dr. Elisabeth Tuider) oder „Mikrosoziologie" (unter Leitung von Prof. Dr. Kerstin Jürgens) (Universität Kassel, 18.06.2013a).

— Die Uni Mainz bietet mit den Arbeitsbereichen „Wissens- und Bildungssoziologie" unter Dr. Herbert Kalthoff, und „Soziologie der Sozialstruktur und der sozialen Ungleichheit" unter Dr. Udo Thiedeke einen großen bildungssoziologischen Schwerpunkt (Johannes Gutenberg-Universität Mainz, 18.06. 2013).

— Die Uni Münster bietet einen Forschungsbereich Bildungsforschung unter Prof. Dr. Mathias Grundmann (Westfälische Wilhelms-Universität Münster, 18.06.2013a). Bildungssoziologische Themen können im Rahmen des Zweifach – Bachelor – Soziologie sowie als MA-Studiengang Soziologie studiert werden. Die Fächer Sozialwissenschaften und Bildungswissenschaften enthalten ebenfalls Anteile bildungssoziologischer Inhalte (Westfälische Wilhelms-Universität Münster, 18.06.2013b).

10.2 Berufsperspektiven

Leider existiert keine Untersuchung speziell zu Berufsperspektiven von BildungssoziologInnen, es können jedoch Schlussfolgerungen aus den allgemeinen Arbeitsmarktchancen für SoziologInnen gezogen werden. Die Soziologie besitzt im Vergleich zu anderen Disziplinen eine geringe Berufsfeldprägnanz. Die MedizinerIn wird ÄrztIn, die JuristIn wird AnwältIn, aber was wird die SoziologIn? Wenn es überhaupt ein typisches Arbeitsfeld für ihn/sie gibt, dann ist es Forschung und Lehre.

Doch StudentInnen der Soziologie erarbeiten sich im Studium vielfältige (wissenschaftliche) Kompetenzen (z.B. kritischer und kreativer Umgang mit Datenmaterial, Auswertungs- Analysefähigkeiten, selbstständiges Erarbeiten einzelner Themen, souveräner Umgang mit Fachliteratur etc.), die in vielen Tätigkeitsfeldern zum Einsatz kommen können (vgl. Universität Kassel, 19.06. 2013b). Im Zuge des Bologna-Prozesses und der Umstellung auf Bachelor- und Masterabschlüsse, hat sich auch die berufliche Situation für (Bildungs-)SoziologInnen verändert. Wie eine Absolventenstudie der Uni Mannheim zeigt, entschlossen sich ca. zwei Drittel der Befragten für ein an den Bachelor anschließendes Masterstudium (vgl. Fakultät für Sozialwissenschaften der Universität Mannheim 2011, S. 4). Bachelorabsolventen, die gleich nach ihrem Abschluss in den Beruf einsteigen, waren zu je 20% im Bereich der Forschung, des Projektmanagements oder in der Beratung/Consulting tätig (ebd. S. 29ff.). Im Vergleich mit den Diplom-Soziologen, die nach ihrem Abschluss hauptsächlich im Bereich der Forschung tätig sind (45%), zeigt sich, dass Bachelorabsolventen in vielfältigen Arbeitsbereichen tätig sind. Neben Forschungstätigkeiten in universitären und außeruniversitären Einrichtungen ergeben sich weitere mögliche Praxisfelder in wohlfahrtsstaatlichen Einrichtungen, Verbänden, in der öffentlichen Verwaltung, im (Weiter-)Bildungssektor, Personalabteilungen sowie in den Bereichen Medien, Politik und Kultur. Diese Möglichkeiten gelten auch für Masterabsolventen. Durchschnittlich benötigen SoziologiestudentInnen ca. 6-12 Monate für den Übergang in den Arbeitsmarkt.

Für einen problemlosen Übergang ins Berufsleben ist es wichtig, dass die Studierenden ihre theoretischen Fähigkeiten durch Praktika ergänzen. Befragungen bereits erfolgreicher Bewerber zeigen, dass praktische Berufserfahrung als wichtigstes Kriterium für den Erhalt der Stelle angegeben werde, aber auch persönliches Engagement bei der Stellensuche (Behrendt, Kallweit und Kromrey 2002, S. 189). Tatsächlich konnte festgestellt werden, dass Diplom- und Magisterstudenten während ihres Studiums deutlich mehr arbeiten als Bachelorstudenten. Die Nebentätigkeit steht jedoch auch in engem Zusammenhang mit der Studiendauer (vgl. Fakultät für Sozialwissenschaften der Universität Mannheim 2011, S.10) Studienprogramme, die ein Pflichtpraktikum enthalten sind daher empfehlenswert. Daneben sind Auslandserfahrungen und gute Sprachkenntnisse förderliche Faktoren bei der Arbeitssuche. EDV-Kenntnisse und der sichere Umgang mit den „neuen Medien" (Internet) sind inzwischen fast selbstverständlich und daher ebenfalls von großer Bedeutung. Außerdem sind die während des Studiums vermittelten Qualifikationen wie Statistik/Methodenlehre und analytisches Denken Fähigkeiten, die auf dem Arbeitsmarkt sehr gefragt sind. Langfristig sind (Bildungs-)SoziologInnen somit selten von Arbeitslosigkeit betroffen.

10.3 Quellennangaben

- Bundesinstitut für Berufsbildung (2013): URL: http://www.bibb.de/de/26173.htm [10.06.2013]
- Deutscher Bildungsserver. Innovationsportal (2007): URL: http://www.bildungsserver. de/innovationsportal/bildungplus.html?artid=archiv [10.06.2013]
- Deutsches Institut für Erwachsenenbildung (2013): URL: http://www.die-bonn.de/ Institut/Default.aspx [12.06.2013]
- Deutsches Institut für Internationale Pädagogische Forschung (2013): URL: http:// www.dipf.de/de/themen [17.06.2013]
- Deutsches Jugendinstitut (2000): URL: http://www.dji.de/cgi-bin/projekte/output. php?projekt=542&Jump1=LINKS&Jump2=400 [12.06.2013]
- Fakultät für Sozialwissenschaften der Universität Mannheim (Hrsg.). Holzleiter, Tamara/Pöhlmann, Lutz/Brüderl, Josef (2011): Absolventenstudie 2009/10 der Fakultät für Sozialwissenschaften. Universität Mannheim. URL: http://home.sowi.uni-mannheim.de/fakultaet/informationen_zur_fakultaet/absolventenstudien/pdf_absolventenstudie_2009_druckversion/absolventenstudie_2009_110315_druckversion_vollstandig.pdf [19.06.2013]; Sowie http://home.sowi.uni-mannheim.de/fakultaet/ informationen_zur_fakultaet/absolventenstudien/
- Internationales Zentrum für Hochschulforschung Kassel (2013): URL: http://www. uni-kassel.de/einrichtungen/incher/ueber-incher.html [17.06.2013]
- Institut für Hochschulfoschung Wittenberg (HoF) e.V. (2013a): URL: http://www. hof.uni-halle.de/projekte.htm [17.06.2013]
- Institut für Hochschulfoschung Wittenberg (HoF) e.V. (2013b): URL: http://www. hof.uni-halle.de/institut/taetigkeitsprofil.htm [17.06.2013]
- Johannes Gutenberg-Universität Mainz. Institut für Soziologie (2013): URL: http:// www.soziologie.uni-mainz.de/26.php [18.06.2013]
- Martin-Luther-Universität Halle/Wittenberg. Institut für Soziologie (2013): URL: http://www.soziologie.uni-halle.de/forschung/profs.html [18.06.2013]
- Max-Planck-Gesellschaft (2013): URL: http://www.mpg.de/institute [10.06.2013]
- Technische Universität Darmstadt. Institut für Soziologie (2013): URL: http:// www.ifs.tu-darmstadt.de/index.php?id=soziologie [18.06.2013]
- Universität Kassel. FB 05 Gesellschaftswissenschaften. Soziologie (2013a): URL: http://www.uni-kassel.de/fb05/fachgruppen/soziologie.html [18.06.2013]
- Universität Kassel. FB 05 Gesellschaftswissenschaften. Soziologie (2013b): URL: http://www.uni-kassel.de/fb05/studium05/studienangebot/ma-master/soziologie/das-erwartet-sie-ma.html [19.06.2013]
- Westfälische Wilhelms-Universität Münster. Institut für Soziologie (2013a): URL: www.uni-muenster.de/Soziologie/ [18.06.2013]
- Westfälische Wilhelms-Universität Münster. Institut für Soziologie (2013b): URL: http://www.uni-muenster.de/Soziologie/studium/studiengaenge/index.html [18.06.2013]

10.4 Thematisch sortierte Literaturempfehlungen

10.4.1 Einführungen

Arbeitsgruppe Bildungsbericht am Max-Planck-Institut für Bildungsforschung : Das Bildungswesen der Bundesrepublik Deutschland. Strukturen und Entwicklungen im Überblick. Reinbek 1994.

Böhnisch, L.: Pädagogische Soziologie. Eine Einführung. München 1996.

Friedeburg, L. v.: Bildungsreform in Deutschland. Geschichte und gesellschaftlicher Widerspruch. Frankfurt am Main 1992.

Grimm, Susanne: Soziologie der Bildung und Erziehung. München 1987

Krais, Beate: Erziehungs- und Bildungssoziologie. In: Kerber, H./Schmieder, A. (Hrsg.): Spezielle Soziologien. Reinbek 1994, S. 556-576.

Parelius, R. J./Parelius, A. P.: The sociology of education. London u.a. 1987[2].

10.4.2 Grundbegriffe

Büchner, P./Krüger, H.-H.: Soziale Ungleichheit beim Bildungserwerb innerhalb und außerhalb der Schule. Ergebnisse einer empirischen Untersuchung in Hessen und Sachsen-Anhalt. In: Aus Politik und Zeitgeschichte. Beilage zur Wochenzeitung „Das Parlament". (1996) H. B. 11, S. 21-30.

Klemm, K.: Bildung. In: Allmendinger, J./Ludwig-Mayerhofer, W. (Hrsg.): Soziologie des Sozialstaates. Weinheim/München 2000.

Korte, H./Schäfers, B. (Hrsg.): Einführung in die Hauptbegriffe der Soziologie. Opladen 2000[5].

10.4.3 Bildungs- und Erziehungstheorien

Fend, H.: Sozialisation und Erziehung. Weinberg/Berlin/Basel 1969.

Geulen, D.: Das vergesellschaftete Subjekt. Zur Grundlegung der Sozialisationstheorie. Frankfurt am Main 1989.

Hagemann-White, C.: Sozialisation: weiblich – männlich. Opladen 1984.

Humboldt, W. v.: Theorie der Bildung des Menschen. Bruchstück. In: Humboldt, W. v. (Hrsg.): Werke in fünf Bänden, Bd. III. Schriften zur Sprachphilosophie. Darmstadt 1960, S. 234-240.

Honig, M.-S.: Entwurf zu einer Theorie der Kindheit. Frankfurt am Main 1999.

Grundmann, M.: Konstruktivistische Sozialisationsforschung. Lebensweltliche Erfahrungskontexte, individuelle Handlungskompetenzen und die Konstruktion sozialer Strukturen. Frankfurt am Main 1999.

Luhmann, N.: Das Erziehungssystem der Gesellschaft. Frankfurt a.M. 2002.

Miller, A.: Am Anfang war Erziehung. Frankfurt am Main 1983.

10.4.4 Soziologie der (Vor)Schule

Arbeitsgruppe Bildungsbericht am Max-Planck-Institut für Bildungsforschung: Das Bildungswesen in der Bundesrepublik Deutschland. Strukturen und Entwicklungen im Überblick. Reinbek 1994.

Fölling-Albers, M.: Schulkinder heute. Auswirkungen veränderter Kindheit auf Unterricht und Schulleben. Weinheim/Basel 1992.

Händle, C.: Lehrerinnen in System und Umwelt: Erkundungen ihrer doppelten Sozialisation. Opladen 1998.

Helsper, W. u. a.: Schulkultur und Schulmythos. Rekonstruktionen zur Schulkultur I Opladen 2001.

Illich, I.: Entschulung der Gesellschaft. Eine Streitschrift. München 1995.

10.4.5 Soziologie der Universität

Bourdieu, P.: Homo academicus. Frankfurt am Main 1998[2]

Bourdieu, P.: Vom Gebrauch der Wissenschaft. Eine klinische Soziologie des wissenschaftlichen Feldes, Konstanz 1998.

Engler, S.: In Einsamkeit und Freiheit? Zur Konstruktion der wissenschaftlichen Persönlichkeit auf dem Weg zur Professur. Konstanz 2001.

Goldschmidt, D.: Die gesellschaftliche Herausforderung der Universität. Weinheim 1991.

Parsons, T.: Die amerikanische Universität: ein Beitrag zur Soziologie der Erkenntnis. Frankfurt am Main 1990.

10.4.6 Bildung und soziale Ungleichheit

Gildemeister, R./Wetterer, A.: Wie Geschlechter gemacht werden. Die soziale Konstruktion der Zweigeschlechtlichkeit und ihre Reifizierung in der Frauenforschung. In: Knapp, G.-A./Wetterer, A. (Hrsg.): Traditionen – Brüche. Entwicklungen feministischer Theorie. Freiburg im Br. 1992, S. 201-254.

Hartmann, M.: Der Mythos von den Leistungseliten. Spitzenkarrieren und soziale Herkunft in Wirtschaft, Politik, Justiz und Wissenschaft. Frankfurt a.M./New York 2002.

Krais, B.: Bildungsexpansion und soziale Ungleichheit in der Bundesrepublik Deutschland. In: Bolder, A.et al.. (Hrsg.): Jahrbuch Bildung und Arbeit: Die Wiederentdeckung der Ungleichheit. Aktuelle Tendenzen in Bildung und Arbeit. Opladen 1996b, S. 118-146.

Krappmann, L.: Die Reproduktion des Systems gesellschaftlicher Ungleichheit in der Kinderwelt. In: Grundmann, M. (Hrsg.): Konstruktivistische Sozialforschung: lebensweltliche Erfahrungskontexte, individuelle Handlungskompetenzen und die Konstruktion sozialer Strukturen. Frankfurt am Main 1999, S. 228-239.

10.4.7 Periodika

Bundesminister für Bildung und Wissenschaft (Hrsg.): Berufsbildungsbericht. Bad Honnef 1977ff.

Bericht über die menschliche Entwicklung. (Hrsg. von der Deutschen Gesellschaft für die Vereinten Nationen e.V.) Bonn 1990ff.

Jahrbuch der Schulentwicklung. (Hrsg. von Rolff, H.-G./Klemm, K./Tillmann, K.-J.) Weinheim 1980ff.

Jahrbuch Bildung und Arbeit. (Hrsg. von Bolder, A./Heinz, W. R./Rodax, K.) Opladen 1996ff.

Zeitschrift für Soziologie der Erziehung und Sozialisation.

Literatur

Abbott, A.: The System of Profession. An Essay on the Division of Expert Labour. Chicago/London 1988.

Abels, H.: Jugend vor der Moderne. Soziologische und psychologische Theorien des 20. Jahrhunderts. Opladen 1993.

Adorno, T. W.: Erziehung nach Auschwitz. In: Adorno, T. W. (Hrsg.): Kulturkritik und Gesellschaft 2. Gesammelte Schriften. Frankfurt am Main 1977, S. 674-690.

Ahrend, C.: Lehren der Straße. Über Kinderöffentlichkeit. Zeiten und Zwischenräume. In: Ecarius, J./Löw, M. (Hrsg.): Raumbildung – Bildungsräume. Über die Verräumlichung sozialer Prozesse. Opladen 1997, S. 197-212.

Ahrend, C.: Mobilitätsstrategien zehnjähriger Jungen und Mädchen als Grundlage städtischer Verkehrsplanung. Münster/New York 2002.

Alexander, J. C.: Soziale Differenzierung und kultureller Wandel. Essays zur neofunktionalistischen Gesellschaftstheorie. Frankfurt am Main 1993.

Allmendinger, J.: Bildungsarmut: Zur Verschränkung von Bildungs- und Sozialpolitik. In: Soziale Welt (1999) H. 50, S. 35-50.

Allmendinger, J./Brückner, E. et al.: The Limitations of Individual Level Analyses. In: Heinz, W. R. (Hrsg.): Institutions and Gatekeeping in the Life Course. Weinheim 1992, S. 187-215.

Allmendinger, J./Brückner, H. et al.: Berufliche Werdegänge von Frauen in der Max-Planck-Gesellschaft: Eine Echternacher Springprozession. In: Rehberg, K.-S. (Hrsg.): Differenz und Intergration. 28. Deutscher Soziologentag. Dresden/Opladen 1997, S. 537-544.

Amendt, G.: Genderaspekte im Schüler-Lehrer-Verhältnis. In: Leviathan (1996) H. 3, S. 372-386.

Amstutz, M./Fischer-Lescano A.: Kritische Systemtheorie: Zur Evolution einer normativen Theorie. Transcript Verlag 2013.

Ariès, P.: Geschichte der Kindheit. München 1975.

Arnold, K.: Kind und Gesellschaft in Mittelalter und Renaissance. Paderborn 1980.

Arbeitsgruppe Bildungsbericht am Max-Planck-Institut für Bildungsforschung: Das Bildungswesen in der Bundesrepublik Deutschland. Strukturen und Entwicklungen im Überblick. Reinbek 1994.

Ashenden, S.: Foucault contra Habermas: Recasting the Dialogue between Genealogy and Critical Theory. London 1999.

Auernheimer, G.: Einführung in die Interkulturelle Pädagogik. Darmstadt 2013.

Baacke, D.: Sozialökologische Ansätze in der Jugendforschung. In: Krüger, H.-H. (Hrsg.): Handbuch der Jugendforschung. Opladen 1993[2], S. 135-157.

Baacke, D./Ferchhoff, W.: Jugend, Kultur und Freizeit. In: Krüger, H.-H. (Hrsg.): Handbuch der Jugendforschung. Opladen 1992[2], S. 291-325.

Bade, K. J.: Homo Migrans - Wanderungen aus und nach Deutschland: Erfahrungen und Fragen Stuttgarter Vorträge zur Zeitgeschichte. Essen 1994.

Baecker, D.: Die Universität als Algorithmus. In: Laske, S./Scheytt, T. et al. (Hrsg.): Universität im 21. Jahrhundert. Zur Interdependenz von Begriff und Organisation der Wissenschaft. München 2000, S. 47-75.

Baier, H. (Hrsg.): Helmut Schelsky – ein Soziologe in der Bundesrepublik: Eine Gedächtnisschrift von Freunden, Kollegen und Schülern. Stuttgart 1986.

Balibar, E.: Die Nation-Form: Geschichte und Ideologie. In: Balibar, E./Wallerstein, I. (Hrsg.): Rasse, Klasse, Nation. Hamburg/Berlin 1990, S. 107-130.

Baraldi, C./Corsi, G. et al.: GLU. Glossar Niklas Luhmann. Frankfurt am Main 1997.

Barber, B./Gerhardt, U. (Hrsg.): Agenda for Sociology: Classic Sources and Current Uses of Talcott Parsons's Work. Baden-Baden 1999.

Bauer, A./Gröning, K. et al.: Die Regel der Ausnahme: Hochschulfrauen. Frankfurt am Main 1993.

Baumert, J./Lehmann, R.: TIMSS – mathematisch-naturwissenschftlicher Unterricht im internationalen Vergleich. Opladen 1997.

Baumert, J./Schümer, G.: Familiäre Verhältnisse, Bildungsbeteiligung und Kompetenzerwerb. In: Deutsches PISA-Konsortium (Hrsg.): PISA 2000. Basiskompetenzen von Schülerinnen und Schülern im internationalen Vergleich. Opladen 2001, S. 323-407.

Beck, U.: Risikogesellschaft. Auf dem Weg in eine andere Moderne. Frankfurt am Main 1986.

Becker, H./May, M.: „Die lungern eh' nur da ‚rum" – Raumbezogene Interessenorientierungen von Unterschichtsjugendlichen und ihre Realisierung in öffentlichen Räumen. In: Specht, W. (Hrsg.): Die gefährliche Straße. Jugendkonflikte und Stadtteilarbeit. Bielefeld 1987, S. 35-46.

Beckmann, S.: Professionalization: borderline authority and autonomy in work. In: Burrage, M./Torstendahl, R. (Hrsg.): Professions in Theory and History. Rethinking the Study of the Profession. London 1991, S. 115-138.

Behnken, I./Zinnecker, J.: Vom Straßenkind zum verhäuslichten Kind. Zur Modernisierung städtischer Kindheit 1900-1980. In: Sozialwissenschaftliche Informationen (1987) H. 2, S. 87-96.

Behrendt, E./Kallweit, H. et al.: Primat der Theorie? Arbeitsmarkt, Qualifikation und das Image der Soziologie. In: Stockmann, R./Meyer, W. et al. (Hrsg.): Soziologie im Wandel. Universitäre Ausbildung und Arbeitsmarktchancen in Deutschland. Opladen 2002, S. 187-197.

Bell, D.: Die nachindustrielle Gesellschaft. Frankfurt am Main/New York 1975.

Bellenberg, G./Böttcher, W. et al.: Schule und Unterricht. In: Böttcher, W./Klemm, K. et al. (Hrsg.): Bildung und Soziales in Zahlen. Statistisches Handbuch zu Daten und Trends im Bildungsbereich. Weinheim u.a. 2001, S. 93-126.

Benninghaus, C.: Die anderen Jugendlichen. Arbeitermädchen in der Weimarer Republik. Frankfurt am Main u.a. 1997.

Berger, P. L./Luckmann, T.: Die gesellschaftliche Konstruktion von Wirklichkeit. Eine Theorie der Wissenssoziologie. Frankfurt am Main 1972[3].

Berking, H.: Local Frames and Global Images – Nation State and New Urban Underclass: Über die Globalisierung lokaler Wissensbestände. In: Löw, M. (Hrsg.): Differenzierungen des Städtischen. Opladen 2002, S. 107-123.

Bernsdorf, W.: Wörterbuch der Soziologie. Stuttgart 1969.

Bernstein, B.: Studien zur sprachlichen Sozialisation. Düsseldorf 1973.

Bittlingmayer, U. H. (Hrsg.): Theorie als Kampf? Zur politischen Soziologie Pierre Bourdieus. Opladen 2002.

Blankertz, H.: Bildung im Zeitalter der großen Industrie. Hannover 1969.

Blankertz, H.: Die Geschichte der Pädagogik. Von der Aufklärung bis zur Gegenwart. Wetzlar 1982.

Blomert, R.: Intellektuelle im Aufbruch: Karl Mannheim, Alfred Weber, Norbert Elias und die Heidelberger Sozialwissenschaften der Zwischenkriegszeit. München u.a. 1999.

Blosfeld, H.-P.: Changes in Educational Opportunities in the Federal Republic of Germany. A Lonitudinal Study of Cohorts Born between 1916 and 1965. In: Shavit, Y./Blosfeld, H.-P. (Hrsg.): Persist Inequality: Changing Educational Stratification in Thirteen Countries. Boulder Colorado 1993, S. 51-74.

Bochow, M./Joas, H.: Wissenschaft und Karriere – Der berufliche Verbleib des akademischen Mittelbaus. Frankfurt 1987.

Böhme, J.: Schulmythen und ihre imaginäre Verbürgung durch oppositionelle Schüler. Bad Heilbrunn 2000.

Böhme, J. (Hrsg.): Schularchitektur im interdisziplinären Diskurs. Territorialisierungskrise und Gestaltungsperspektiven des schulischen Bildungsraums. Wiesbaden 2009

Böhnisch, L.: Pädagogische Soziologie. Eine Einführung. München 1996.

Bös, Mathias: Ethnizität. In: Baur, N./Korte, H./Löw, M./Schroer, M. (Hrsg.): Handbuch Soziologie. Wiesbaden 2008, S. 55-76.

Bolder, A./Hendrich, W.: Fremde Bildungswelten. Alternative Strategien lebenslangen Lernens. Opladen 2000.

Boll, F.: Jugend im Umbruch vom Nationalsozialismus zur Nachkriegsdemokratie. In: Archiv für Sozialgeschichte (1997) H. 5, S. 482ff.

Bollenbeck, G.: Bildung und Kultur. Glanz und Elend eines deutschen Deutungsmusters. Frankfurt am Main/Leipzig 1994.

Boris, D.: Krise und Planung: Die Politische Soziologie im Spätwerk Karl Mannheims. Stuttgart 1971.

Boudon, R.: Education, Opportunity, and social Inequality : Changing Prospects in Western Society. L' inégalité des chances. New York 1974.

Bourdieu, P.: Die feinen Unterschiede. Frankfurt am Main 1983[2].

Bourdieu, P.: Sozialer Raum und „Klassen". Frankfurt am Main 1991[2].

Bourdieu, P.: Die männliche Herrschaft. In: Dölling, I./Krais, B. (Hrsg.): Ein alltägliches Spiel. Geschlechterkonstruktion in der sozialen Praxis. Frankfurt am Main 1997, S. 153-217.

Bourdieu, P.: Vom Gebrauch der Wissenschaft. Eine klinische Soziologie des wissenschaftlichen Feldes. Konstanz 1998.

Bourdieu, P.: Homo academicus. Frankfurt am Main 1998[2].

Bourdieu, P./Boltanski, L. et al.: Titel und Stelle. Über die Reproduktion sozialer Macht. Frankfurt am Main 1981.

Bourdieu, P./Champagne, P.: Die intern Ausgegrenzten. In: Bourdieu et al. (Hrsg.): Das Elend der Welt. Zeugnisse und Diagnosen alltäglichen Leidens an der Gesellschaft. Konstanz 1997, S. 527-533.

Bourdieu, P./Passeron, J-C.: Die Erben. Studenten, Bildung und Kultur. Konstanz 2007.

Bourdieu, P./Wacquant, L. J. D.: Reflexive Anthropologie. Frankfurt am Main 1996.

Brehmer, I.: Sexismus in der Schule. Weinheim/Basel 1982.

Breidenstein, G.: Der Gebrauch der Geschlechterunterscheidung in der Schulklasse. In: Zeitschrift für Soziologie 5 (1997), S. 337-351.

Breidenstein, G./Kelle, H.: Geschlechteralltag in der Schulklasse. Ethnographische Studien zur Gleichaltrigenkultur. Weinheim 1998.

Briggs, A./Burke, P.: A Social History of the Media: from Gutenberg to the Internet. Cambridge 2002.

Brock, D./Suckow, J.: Nationale Bildungssysteme im Globalisierungsprozeß. In: Bolder, A./Heinz, W. R. et al. (Hrsg.): Deregulierung der Arbeit – Pluralisierung der Bildung? Opladen 2001.

Bronfenbrenner, U.: Die Ökologie der menschlichen Entwicklung: Natürliche und geplante Experimente. Stuttgart 1981.

Brüderl, J./Reimer, D.: Soziologinnen und Soziologen im Beruf. Ergebnisse ausgewählter Absolventenstudien der 90er Jahre. In: Stockmann, R./Meyer, W. et al. (Hrsg.): Soziologie im Wandel. Universitäre Ausbildung und Arbeitsmarktchancen in Deutschland. Opladen 2002, S. 199-214.

Bublitz, H.: Ich gehörte irgendwie so nirgends hin ... Arbeitertöchter an der Hochschule. Gießen 1980.

Büchner, P.: Einführung in die Soziologie der Erziehung und des Bildungswesens. Darmstadt 1985.

Büchner, P./Fuhs, B. et al. (Hrsg.): Kinderkulturelle Praxis. Kindliche Handlungskontexte und Aktivitätsprofile im außerschulischen Lebensalltag. Marburger Beiträge zur Kindheits- und Jugendforschung. Opladen 1994.

Büchner, P./Krüger, H.-H.: Soziale Ungleichheit beim Bildungserwerb innerhalb und außerhalb der Schule. Ergebnisse einer empirischen Untersuchung in Hessen und Sachsen-Anhalt. In: Aus Politik und Zeitgeschichte. Beilage zur Wochenzeitung „Das Parlament" (1996) H. 11, S. 21-30.

Bude, H.: Das nervöse Selbst in der geschlossenen Welt des Sinns. Niklas Luhmann und Pierre Bourdieu im Vergleich. In: Merkur (1990) H. 5, S. 429-433.

Bukow, W.D./Llaryora, R.: Mitbürger aus der Fremde. Soziogenese ethnischer Minderheiten. Opladen 1988.

Burgess, E. W.: The Growth of the City. An Introduction to a Research Project. In: Park, R. E. et al. (Hrsg.): The City. Chicago 1974[7].

Burkart, G./Runkel G.: Luhmann und die Kulturtheorie. Suhrkamp 2004.

Butler, J.: Das Unbehagen der Geschlechter. Frankfurt am Main 1991.

Castles, S./Miller M. J..: The age of migration : international population movements in the modern world 4. ed., [rev. and updated]. 2009.

Clarke, S. H./Campbell, F. A.: Can Intervention Early prevent Crime later? – The Abecedarian Project Compared with Other Programms. In: Early Childhood Research Quarterly (1998) H. 2, S. 319-343.

Colberg-Schrader, H./Krug, M.: Arbeitsfeld Kindergarten. Pädagogische Wege, Zukunftsperspektiven und berufliche Perspektiven. Weinheim/München 1999.

Coleman, J. S.: Die asymmetrische Gesellschaft. Vom Aufwachsen mit unpersönlichen Systemen. Weinheim/Basel 1986.

Collège de France: Vorschläge für das Bildungswesen der Zukunft. In: Müller-Rolli, S. (Hrsg.): Das Bildungswesen der Zukunft. Stuttgart 1987, S. 253-282.

Combe, A.: Pädagogische Professionalität, Hermeneutik und Lehrerbildung. Am Beispiel der Berufsbelastung von Grundschullehrkräften. In: Combe, A./Helsper, W. (Hrsg.): Pädagogische Professionalität. Untersuchungen zum Typus pädagogischen Handelns. Frankfurt am Main 1999[3], S. 501-520.

Dahrendorf, R.: Bildung ist Bürgerrecht. Hamburg 1965.

Dane, G. et al. (Hrsg.): Anschlüsse. Versuche nach Michel Foucault. Tübingen 1985.

Daschner, P./Rolff, H. G. et al. (Hrsg.): Schulautonomie – Chancen und Grenzen. Weinheim/München 1995.

Datenreport 2011. Ein Sozialbericht für die Bundesregierung Deutschland. Bonn 2011.

Davies, B.: Frösche, Schlangen und feministische Märchen. Hamburg 1992.

Daxner, M.: Ein bedrohter Stand? Selbst- und Fremdbilder des Hochschullehrerberufs. In: Das Hochschulwesen: Forum für Hochschulforschung, -praxis und -politik 1 (1999) H. 47, S. 26-29.

Deinet, U.: Sozialräume von Kindern und Jugendlichen als subjektive Aneignungsräume verstehen! In: Projekt „Netzwerke im Stadtteil" (Hrsg.): Grenzen des Sozialraums. Kritik eines Konzepts – Perspektiven für Soziale Arbeit. Wiesbaden 2005, S. 165-181.

Deinet, U./Reutlinger, C.: Aneignung. In: Kessl, F. et al. (Hrsg): Handbuch Sozialraum. Wiesbaden 2005, S. 295-312.

DeMause, L. (Hrsg.): Hört ihr die Kinder weinen. Eine psychogenetische Geschichte der Kindheit. Frankfurt am Main 1989[6].

Deutsches Jugendinstitut (Hrsg.): Was tun Kinder am Nachmittag? Ergebnisse einer empirischen Untersuchung zur mittleren Kindheit. München 1992.

Dewe, B./Ferchhoff, W. et al. (Hrsg.): Erziehen als Profession. Opladen 1992.

Diefenbach, H.: Bildungsbeteiligung und Berufseinmündung von Kindern und Jugendlichen aus Migrantenfamilien. Eine Fortschreibung der Daten des Sozioökonomischen Panels (SOEP). In: Sechster Kinder- und Jugendbericht 2002, S. 9-70.

Diefenbach, H.: Schulerfolgsquoten ausländischer und deutscher Schüler an Integrierten Gesamtschulen und an Schulen des dreigliedrigen Schulsystems. Sind Integrierte Gesamtschulen die bessere Wahl für ausländische Schüler? In: Bundesinstitut für Bevölkerungsforschung 2003, S. 77-95.

Diefenbach, H.: Bildungschancen und Bildungs(miss)erfolg von ausländischen Schülern oder Schülern aus Migrantenfamilien im System schulischer Bildung. In: Becker/Lauterbach 2007, S. 217-241.

Diefenbach, H.: Kinder und Jugendliche aus Migrantenfamilien im deutschen Bildungssystem: Erklärungen und empirische Befunde. Wiesbaden 2010.

Dirk, M.: Überkomplexe Gesellschaft. Eine Kritik der Systemtheorie Niklas Luhmanns. Münster 2009.

Ditton, H.: Der Beitrag von Schule und Lehrern zu Reproduktion von Bildungsungleichheit In: Becker, R.; Lauterbach, W. (Hrsg.): Bildung als Privileg? Erklärungen und Befunde zu den Ursachen der Bildungsungleichheit. Wiesbaden 2004, S. 251-280.

Dittrich, E. J./Radtke F. O. (Hrsg.): Ethnizität. Opladen 1990.

Drewek, P./Harney, K.: Beteiligung und Ausschluß. Zur Sozialgeschichte von Bildungssystem und Karriere. In: Tenorth, H. E. (Hrsg.): Allgemeine Bildung. Weinheim/München 1986, S. 138-153.

Du Bois-Reymond, M.: Zum Wandel der Beziehungen zwischen Eltern und Heranwachsenden. In: Bücher, P./Krüger, H.-H. (Hrsg.): Aufwachsen hüben und drüben. Opladen 1991, S. 297-306.

Dubiel, H.: Kritische Theorie der Gesellschaft. Weinheim/München 1997.

Dudek, P.: Geschichte der Jugend. In: Krüger, H.-H. (Hrsg.): Handbuch der Jugendforschung. Opladen 1992[2], S. 305-332.

Durkheim, E.: Die Regeln der soziologischen Methode. Neuwied 1961.

Durkheim, E.: Erziehung und Soziologie. Düsseldorf 1972.

Durkheim, E.: Die Entwicklung der Pädagogik. Zur Geschichte und Soziologie des gelehrten Unterrichts in Frankreich. Weinheim/Basel 1977.

Durkheim, E.: Erziehung, Moral und Gesellschaft. Vorlesung an der Sorbonne 1902/1903. Frankfurt am Main 1999[3]a.

Durkheim, E.: Über soziale Arbeitsteilung. Studie über die Organisation höherer Gesellschaften. Frankfurt am Main 1999[3]b.

Ecarius, J.: Individualisierung und soziale Reproduktion im Lebensverlauf. Konzepte der Lebenslaufforschung. Opladen 1996.

Ecarius, J.: Lebenslanges Lernen und Disparitäten in sozialen Räumen. In: Ecarius, J./Löw, M. (Hrsg.): Raumbildung – Bildungsräume. Über die Verräumlichung sozialer Prozesse. Opladen 1997, S. 33-62.

Eigler, H./Hansen, R. et al.: Quantitative Entwicklungen: Wem hat die Bildungsexpansion genutzt? In: Rolff, H.-G. et al. (Hrsg.): Jahrbuch der Schulentwicklung. Weinheim 1980, S. 45-71.

Elias, N.: Über den Prozeß der Zivilisation. Soziogenetische und psychogenetische Untersuchungen. Frankfurt am Main 1976.

Engelbrech, G.: Vom Arbeitskräftemangel zum gegenwärtigen Arbeitskräfteüberschuß: Frauen und Erwerbstätigkeit in den neuen Bundesländern. In: MittAB 4 (1991) S. 648-657.

Engler, S.: Fachkultur, Geschlecht und soziale Reproduktion. Eine Untersuchung über Studentinnen und Studenten der Erziehungswissenschaft, Elektrotechnik und des Maschinenbaus. Weinheim 1993.

Engler, S.: Studentische Lebensstile und Geschlecht. In: Dölling, I./Krais, B. (Hrsg.): Ein alltägliches Spiel. Geschlechterkonstruktion in der sozialen Praxis. Frankfurt am Main 1997, S. 309-329.

Engler, S.: In Einsamkeit und Freiheit? Zur Konstruktion der wissenschaftlichen Persönlichkeit auf dem Weg zur Professur. Konstanz 2001.

Esser, H.: Aspekte der Wanderungssoziologie: Assimilation und Integration von Wanderern, ethnischen Gruppen und Minderheiten; eine handlungstheoretische Analyse Soziologische Texte. Darmstadt 1980.

Esser, H.: Inklusion, Integration und ethnische Schichtung In: Journal of Conflict and Violence Research Vol. 1, 1/1999, S. 5-34.

Esser, H.: Integration und ethnische Schichtung. Arbeitspapiere – Mannheimer Zentrum für Europäische Sozialforschung Nr. 40, 2001.

Esser, H.: Welche Alternativen zur ›Assimilation‹ gibt es eigentlich? In: Migration-Integration-Bildung. Grundfragen und Problembereiche (IMIS-Beiträge) H. 23/2004, S. 41-59.

Esser, H.: Sprache und Integration. Frankfurt a. M./New York 2006.

Esser, H.: Assimilation, ethnische Schichtung oder selektive Akkulturation? In: Kalter (Hrsg.): Migration und Integration. Kölner Zeitschrift für Soziologie und Sozialpsychologie (2008), Sonderheft 48, S. 81-107.

Faulstich-Wieland, H.: Koedukation. Enttäuschte Hoffnungen? Darmstadt 1991.

Faulstich-Wieland, H./Horstkemper, M.: „Trennt uns bitte, bitte nicht!" Koedukation aus Mädchen- und Jungensicht. Opladen 1995.

Fend, H.: Sozialisation und Erziehung. Weinberg/Berlin/Basel 1969.

Fend, H.: Gesellschaftliche Bedingungen schulischer Sozialisation. Soziologie der Schule I. Weinheim/Basel 1974.

Filsinger, D.: Ethnische Unterscheidung in der Einwanderergesellschaft –Eine kritische Analyse. Expertise im Auftrag des Gesprächskreises Migration und Integration der Friedrich-Ebert-Stiftung. WISO-Diskurs.

Fischer, A. et al.: Jugend 2000. Shell Studie. Opladen 2000.

Flade, A.: Kann der Rückzug der Mädchen aus dem öffentlichen Raum verhindert werden? Empirische Forschungsergebnisse und Schlußfolgerungen. In: Flade, A./Kustor-Hüttl, B. (Hrsg.): Mädchen in der Stadtplanung. Weinheim 1993, S. 23-40.

Fölling-Albers, M.: Schulkinder heute. Auswirkungen veränderter Kindheit auf Unterricht und Schulleben. Weinheim/Basel 1992.

Foucault, M.: Wahnsinn und Gesellschaft. Eine Geschichte des Wahns im Zeitalter der Vernunft. Frankfurt am Main 1969.

Foucault, M.: Die Geburt der Klinik. Eine Archäologie des ärztlichen Blicks. Frankfurt am Main 1973.

174

Foucault, M.: Überwachen und Strafen. Die Geburt des Gefängnisses. Frankfurt am Main 1977.

Foucault, M.: Sexualität und Wahrheit. Der Wille zum Wissen. Frankfurt am Main 1983.

Frasch, H./Wagner, A.: „Auf Jungen achtet man einfach mehr...“. In: Bremer, I. (Hrsg.): Sexismus in der Schule. Weinheim/Basel 1982, S. 260-279 .

Frerichs, P.: Klasse und Geschlecht 1. Arbeit, Macht, Anerkennung und Interessen. Opladen 1997.

Frerichs, P./Steinrücke, M.: Kochen – ein männliches Spiel? Die Küche als geschlechts- und klassenstrukturierter Raum. In: Dölling, I./Krais, B. (Hrsg.): Ein alltägliches Spiel. Geschlechterkonstruktion in der sozialen Praxis. Frankfurt am Main 1997, S. 231-255.

Friebertshäuser, B.: Übergangsphase Studienbeginn: eine Feldstudie über Riten der Initiation in eine studentische Fachkultur. Weinheim/München 1992.

Friedeburg, L. von: Probleme der Hochschulreform. In: Die Zukunft. Sozialistische Zeitschrift für Politik, Wirtschaft und Kultur (1969) H. 15&16.

Friedeburg, L. von: Bildungsreform in Deutschland. Geschichte und gesellschaftlicher Widerspruch. Frankfurt am Main 1992.

Friedrichs, J.: Stadtanalyse. Reinbek 1977.

Fröhlich, G./Rehbein, B. (Hrsg.): Bourdieu-Handbuch- Leben-Werk-Wirkung. Stuttgart/Weimar 2009.

Fuchs, W.: Jugendliche Statuspassage oder individualisierte Jugendbiographie? In: Soziale Welt (1983) H. 3, S. 341-371.

Fuchs-Heinritz, W./König, A.: Pierre Bourdieu. Eine Einführung. Konstanz/München 2011.

Fuchs-Heinritz, W./Lautmann, R. et al.: Lexikon zur Soziologie. Opladen 1994.

Fürstenau, S.: Mehrsprachigkeit als Kapital im transnationalen Raum : Perspektiven portugiesischsprachiger Jugendlicher beim Übergang von der Schule in die Arbeitswelt. Münster 2004.

Fuhrmann, M.: Der europäische Bildungskanon des bürgerlichen Zeitalters. Frankfurt am Main/Leipzig 1999.

Funken, C./Löw, M.: Ego-Shooters Container. Raumkonstruktionen im elektronischen Netz. In: Maresch, R./Werber, N. (Hrsg.): Raum-Wissen-Macht. Frankfurt am Main 2002, S. 69-91.

Geiger, G.: Der enteignete, der ungeeignete Ort. Psychosoziale Faktoren für das Verhalten von Frauen im städtischen Raum. In: Verhaltenstherapie und psychosoziale Praxis (1989) H. 2, S. 389-403.

Geiger, T.: Erziehung als Gegenstand der Soziologie. In: Hurrelmann, K. (Hrsg.): Soziologie der Erziehung. Weinheim/Basel 1974, S. 85-105.

Geisen, T.: Vergesellschaftung statt Integration. Zur Kritik des Integrations-Paradigmas. 2010 In: Paul Mencheril, Inch Dirim u.a.: Spannungsverhältnisse. Assimilationsdiskurse und interkulturell-pädagogische Forschung. Münster/New York 2010, S. 13-34.

Geißler, R./Weber-Menges, S.: Migrantenkinder im Bildungssystem: doppelt benachteiligt. Bonn 2008.

Germes, M./Tijé-Dra, A.: Banlieue. In: Marquardt, N./Schreiber, V. (Hrsg.): Ortsregister. Ein Glossar zu Räumen der Gegenwart. Bielefeld 2012, S. 32-38.

Geulen, D.: Das vergesellschaftete Subjekt. Zur Grundlegung der Sozialisationstheorie. Frankfurt am Main 1989.

Giddens, A.: Durkheim. Hassocks 1978.

Giddens, A.: Interpretative Soziologie. Eine kritische Einführung. Frankfurt am Main/New York 1984.

Giddens, A.: Die Konstitution der Gesellschaft. Grundzüge einer Theorie der Strukturierung. Frankfurt am Main/New York 1988.

Giel, K.: Friedrich Fröbel. In: Scheuerl, H. (Hrsg.): Klassiker der Pädagogik I. München 1979, S. 249-269.

Gildemeister, R./Wetterer, A.: Wie Geschlechter gemacht werden. Die soziale Konstruktion der Zweigeschlechtlichkeit und ihre Reifizierung in der Frauenforschung. In: Knapp, G.-A./Wetterer, A. (Hrsg.): Traditionen – Brüche. Entwicklungen feministischer Theorie. Freiburg im Br. 1992, S. 201-254.

Glotz, P.: Bildungsziele für die Informationsgesellschaft. Lernen und Bildung in der Wissensgesellschaft. Virtuelle Konferenz 2. – 13. November 1998 (http://www.bildung 2001.de/ beitragforum1_1.html).

Glumper, E.: Integration von Frauenforschung in die LehrerInnenbildung. Über Möglichkeiten und Grenzen des Forschungstransfers zwischen alten und neuen Bundesländern. In: Hempel, M. (Hrsg.): Verschieden und doch gleich. Schule und Geschlechterverhältnis in Ost und West. Bad Heilbrunn 1995, S. 27-47.

Gogolin, I./Lenzen, D.: Medien-Generation. Opladen 1999.

Gogolin, I./Pries L.: Stichwort: Transmigration und Bildung. In: Zeitschrift für Erziehungswissenschaften (2004) H. 1.

Goldschmidt, D.: Die gesellschaftliche Herausforderung der Universität. Weinheim 1991.

Goldschmidt, D./Sommerkorn, I.: Deprivation and Disadvantage: Federal Republic of Germany. In: Passow, A. H. (Hrsg.): Deprivation and Disadvantage: Nature and Manifestations. Hamburg 1970, S. 119-169.

Gordon, T.: Citizenship, Difference and Marginality in Schools: Spatial and Embodies Aspects of Gender Construction. In: Gipps, C./Murphy, P. (Hrsg.): Equity in the Classroom: Towards Effective Pedagogy for Girls and Boys. Washington D.C. 1996, S. 34-45.

Gottschall, K.: Soziale Ungleichheit und Geschlecht. Kontinuitäten und Brüche, Sackgassen und Erkenntnispotentiale im deutschen soziologischen Diskurs. Opladen 2000.

Grimm, S.: Die Bildungsabstinenz der Arbeiter. München 1966.

Grimm, S.: Soziologie der Bildung und Erziehung. Eine Einführung und kritische Bilanz. Ehrenwirth 1987.

Grossmann, A.: Die „Neue Frau" und die Rationalisierung der Sexualität in der Weimarer Republik. In: Snitow, A. et al. (Hrsg.): Die Politik des Begehrens. Berlin 1985, S. 38-62.

Großmann, W.: KinderGarten. Weinheim 1990.

Grundmann, H.: Vom Ursprung der Universität im Mittelalter. Darmstadt 1976².

Grundmann, M.: Konstruktivistische Sozialisationsforschung. Lebensweltliche Erfahrungskontexte, individuelle Handlungskompetenzen und die Konstruktion sozialer Strukturen. Frankfurt am Main 1999.

Habermas, J.: Protestbewegung und Hochschulreform. Frankfurt am Main 1969.

Habermas, J.: Technik und Wissenschaft als „Ideologie". Frankfurt am Main 1973.

Habermas, J.: Theorie des kommunikativen Handelns, 2 Bände. Frankfurt am Main 1981.

Hagemann-White, C.: Sozialisation: weiblich – männlich. Opladen 1984.

Hall, S./Mehlem, U. (Hrsg.): Rassismus und kulturelle Identität. Ausgewählte Schriften / Stuart Hall. Hamburg. 2000.

Hamburger, F.: Erziehung in der Einwanderungsgesellschaft. In: Zeitschrift für Pädagogik (1983), 18. Beiheft, S. 273-282.

Hamburger, F.: Der Kulturkonflikt und seine pädagogische Kompensation. Schriftreihe des Pädagogischen Instituts der Universität Mainz, Band 8. Pädagogisches Institut Mainz 1988.

Hamm, B.: Einführung in die Siedlungssoziologie. München 1982.

Han, P.: Soziologie der Migration: Erklärungsmodelle, Fakten, politische Konsequenzen, Perspektiven. Stuttgart 2010.

Händle, C.: Lehrerinnen in System und Umwelt: Erkundungen ihrer doppelten Sozialisation. Opladen 1998.

Hardach-Pinke, I./Hardach, G. (Hrsg.): Kinderalltag. Reinbek 1981.

Harms, G./Preissing, C. (Hrsg.): Kinderalltag. Beiträge zur Analyse der Veränderung von Kindheit. Berlin 1988.

Hartmann, J.: Heterosexismus in der pädagogischen Ausbildung. In: Vogel, A. et al. (Hrsg.): „Wie ‚normal‘ ist es, verschieden zu sein?" Vermittlung der Norm Heterosexualität in der Schule. Herausgegeben von der Zentralen Frauenbeauftragten der TU Berlin. Berlin 1996, S. 12-17.

Hartmann, M.: Der Mythos von den Leistungseliten. Spitzenkarrieren und soziale Herkunft in Wirtschaft, Politik, Justiz und Wissenschaft. Frankfurt am Main/New York 2002.

Hartmann, M.: Eliten und Macht in Europa. Ein internationaler Vergleich. Frankfurt 2007.

Hartmann, M.: Soziale Ungleichheit – kein Thema für die Eliten? Frankfurt 2013.

Hausen, K.: Die Polarisierung der „Geschlechtscharaktere". Eine Spiegelung der Dissoziation von Erwerbs- und Familienleben. In: Conze, W. (Hrsg.): Sozialgeschichte der Familie in der Neuzeit Europas. Stuttgart 1976, S. 363-393.

Hausen, K.: Warum Männer Frauen zur Wissenschaft nicht zulassen wollen. In: Hausen, K./Nowotny, H. (Hrsg.): Wie männlich ist die Wissenschaft? Frankfurt am Main 1986, S. 31-40.

Häußermann, H./Siebel, W.: Gemeinde- und Stadtsoziologie. In: Kerber, H./Schmieder, A. (Hrsg.): Spezielle Soziologien. Problemfelder, Forschungsbereiche, Anwendungsorientierungen. Reinbek 1994, S. 363-387.

Heckmann, F.: Ethnischer Pluralismus und Integration der Gastarbeiterbevölkerung. Zur Rekonstruktion empirischer Erscheinungsformen und praktisch-politischen Relevanz des sozialräumlichen Konzeptes der Einwandererkolonien. In: Vaskovics (Hrsg.): Raumbezogenheit sozialer Probleme. Opladen 1982, S. 157-181.

Heckmann, F.: Ethnische Minderheiten, Volk und Nation. Soziologie interethnischer Beziehungen. Stuttgart 1992.

Heinsohn, G./Knieper, B. M. C.: Theorie des Kindergartens und der Spielpädagogik. Frankfurt am Main 1975.

Heintz, B. et al.: Ungleich unter Gleichen. Studien zur geschlechtsspezifischen Segregation des Arbeitsmarktes. Frankfurt am Main 1997.

Heinzel, F.: Methoden der Kindheitsforschung. Weinheim 2000.

Hekman, S. J.: Feminist Interpretations of Michel Foucault. University Park, Pennsylvania 1996.

Helsper, W.: Schule in den Antinomien der Moderne. In: Krüger, H. H. (Hrsg.): Abschied von der Aufklärung? Perspektiven der Erziehungswissenschaft. Opladen 1990, S. 175-194.

Helsper, W.: Antinomien des Lehrerhandelns in modernisierten pädagogischen Kulturen. Paradoxe Verwendungsweisen von Autonomie und Selbstverantwortung. In: Combe, A./Helsper, W. (Hrsg.): Pädagogische Professionalität. Untersuchungen zum Typus pädagogischen Handelns. Frankfurt am Main 1999[3], S. 521-569.

Helsper, W. et al.: Schulkultur und Schulmythos. Rekonstruktionen zur Schulkultur I. Opladen 2001.

Helsper, W.: Sozialisation. In: Krüger, H.-H./Helsper, W. (Hrsg.): Einführung in die Grundbegriffe und Grundfragen der Erziehungswissenschaft. Opladen 2002[5], S. 71-79.

Hempel, M.: Grundschulreform und Koedukation. In: Hempel, M. (Hrsg.): Grundschulreform und Koedukation. München 1996, S. 107-124.

Henz, U./Maas, I.: Chancengleichheit durch Bildungsexpansion? In: Kölner Zeitschrift für Soziologie und Sozialpsychologie (1995) H. 47, S. 605-633.

Herlyn, U.: Zur Aneignung von Raum im Lebensverlauf. In: Bertels, L./Herlyn, U. (Hrsg.): Spezielle Soziologien. Problemfelder, Forschungsbereiche, Anwendungsorientierungen. Opladen 1990, S. 7-34.

Herrlitz, H.-G.: Deutsche Schulgeschichte von 1800 bis zur Gegenwart. Eine Einführung. Königstein 1981.

Herzog, R.: Bildung und Elite: Wissen ist die wichtigste Ressource (1997). Rede auf dem Berliner Bildungsforum. http://www.bundespraesident.de/top/dokumente/Rede/ix_12065.htm

Heydorn, H. J.: Über den Widerspruch von Bildung und Herrschaft. Frankfurt am Main 1970.

Hilbig, N.: Mit Adorno Schule machen: Beiträge zu einer Pädagogik der kritischen Theorie. Bad Heilbrunn 1997.

Hildebrand, S./Musiol, M.: „Es müßte eben wieder ein Plan sein". Ambivalenz zwischen Befreiung und Angst vor Freiheit. Pädagogische Berufsbiographien im Umbruch. In: Löw, M. et al. (Hrsg.): Pädagogik im Umbruch. Kontinuität und Wandel in den neuen Bundesländern. Opladen 1995, S. 209-228.

Hitzler, R.: Perspektivwechsel – Über künstliche Dummheit, Lebensweltanalyse und Allgemeine Soziologie. In: Soziologie (1997) H. 4, S. 5-18.

Hoerning, E./Krais, B.: Der Ausbruch aus der Normalbiographie. Milieu-untypische Lebensläufe von Arbeitertöchtern. In: Bolder, A./Rodax, K. (Hrsg.): Das Prinzip der aufge(sc)hobenen Belohnung. Die Sozialisation von Arbeiterkindern für den Beruf. Bonn 1987, S. 201-231.

Hoffmann, L.: Das ‚Volk': zur ideologischen Struktur eines unvermeidbaren Begriffs. In: Zeitschrift für Soziologie (1991), Jg. 20, H. 3, S. 191-208.

Hoffmann-Nowotny, H. J.: Eingliederung und Ausgrenzung. In: IMIS-Beiträge (1999) H. 12, S.141-147.

Holzkamp, C.: Heterosexismus – (k)ein Thema für Heterosexuelle? In: Vogel, A. et al. (Hrsg.): „Wie ‚normal' ist es, verschieden zu sein?" Vermittlung der Norm Heterosexualität in der Schule. Herausgegeben von der Zentralen Frauenbeauftragten der TU Berlin. Berlin 1996, S. 9-11.

Honig, M.-S.: Entwurf zu einer Theorie der Kindheit. Frankfurt am Main 1999.

Horkheimer, M./Adorno, T. W.: Dialektik der Aufklärung. Philosophische Fragmente. Frankfurt am Main 1988.

Hornstein, W.: Jugend in ihrer Zeit. Geschichte und Lebensformen des jungen Menschen in der europäischen Welt. Hamburg 1966.

Horster, D.: Niklas Luhmann. München 1997.

Horstkemper, M.: Schule, Geschlecht und Selbstvertrauen. Weinheim 1987.

Hradil, S.: Sozialstrukturanalyse in einer fortgeschrittenen Gesellschaft. Opladen 1987.

Hradil, S.: Soziale Ungleichheiten, Milieus und Leben in den Ländern der Europäischen Gemeinschaft. In: Hradil, S./Immerfall, S. (Hrsg.): Die westeuropäischen Gesellschaften im Vergleich. Opladen 1997, S. 475-519.

Huber, L.: Fachkulturen. Über die Mühen der Verständigung zwischen den Disziplinen. In: Neue Sammlung 31 (1991) S. 3-24.

Huke-Dedier, E.: Die Wissenssoziologie Karl Mannheims in der Interpretation durch die kritische Theorie: Kritik einer Kritik. Frankfurt am Main u.a. 1995.

Humboldt, W. von: Theorie der Bildung des Menschen. Bruchstück. In: Humboldt, W. von (Hrsg.): Werke in fünf Bänden, Bd. III. Schriften zur Sprachphilosophie. Darmstadt 1960, S. 234-240.

Humboldt, W. von: Der Königsberger und der Litauische Schulplan. In: Humboldt, W. von (Hrsg.): Werke in fünf Bänden. Bd. IV. Schriften zur Politik und zum Bildungswesen. Darmstadt 1964, S. 168-195.

Hummrich, M.: Bildungserfolg und Migration: Biografien junger Frauen in der Einwanderungsgesellschaft. Wiesbaden 2010.

Hurrelmann, K.: Lebensphase Jugend. Weinheim/München 1993.

Hurrelmann, K./Albert, M.: Jugend 2002. 14. Shell Jugendstudie. Frankfurt am Main 2002.

Illich, I.: Entschulung der Gesellschaft. Eine Streitschrift. München 1995.

Institut für Schulentwicklung (IFS): Die Schule im Spiegel der öffentlichen Meinung. Ergebnisse der elften IFS-Repräsentativbefragung der bundesdeutschen Bevölkerung. In: Rolff, H-G. et al. (Hrsg.): Jahrbuch der Schulentwicklung. Bd. 11. Weinheim/München 2000, S. 13-50.

Jaeggi, U. et al.: Geist und Katastrophe. Studien zur Soziologie im Nationalsozialismus. Berlin 1983.

Jahraus, O./Nassehi A. et al. (Hrsg.): Luhmann Handbuch. Leben-Werke-Wirkung. Stuttgart 2012.

Janshen, D. (Hrsg.): Frauen über Wissenschaften. Die widerspenstigen Erbinnen der Männeruniversität. Mannheim/München 1991.

Joas, H.: Die Kreativität des Handelns. Frankfurt am Main 1992.

Joppke, C.: The Cultural Dimension of Class Formation und Class Struggle: On the Social Theory of Pierre Bourdieu. In: Berkley Journal of Sociology (1986) H. 31, S. 53-78.

Kaiser, A.: Zur Interaktion von Mädchen und Jungen im Grundschulalter. In: Pädagogik und Schulalltag 4 (1994) S. 558-567.

Kalpaka, A./Räthzel, A. (Hrsg.): Von der Schwierigkeit, nicht rassistisch zu sein. Leer 1990.

Keim, K.-D.: Milieu und Moderne. Zum Gebrauch und Gehalt eines nachtraditionalen sozial-räumlichen Milieubegriffs. In: Berliner Zeitschrift für Soziologie (1997) H. 7, S. 387-399.

Kettler, D./Meja, V. et al.: Politisches Wissen. Studien zu Karl Mannheim. Frankfurt am Main 1989.

Keuffer, J./Oelkers, J. (Hrsg.): Reform der Lehrerbildung in Hamburg. Weinheim 2001.

King, V./Koller H. C. et al.: Bildungserfolg und adoleszente Ablösung bei Söhnen aus türkischen Migrantenfamilien; Eine Untersuchung aus intergenerationaler Perspektive. Zeitschrift für Erziehungswissenschaft (2011), Vol.14(4), S. 581(21).

King, V./Koller H. C.: Adoleszenz-Migration-Bildung : Bildungsprozesse Jugendlicher und junger Erwachsener mit Migrationshintergrund. Wiesbaden, 2009.

Klatt, R. et al.: Nutzung elektronischer wissenschaftlicher Information in der Hochschulausbildung. Barrieren und Potenziale in der innovativen Mediennutzung im Lernalltag der Hochschulen. Endbericht. Dortmund 2001.

Kleinau, E./Opitz, C. (Hrsg.): Geschichte der Mädchenbildung und Frauenbildung. Frankfurt am Main 1996.

Klemm, K.: Jugendliche ohne Ausbildung. Die „Kellerkinder" der Bildungsexpansion. In: Zeitschrift für Pädagogik 37 (1991), S. 887-898.

Klemm, K.: Bildung. In: Allmendinger, J./Ludwig-Mayerhofer, W. (Hrsg.): Soziologie des Sozialstaates. Weinheim/München 2000, S. 145-165.

Klieme, E./Artelt, C. et al.: PISA 2009. Bilanz nach einem Jahrzehnt. Münster/New York/München/Berlin 2010.

Kneer, G.: Rationalisierung, Disziplinierung und Differenzierung: zum Zusammenhang von Sozialtheorie und Zeitdiagnose bei Jürgen Habermas, Michel Foucault und Niklas Luhmann. Opladen 1996.

Kneer, G./Nassehi, A.: Niklas Luhmanns Theorie sozialer Systeme. München 1997[3].

Knorr-Cetina, K.: Spielarten des Konstruktivismus. Einige Notizen und Anmerkungen. In: Soziale Welt (1989) H. 40, S. 86-96.

Kocka, J.: „Bürgertum" and professions in the nineteenth century: two alternative approaches. In: Burrage, M./Torstendahl, R. (Hrsg.): Professions in Theory and History. Rethinking the Study of the Profession. London 1991, S. 62-74.

Koebner, T./Janz, R.-P. et al. (Hrsg.): „Mit uns zieht die neue Zeit". Der Mythos Jugend. Frankfurt am Main 1985.

Köhler, H.: Bildungsbeteiligung und Sozialstruktur in der Bundesrepublik. Zu Stabilität und Wandel der Ungleichheit von Bildungschancen. Max-Planck-Institut für Bildungsforschung. Studien und Berichte 53. Berlin 1992.

Kohli, M.: Die Institutionalisierung des Lebenslaufs. Historische Befunde und theoretische Argumente. In: Kölner Zeitschrift für Soziologie und Sozialpsychologie (1985) H. 37, S. 1-29.

Kohli, M.: Gesellschaftszeit und Lebenszeit. Der Lebenslauf im Strukturwandel der Moderne. In: Berger, J. (Hrsg.): Die Moderne. Kontinuitäten und Zäsuren. Soziale Welt, Sonderband 4, 1986, S. 183-207.

Kolbe, F.-U./Sünker, H. et al.: Neue bildungssoziologische Beiträge zur Theorie institutionalisierter Bildung – Markierungen zur Theorieentwicklung. In: Kolbe, F.-U./Sünker, H. et al. (Hrsg.): Bildung, Gesellschaft, soziale Ungleichheit. Frankfurt am Main 1994, S. 11-33.

Konsortium Bildungsberichterstattung: Bildung in Deutschland. Ein indikatorengestützter Bericht mit einer Analyse zu Bildung und Migration. Bielefeld 2006.

König, R.: Emile Durkheim zur Diskussion. München/Wien 1978.

Korte, H./Schäfers, B.: Einführung in Hauptbegriffe der Soziologie. Opladen 2000[5].

Koser, K.: Internationale Migration. Stuttgart 2011.

Krais, B.: Soziales Feld, Macht und kulturelle Praxis. Die Untersuchungen Bourdieus über die verschiedenen Fraktionen der „herrschenden Klasse" in Frankreich. In: Eder, K. (Hrsg.): Klassenlage, Lebensstil und kulturelle Praxis. Frankfurt am Main 1989, S. 47-70.

Krais, B.: Erziehungs- und Bildungssoziologie. In: Kerber, H./Schmieder, A. (Hrsg.): Spezielle Soziologien. Reinbek 1994, S. 556-576.

Krais, B.: The Academic Disciplines: Social Field and Culture. In: Comparative Social Research Supplement 2 (1996a) S. 93-111.

Krais, B.: Bildungsexpansion und soziale Ungleichheit in der Bundesrepublik Deutschland. In: Bolder, A. et al. (Hrsg.): Jahrbuch Bildung und Arbeit: Die Wiederentdeckung der Ungleichheit. Aktuelle Tendenzen in Bildung und Arbeit. Opladen 1996b, S. 118-146.

Krais, B.: Einleitung: Die Wissenschaft und die Frauen. In: Krais, B. (Hrsg.): Wissenschaftskultur und Geschlechterordnung. Frankfurt am Main/New York 2000.

Krais B./Gebauer G.: Habitus. Transcript 2013.

Krämer-Badoni, T.: Die Stadt als sozialwissenschaftlicher Gegenstand. In: Häußermann, H. et al. (Hrsg.): Stadt und Raum: soziologische Analysen. Pfaffenweiler 1991, S. 1-29.

Krappmann, L.: Die Reproduktion des Systems gesellschaftlicher Ungleichheit in der Kinderwelt. In: Grundmann, M. (Hrsg.): Konstruktivistische Sozialforschung: lebensweltliche Erfahrungskontexte, individuelle Handlungskompetenzen und die Konstruktion sozialer Strukturen. Frankfurt am Main 1999, S. 228-239.

Krappmann, L.: Bildung als Ressource der Lebensbewältigung. Manuskript. 2001.

Krause, D.: Luhmann-Lexikon: Eine Einführung in das Gesamtwerk von Niklas Luhmann mit 27 Abbildungen und über 500 Stichwörtern. Stuttgart 1999[2].

Kreckel, R.: Class, Status and Power? Begriffliche Grundlagen für eine politische Sozialisation der sozialen Ungleichheit. In: Kölner Zeitschrift für Soziologie und Sozialpsychologie (1982) H. 34, S. 617-648.

Kreckel, R.: Theorien sozialer Ungleichheit im Übergang. Einleitung. In: Kreckel, R.
(Hrsg.): Soziale Ungleichheiten. Soziale Welt. Sonderband 2. Göttingen 1983, S. 3-15.

Kreckel, R.: Politische Soziologie der Sozialen Ungleichheit. Frankfurt am Main/New
York 1992.

Kristen, C.: Hauptschule, Realschule oder Gymnasium? : ethnische Unterschiede am ersten Bildungsübergang. In: Kölner Zeitschrift für Soziologie und Sozialpsychologie,(2002), Jg. 54, H. 3, S. 534-552.

Krohne, J. A./Meier U. et al.: Sitzenbleiben, Geschlecht und Migration – Klassenwieder-
holungen im Spiegel der PISA-Daten. Zeitschrift für Pädagogik (2004) Jg. 50, H. 3,
S. 373-391.

Kröner, S./Pfister, G.: Frauen – Räume. Körper und Identität im Sport. Pfaffenweiler
1992.

Krüger, H. (Hrsg.): Frauen und Bildung. Wege der Aneignung und Verwertung von Qualifikationen in weiblichen Erwerbsbiographien. Bielefeld 1992.

Krüger, H.-H.: Wege aus der Kindheit in Ost- und Westdeutschland. Bilanz und Perspektiven. In: Büchner, P./Krüger, H.-H. (Hrsg.): Vom Teddybär zum ersten Kuß. Wege
aus der Kindheit in Ost- und Westdeutschland. Opladen 1996, S. 225-237.

Krüger, H.-H./Ecarius, J. et al.: Kinderbiographien: Verselbständigungsschritte und Le-
bensentwürfe. In: Du Bois-Reymond, M./Büchner, P. et al. (Hrsg.): Kinderleben. Opladen 1994, S. 221-271.

Krüger, H.-H./Haak, G. et al.: Kindheit im Umbruch. Biographien ostdeutscher Kinder.
In: Aus Politik und Zeitgeschichte. Beilage zur Wochenzeitung „Das Parlament"
(1993) H. 24, S. 32-39.

Krüger, H.-H./Olbertz, J.-H. (Hrsg.): Bildung zwischen Staat und Markt. Opladen
1997.

Krüger, H.-H./Rauschenbach, T.: Erziehungswissenschaft – eine ganz normale Disziplin?
Eine einführende Problemskizze. In: Krüger, H.-H./Rauschenbach, T. (Hrsg.): Erziehungswissenschaft. Die Disziplin am Beginn einer neuen Epoche. Weinheim/München
1994, S. 7-16.

Kunnemann, H./de Vries, H. (Hrsg.): Die Aktualität der „Dialektik der Aufklärung".
Frankfurt am Main/New York 1989.

Lampert, M. D.: Studying Gender Differencies in the Conversational Humor of Adults
and Children. In: Slobin, D. I. et al. (Hrsg.): Social Interaction, Social Context, and
Language. Mahwah, New Jersey 1996, S. 579-596.

Läpple, D.: Essay über den Raum. Für ein gesellschaftswissenschaftliches Raumkonzept.
In: Häußermann, H. et al. (Hrsg.): Stadt und Raum. Pfaffenweiler 1991, S. 157-207.

Lenzen, D.: Zwischen Stabilisierung und Differenzierung. Paradoxien im Erziehungssystem. In: Luhmann, N./Schorr, K. E. (Hrsg.): Zwischen System und Umwelt. Fragen
an die Pädagogik. Frankfurt am Main 1996, S. 256-278.

Lenzen, D. (Hrsg.): Irritation des Erziehungssystems. Suhrkamp 2003.

Lichtenstein, E.: Der Ursprung der Pädagogik im griechischen Denken. Hannover 1970.

Lindemann, G.: Das paradoxe Geschlecht. Transsexualität im Spannungsfeld von Körper,
Leib und Gefühl. Frankfurt am Main 1993.

Longhurst, B.: Karl Mannheim and the Contemporary Sociology on Knowledge. Basings-
toke u.a. 1989.

Loviscach, J.: Die elektronische Uni. Neue Medien in der Lehre. In: c't 4 (2001) S. 108-115.

Löw, M.: Raum ergreifen. Alleinwohnende Frauen zwischen Arbeit, sozialen Beziehungen und der Kultur des Selbst. Bielefeld 1994.

Löw, M.: Was wird aus Lippenstift und Puderdose? Geschlechtertheorie und Frauenpolitik im Wandel. In: Löw, M. et al. (Hrsg.): Pädagogik im Umbruch. Kontinuität und Wandel in den neuen Bundesländern. Opladen 1995, S. 59-67.

Löw, M.: Raumsoziologie. Frankfurt am Main 2001a.

Löw, M.: Gemeindestudien heute: Sozialforschung in der Tradition der Chicagoer Schule? In: Zeitschrift für qualitative Bildungs-, Beratungs- und Sozialforschung 1 (2001b) S. 111-131.

Löw, M. (Hrsg.): Differenzierungen des Städtischen. Opladen 2002.

Luhmann, N.: Soziologische Aufklärung 1. Opladen 1970.

Luhmann, N.: Gesellschaftsstruktur und Semantik. Studien zur Wissenssoziologie der modernen Gesellschaft. Frankfurt am Main 1980.

Luhmann, N.: Zum Begriff der sozialen Klasse. In: Luhmann, N. (Hrsg.): Soziale Differenzierung: Zur Geschichte einer Idee. Opladen 1985, S. 119-162.

Luhmann, N.: Ökologische Kommunikation. Kann die moderne Gesellschaft sich auf ökologische Gefährdungen einstellen? Opladen 1986.

Luhmann, N.: Die Wissenschaft der Gesellschaft. Frankfurt am Main 1990a.

Luhmann, N.: Soziologische Aufklärung 5. Konstruktivistische Perspektiven. Opladen 1990b.

Luhmann, N.: Soziologische Aufklärung 2. Aufsätze zur Theorie der Gesellschaft. Opladen 1991[4].

Luhmann, N.: Soziale Systeme. Grundriß einer allgemeinen Theorie. Frankfurt am Main 1993[4].

Luhmann, N.: Inklusion und Exklusion. In: Berding, H. (Hrsg.): Nationales Bewußtsein und kollektive Identität. Studien zur Entwicklung des kollektiven Bewußtseins in der Neuzeit 2. Frankfurt am Main 1994, S. 15-45.

Luhmann, N.: Das Erziehungssystem und die Systeme seiner Umwelt. In: Luhmann, N./Schorr, E. (Hrsg.): Zwischen System und Umwelt. Fragen an die Pädagogik. Frankfurt am Main 1996, S. 14-52.

Luhmann, N.: Arbeitsteilung und Moral. Durkheims Theorie. In: Durkheim, E. (Hrsg.): Über soziale Arbeitsteilung. Frankfurt am Main 1999[3], S. 19-38.

Luhmann, N.: Das Erziehungssystem der Gesellschaft. Frankfurt am Main 2002.

Luhmann, N./Schorr, K. E.: Reflexionsprobleme im Erziehungssystem. Frankfurt am Main 1988.

Mann, M.: A Crisis of Stratification Theory? Persons, Households/Families/Lineages, Genders, Classes and Nations. In: Crampton, R./Mann, M. (Hrsg.): Gender and Gratification. Cambridge 1986, S. 40-56.

Mannheim, K.: Die Bedeutung der Konkurrenz im Gebiete des Geistigen. Verhandlungen des 6. Deutschen Soziologentages vom 17.-19.9.1928 in Zürich. Tübingen 1929b, S. 35-83.

Mannheim, K.: Ideologie und Utopie. Bonn 1929a.

Mannheim, K.: Diagnose unserer Zeit. Zürich/Wien/Konstanz 1951.

Mannheim, K.: Mensch und Gesellschaft. Bad Homburg v.d.H. u.a. 1967.

Mannheim, K.: Konservatismus. Ein Beitrag zur Soziologie des Wissens. (Hrsg. von Kettler, D. et al.). Frankfurt am Main 1984.

Mannheim, K./Stewart: Einführung in die Soziologie der Erziehung. Düsseldorf 1973.

Maresch, R.: Cyberhypes: Möglichkeiten und Grenzen des Internet. Frankfurt am Main 2001.

Marotzki, W.: Bildungsprozesse in lebensgeschichtlichen Horizonten. In: Hoerning, E. et al. (Hrsg.): Biographieforschung. Bad Heilbrunn 1991.

Marotzki, W.: Digitalisierte Biographien? Sozialisations- und bildungstheoretische Perspektiven virtueller Welten. In: Lenzen, D./Luhmann, N. (Hrsg.): Bildung und Weiterbildung im Erziehungssystem. Lebenslauf und Humanontogenese als Medium und Form. Frankfurt am Main 1997, S. 175-198.

Maroztki, W./Meister, D. M. et al.: Zum Bildungswert des Internet. Opladen 2000.

Marshall, J.: Michel Foucault: Personal Autonomy and Education. Dordrecht u.a. 1996.

Marx, K./Engels, F.: Marx-Engels-Werke. Band 4. Berlin 1964.

Marx, K./Engels, F.: Manifest der Kommunistischen Partei. Berlin 1984.

Massey, D.: Space, Place and Gender. Oxford 1994.

Maturana, H. R.: Erkennen. Die Organisation und Verkörperung von Wirklichkeit. Braunschweig/Wiesbaden 1982.

Matzner, M.: Handbuch Migration und Bildung. Weinheim 2012.

May, M.: Jugendliche in der Provinz. Ihre Sozialräume, Probleme und Interessen als Herausforderung an die Soziale Arbeit. Opladen & Farmington Hills 2011

Mayer, S.: Eia und Popeia ist nicht genug. In: Die Zeit 8. März 2001, www.zeit.de/ 2001/11/ Kultur/200111_sm-kind_liste.html, 5 Seiten (8. März 2001).

McWhorter, L.: Bodies and Pleasures: Foucault and the Politics of Sexual Normalization. Bloomington, Indiana 1999.

Mecheril, P.: Prekäre verhältnisse: über nation-ethnokulturelle (mehrfach-) Zugehörigkeit. Münster 2003.

Mecheril, P.: Einführung in die Migrationspädagogik. Weinheim 2004.

Mecheril P.: Migrationspädagogik. Weinheim 2010.

Merten, R. (Hrsg.): Systemtheorie sozialer Arbeit: Neue Ansätze und veränderte Perspektiven. Verlag Leske + Budrich 2000.

Merton, R. K.: Science and the Economy of 17th Century in England. In: Science and Society (1939) H. 3, S. 3-27.

Merton, R. K.: Entwicklung und Wandel von Forschungsinteressen. Frankfurt am Main 1985.

Merz-Benz, P. U./Wagner, G. (Hrsg.): Die Logik der Systeme. Zur Kritik der systemtheoretischen Soziologie Niklas Luhmann. Konstanz 2000.

Meulemann, H.: Expansion ohne Folgen? Bildungschancen und sozialer Wandel in der Bundesrepublik. In: Glatzer, W. (Hrsg.): Entwicklungstendenzen der Sozialstruktur. Frankfurt am Main/New York 1992, S. 123-157.

Meuser, M.: Geschlecht und Männlichkeit. Soziologische Theorie und kulturelle Deutungsmuster. Wiesbaden 2010.

Migrationsbericht 2011.

Miller, A.: Am Anfang war Erziehung. Frankfurt am Main 1983.

Mitterauer, M.: Sozialgeschichte der Jugend. Frankfurt am Main 1986.

Muchow, M./Muchow, H.: Der Lebensraum des Großstadtkindes. Hamburg 1935.

Müller, H.-P.: Wertkrise und Gesellschaftsreform. Emile Durkheims Schriften zur Politik. Stuttgart 1983.

Müller, U.: Soziologie und Geschlechtergerechtigkeit am Beispiel der Forschung zu Frauen an Hochschulen. In: Dausien, B. et al. (Hrsg.): Erkenntnisprojekt Geschlecht. Opladen 1999, S. 141-166.

Müller, U.: Asymmetrische Geschlechterkultur in Organisationen und Frauenförderung als Prozeß – mit Beispielen aus Betrieben und der Universität. In: Lenz, I. et al. (Hrsg.): Geschlecht – Arbeit – Zukunft. Münster 2000, S. 126-149.

Müller, W.: Erwartete und unerwartete Folgen der Bildungsexpansion. In: Friedrichs, J. et al. (Hrsg.): Die Diagnosefähigkeit der Soziologie. Sonderheft 38 der Kölner Zeitschrift für Soziologie und Sozialpsychologie. Opladen 1998, S. 81-112.

Müller, W./Haun, D.: Bildungsungleichheit im sozialen Wandel. In: Kölner Zeitschrift für Soziologie und Sozialpsychologie (1994) H. 46, S. 1-42.

Münch, R.: Theorie des Handelns. Zur Rekonstruktion der Beiträge von Talcott Parsons, Emile Durkheim und Max Weber. Frankfurt am Main 1982.

Münch, R.: Code, Structure, and Action: Building a Theory of Structuration from a Parsonian Point of View. In: Turner, J. H. (Hrsg.): Theory Building in Sociology: Assessing Theory Cumulation. Newbury Park 1989, S. 101-117.

Münch, R.: Dialektik der Kommunikationsgesellschaft. Frankfurt am Main 1991.

Nauck, B./Steinbach A.: Intergenerationale Transmission von kulturellem Kapital in Migrantenfamilien. Zeitschrift für Erziehungswissenschaft (2004) Vol.7(1), S.20-32.

Nassehi, A.: Differenzierungsfolgen. Beiträge zur Soziologie der Moderne. Opladen 1999.

Nefiodow, L. A.: Der sechste Kondratieff. Wege zur Produktivität und Vollbeschäftigung im Zeitalter der Information. Stankt Augustin 1997.

Negt, O.: Kindheit und Kinderöffentlichkeit. In: Neue Rundschau (1983) H. 3, S. 40-55.

Nissen, U. (Hrsg.): Raum und Zeit in der Nachmittagsgestaltung von Kindern. München 1992.

Nissen, U.: Kindheit, Geschlecht und Raum. Sozialisationstheoretische Zusammenhänge geschlechtsspezifischer Raumaneignung. Weinheim 1998.

OECD-Bildungsbericht 2012.

Oevermann, U.: Programmatische Überlegungen zu einer Theorie der Bildungsprozesse und zur Strategie der Sozialisationsforschung. In: Hurrelmann, K. (Hrsg.): Sozialisation und Lebenslauf. Reinbek 1976, S. 34-52.

Offe, C.: Bildungssystem, Beschäftigungssystem und Bildungspolitik. Aufsätze zu einer gesamtgesellschaftlichen Funktionsbestimmung des Bildungswesens. In: Roth, H./Friederich, D. (Hrsg.): Bildungsforschung. Probleme – Perspektiven – Prioritäten. Stuttgart 1975.

Olk, T.: Jugend an den Grenzen der Moderne. Ein gescheitertes Projekt? In: Breyvogel, W. (Hrsg.): Pädagogische Jugendforschung. Erkenntnisse und Perspektiven. Opladen 1989, S. 31-48.

Ortmann, H.: Arbeiterfamilie und sozialer Aufstieg. Weinheim/München 1971.

Palzkill, B.: Zwischen Turnschuh und Stöckelschuh. Die Entwicklung lesbischer Identität im Sport. Bielefeld 1990.

Parelius, R. J./Parelius, A. P.: The Sociology of Education. London u.a. 1987[2].

Park, R. E.: Die Stadt als räumliche Struktur und als sittliche Ordnung. In: Atteslander, P./Hamm, B. (Hrsg.): Materialien zur Siedlungssoziologie. Köln 1974[7], S. 90-100.

Park, R. E. et al.: The City. Chicago. 1974[7].

Parsons, T.: The Structure of Social Action. New York 1968, orig. 1949.

Parsons, T.: Die amerikanische Universität: ein Beitrag zur Soziologie der Erkenntnis. Frankfurt am Main 1990.

Parsons, T.: Sozialstruktur und Persönlichkeit. Eschborn bei Frankfurt am Main 1997[5].

Parsons, T. et al.: Family, Socialization and Interaction Process. Glencoe Illinois 1955.

Paschen, H./Wigger, L. (Hrsg.): Schulautonomie als Entscheidungsproblem. Weinheim 1996.

Paulsen, F.: Bildung. In: Rein, W. (Hrsg.): Enzyklopädisches Lexikon der Pädagogik. Langensalza 1903, S. 658-670.

Paulsen, J.: Zur Geschichte der Soziologie im Nationalsozialismus. Oldenburg 1988.

Peisert, H.: Soziale Lage und Bildungschancen in Deutschland. München 1967.

Perry, T./Delpit, L.: The Real Ebonics Debatte: Power, Language and the Education of African-American Children. Boston 1998.

Pfeil, E.: Das Großstadtkind. München/Basel 1965.

Pfister, G.: Der Widerspenstigen Zähmung. Raumaneignung, Körperlichkeit und Interaktion. In: Pfister, G./Valtin, R. (Hrsg.): MädchenStärken. Probleme der Koedukation in der Grundschule. Frankfurt am Main 1993, S. 67-83.

Pfister, G./Valtin, R. (Hrsg.): MädchenStärken. Probleme der Koedukation in der Grundschule. Frankfurt am Main 1993.

Plake, K. (Hrsg.): Klassiker der Erziehungssoziologie. Düsseldorf 1987.

Pollock, L.: Forgotten Children. Parent-Child-Relations since 1500-1900. Cambridge 1983.

Pott, A.: Ethnizität und Raum im Aufstiegsprozeß : eine Untersuchung zum Bildungsaufstieg in der zweiten türkischen Migrantengeneration. Opladen 2002.

Preuss-Lausitz, U.: Geschlechtersozialisation und Schulpädagogik in der Nachmoderne. In: Die Deutsche Schule (1997) H. 4, S. 429-445.

Pries, L.: Internationale Migration. Bielefeld 2010.

Quaiser-Pohl, C. (1997) : Geschlechtsspezifische Raumaneignung von Mädchen. (Unveröffentlichtes Manuskript.) 10 S.

Qvortrup, J.: Placing Children in the Division of Labour. In: Close, P./Collins, R. (Hrsg.): Family and Economy in Modern Society. London 1985, S. 129-145.

Qvortrup, J.: Die soziale Definition von Kindheit. In: Markefka, M./Nauk, B. (Hrsg.): Handbuch der Kindheitsforschung. Neuwied/Kriftel/Berlin 1993, S. 109-124.

Rabe-Kleberg, U.: Frauenberufe. Zur Segmentierung der Berufswelt. Bielefeld 1987.

Rabe-Kleberg, U. (Hrsg.): Besser gebildet und doch nicht gleich! Frauen und Bildung in der Arbeitsgesellschaft. Bielefeld 1990.

Rabe-Kleberg, U.: Verantwortung und Macht. Ein Beitrag zum Verhältnis von Geschlecht und Beruf angesichts der Krise traditioneller Frauenberufe. Bielefeld 1993.

Rabe-Kleberg, U.: Wird die Frauensache zur Privatsache? Geschlechterpolitik in den neuen Bundesländern. In: Krüger, H. H. et al. (Hrsg.): Transformationsprobleme in Ostdeutschland. Arbeit. Bildung. Sozialpolitik. Opladen 1995, S. 117-126.

Rabe-Kleberg, U.: Frauen in sozialen Berufen – (k)eine Chance auf Professionalisierung? In: Friebertshäuser, B. et al. (Hrsg.): Sozialpädagogik im Blick der Frauenforschung. Weinheim 1997, S. 59-69.

Rabe-Kleberg, U.: Wie aus Berufen für Frauen Frauenberufe werden. Ein Beitrag zur Transformation des Geschlechterverhältnisses. In: Nickel, H. M. et al. (Hrsg.): Transformation – Unternehmensreorganisation – Geschlechterforschung. Opladen 1999[3], S. 93-107.

Rabe-Kleberg, U./Löw, M.: Geschlechtsspezifische Sozialisation und deren Auswirkungen auf die Schulentwicklung. In: Braun, K.-H. et al. (Hrsg.): Schule mit Zukunft. Bildungspolitische Empfehlungen und Expertisen der Enquete-Kommission des Landtages von Sachsen-Anhalt. Opladen 1998, S. 323-339.

Radtke, F. O./Gomolka, M.: Institutionelle Diskriminierung: die Herstellung ethnischer Differenz in der Schule. Wiesbaden 2009.

Ramirez-Rodriguez, R./Domen D.: Ethnisierung von geringer Bildung. In: Quenzel G./Hurrelmann K. (Hrsg.): Bildungsverlierer: neue Ungleichheiten. Wiesbaden 2010, S. 289-311.

Rehbein, B.: Die Soziologie Pierre Bourdieus. Konstanz/München 2011.

Rehbein, B./Saalmann, G. et al.: Pierre Bourdieus Theorie des Sozialen: Probleme und Perspektiven. Konstanz 2003.

Reinhardt, S.: Etappen und Perspektiven der Bildungspolitik. In: Ellwein, T./Holtmann, E. (Hrsg.): 50 Jahre Bundesrepublik. Rahmenbedingungen – Entwicklungen – Perspektiven. Opladen/Wiesbaden 1999, S. 310-326.

Rettke, U.: Berufswünsche von Mädchen unter dem Diktat des Arbeitsmarktes. Die schrittweise „Verweiblichung" der Bildungs- und Berufsbiographien von Hauptschülerinnen. In: Bolder, A./Rodax, K. (Hrsg.): Das Prinzip der aufge(sc)hobenen Belohnung. Die Sozialisation von Arbeiterkindern für den Beruf. Bonn 1987, S. 127-141.

Reutlinger, C.: Raum und soziale Entwicklung. Kritische Reflexion und neue Perspektiven für den sozialpädagogischen Diskurs. Weinheim 2008.

Riegel, C.: Im Kampf um Zugehörigkeit und Anerkennung. Frankfurt a.M., 2004.

Ritsert, J.: Die Rationalität Adornos. Frankfurt am Main 1995.

Ritter, M.: Computer oder Stöckelschuh? Eine empirische Untersuchung über Mädchen am Computer. Frankfurt am Main/New York 1994.

Rolff, H.-G.: Sozialisation und Auslese durch die Schule. Heidelberg 1967.

Rolff, H.-G./Bauer, K.-O. et al. (Hrsg.): Jahrbuch der Schulentwicklung. Weinheim und München 1994.

Roloff, C.: Informatik und Karriere. In: GI Jahrestagung 2 (1990) S. 307-317.

Roloff, C. et al.: Nicht nur ein gutes Examen. Dortmund 1987.

Rose, L.: Das Drama des begabten Mädchens. Lebensgeschichte junger Kunstturnerinnen. Weinheim 1992a.

Rose, L.: Körper ohne Raum. Zur Vernachlässigung weiblicher Bewegungs- und Sportwelten in der feministischen Körper-Debatte. In: Feministische Studien (1992b) S. 113-120.

Rosenbaum, H.: Formen der Familie. Frankfurt am Main 1990[5].

Roth, L.: Die Erfindung des Jugendlichen. München 1983.

Rötzer, F.: Die Achillesferse des Internet. Frankfurt am Main 2000.

Ruhloff, J.: Pädagogik und anderes. Transzendentalkritische Bemerkungen zu Niklas Luhmann, „Das Erziehungssystem und die Systeme seiner Umwelt". In: Luhmann, N./Schorr, K. E. (Hrsg.): Zwischen System und Umwelt. Fragen an die Pädagogik. Frankfurt am Main 1996, S. 53-74.

Ruhne, R.: Raum Macht Geschlecht: Zur Soziologie eines Wirkungsgefüges am Beispiel von (Un)Sicherheiten im öffentlichen Raum, Opladen 2003.

Rutschky, K. (Hrsg.): Schwarze Pädagogik. Frankfurt am Main 1977.

Said, E. W.: Orientalism. New York: 1978.

Schäfer, A.: Systemtheorie und Pädagogik: Konstitutionsproblem von Erziehungstheorien. Königstein 1983.

Schelsky, H.: Soziologische Bemerkungen zur Rolle der Schule in unserer Gesellschaftsverfassung. In: Schelsky, H. (Hrsg.): Auf der Suche nach Wirklichkeit – Gesammelte Aufsätze. Düsseldorf/Köln 1965, S. 131-159.

Schimank, U.: Theorien gesellschaftlicher Differenzierung. Opladen 1996.

Schimank, U./Volkmann, U.: Gesellschaftliche Differenzierung. Bielefeld 1999.

Schimpl-Neimanns, B.: Hat die Bildungsexpansion zum Abbau der sozialen Ungleichheit in der Bildungsbeteiligung geführt? Methodische Überlegungen zum Analyseverfahren und Ergebnisse multinominaler Logik-Modelle für den Zeitraum 1950-1989. Mannheim 2000.

Schlüter, A./Metz-Göckel, S.: „Die Gymnasiallehrer, sie haben uns nie begriffen" – Bildungsbarrieren und Bildungskarrieren von Arbeitertöchtern. In: Kreienbaum, M. A. (Hrsg.): Frauen bilden Macht. Dokumentation des 7. Fachkongresses Frauen und Schule. Dortmund 1989, S. 192-203.

Schmid, P.: Das Allgemeine, die Bildung und das Weib. Zur verborgenen Konzipierung von Allgemeinbildung als allgemeiner Bildung für Männer. In: Tenorth, H.-E. (Hrsg.): Allgemeine Bildung. Analysen zu ihrer Wirklichkeit, Versuche über ihre Zukunft. Weinheim 1986, S. 202-214.

Schmidt, J. F. K./de Berg H.: Rezeption und Reflexion. Suhrkamp 2000.

Schuller, M.: Vergabe des Wissens. Notizen zum Verhältnis von „weiblicher Intellektualität" und Macht. In: Konkursbuch 12: Frauen Macht. Zeitschrift für Vernunftkritik (o.J.), S. 13-21.

Schultheis, F. (Hrsg.): Gesellschaft mit begrenzter Haftung. Zumutung und Leiden im deutschen Alltag. Konstanz 2005.

Schultheis, F.: Bourdieus Wege in die Soziologie. Konstanz 2007.

Schulze, G.: Die Erlebnisgesellschaft. Kultursoziologie der Gegenwart. Frankfurt am Main/ New York 1997[7].

Schütze, F.: Organisationszwänge und hoheitsstaatliche Rahmenbedingungen im Sozialwesen: Ihre Auswirkungen auf die Paradoxien professionellen Handelns. In: Combe, A./Helsper, W. (Hrsg.): Pädagogische Professionalität. Untersuchungen zum Typus pädagogischen Handelns. Frankfurt am Main 1999[3], S. 183-275.

Schütze, F.: Schwierigkeiten bei der Arbeit und Paradoxien des professionellen Handelns. In: Zeitschrift für Bildungs-, Beratungs- und Sozialforschung (2000) H. 1, S. 49-97.

Schwinn, T.: Jenseits von Subjektivismus und Objektivismus: Max Weber, Alfred Schütz, und Talcott Parsons. Berlin 1993.

Schwinn, T.: Soziale Ungleichheit und funktionale Differenzierung. Wiederaufnahme einer Diskussion. In: Zeitschrift für Soziologie (1998) H. 1, S. 3-17.

Segeritz, M./Stanat P. et al.: Muster des schulischen Erfolgs von Mädchen und Jungen mit Migrationshintergrund. In: Allemann-Ghionda, C./Stanat, P. et al. (Hrsg.): Migration, Identität, Sprache und Bildungserfolg. Zeitschrift für Pädagogik (2010), Beiheft 55, S. 165-186.

Seidenfaden, F.: Studien zur Geschichte der Universität im Deutschsprachigen Raum. In: Körner, A./Seidenfaden, F. (Hrsg.): Universitäten und Hochschulen im Wandel. Teil 2. Historischer Rückblick und Bundesrepublik, Großbritannien und Niederlande. Gießen 1988, S. 11-133.

Shahar, S.: Kindheit im Mittelalter. München/Zürich 1991.

Shavit, Y./Blossfeld, H.-P.: Persistent Inequalities: a Comparative Study of Educational Attainment in Thirteen Countries. Boulder Colorado 1993.

Shields, R.: Cultures of Internet: Virtual Spaces, Real Histories, Living Bodies. London 1996.

Siemering, H.: Deutschlands Jugend in Bevölkerung und Wirtschaft. Berlin 1937.

Simmel, G.: Kant. Sechzehn Vorlesungen gehalten an der Berliner Universität. Leipzig 1905.

Sobiech, G.: „Ich hatte das Gefühl, irgend etwas ist jetzt vorbei." Die Pubertät – Brüche und Ambivalenzen in der Körper- und Bewegungsentwicklung von Mädchen. In: Palzkill, B. et al. (Hrsg.): Bewegungs(t)räume. Frauen Körper Sport. München 1991, S. 47-61.

Sobiech, G.: Mädchen spielen Fußball. Positionierungschancen in ‚männlich' dominierten Spielräumen. In: Bütow, B./Kahl, R./Stach, A. (Hrsg.): Körper – Geschlecht – Affekt. Selbstinszenierungen und Bildungsprozesse in jugendlichen Sozialräumen. Wiesbaden 2013, S. 217-238.

Spitthöver, M.: Frauen in städtischen Freiräumen. Köln 1989.

Stanat, P./Kunter, M.: Kooperation und Kommunikation. In: Deutsches PISA-Konsortium (Hrsg.): PISA 2000. Basiskompetenzen von Schülerinnen und Schülern im internationalen Vergleich. Opladen 2001, S. 299-321.

Stanat, P.: Disparitäten im schulischen Erfolg: Forschungsstand zur Rolle des Migrationshintergrunds. Unterrichtswissenschaft (2006), H. 34, S. 98-124.

Stanat, P./Rauch, D.: Schülerinnen und Schüler mit Migrationshintergrund. In: Klieme, E./Artelt, C. (Hrsg.): PISA 2009. Bilanz nach einem Jahrzehnt. Münster 2010, S. 200-230.

Stanat, P./Schwippert K. et al.: Der Einfluss des Migrantenanteils in Schulklassen auf den Kompetenzerwerb. Längsschnittliche Überprüfung eines umstrittenen Effekts. In: Allemann-Ghionda, C./Stanat, P. (Hrsg.) et al.: Migration, Identität, Sprache und Bildungserfolg. Zeitschrift für Pädagogik (2010), Beiheft 55, S. 147-164.

Statistisches Jahrbuch 2002 für die Bundesrepublik Deutschland. Stuttgart 2002.

Statistisches Jahrbuch 2012 für die Bundesregierung Deutschland. Wiesbaden 2012.

Stehr, N.: Die Zerbrechlichkeit moderner Gesellschaften. Die Stagnation der Macht und die Chancen des Individuums. Weilerswist 2000.

Steinkamp, G.: Sozialstruktur und Sozialisation. In: Hurrelmann, K./Ulich, D. (Hrsg.): Neues Handbuch der Sozialisationsforschung. Weinheim 1991, S. 251-277.

Stichweh, R.: Akademische Freiheit, Professionalisierung der Hochschullehre und Politik. In: Oelkers, J. et al. (Hrsg.): Pädagogik, Erziehungswissenschaft und Systemtheorie. Weinheim/Basel 1987, S. 125-145.

Stichweh, R.: Globalisierung der Wissenschaft und die Rolle der Universität. In: Rusterholz, P./Liechti, A. (Hrsg.): Universität am Scheideweg. Herausforderungen, Probleme, Strategien. Zürich 1988, S. 63-74.

Stichweh, R.: Der frühmoderne Staat und die europäische Universität. Zur Interaktion von Politik und Erziehungssystem im Prozess ihrer Ausdifferenzierung (16.-18. Jahrhundert). Frankfurt am Main 1991.

Sturm, G.: Wege zum Raum. Methodologische Annäherung an ein Basiskonzept raumbezogener Wissenschaften. Opladen 2000.

Sutterlüty, F.: In Sippenhaft. Negative Klassifizierung in ethnischen Konflikten. Frankfurt am Main/New York 2010.

Terlinden, U.: Gebrauchswirtschaft und Raumstruktur. Ein feministischer Ansatz in der soziologischen Stadtforschung. Stuttgart 1990.

Tertilt, H.: Turkish Power Boys. Ethnographie einer Jugendbande. Frankfurt am Main 1996.

Theling, G.: „Vielleicht wäre ich als Verkäuferin glücklicher geworden". Arbeitertöchter & Hochschule. Münster 1986.

Tietze, W. (Hrsg.): Wie gut sind unsere Kindergärten? Eine Untersuchung zur pädagogischen Qualität in deutschen Kindergärten. Neuwied 1998.

Timmermann, D.: Bildungsökonomisches Abwägen heterogener Argumente zur Schulautonomie. In: Paschen, H./Wigger, L. (Hrsg.): Schulautonomie als Entscheidungsproblem. Weinheim 1996, S. 59-88.

Tizard, B./Hughes, M.: Young Children Learning. Talking and Thinking at Home and at School. London 1984.

Tough, J.: Listening to Children Talking. London 1976.

Treibel, A.: Migration in modernen Gesellschaften: soziale Folgen von Einwanderung, Gastarbeit und Flucht. Weinheim 2011.

Turkle, S.: Leben im Netz. Identität in Zeiten des Internet. Reinbek bei Hamburg 1998.

Varela, F.: Die Biologie der Freiheit. In: Psychologie heute (1982) H. 11, S. 82-93.

Vester, M.: Soziale Milieus im gesellschaftlichen Strukturwandel: zwischen Integration und Ausgrenzung. Köln.

Vogel, D./Aßner, M.: Umfang, Entwicklung und Struktur der irregulären Bevölkerung in Deutschland. Bundesamt für Migration und Flüchtlinge, Oktober 2011.

Wacquant, L. J. D.: The Pugilistic Point of View: How Boxers Think and Feel about their Trade. In: Theory and Society (1995a) H. 24, S. 489-535.

Wacquant, L. J. D.: Pugs at Work: Bodily Capital and Bodily Labour Among Professional Boxers. In: Body & Society (1995b) H. 1, S. 65-93.

Wacquant, L. J. D.: Auf dem Wege zu einer Sozialpraxeologie. In: Bourdieu, P./Wacquant, L. J. D. (Hrsg.): Reflexive Anthropologie. Frankfurt am Main 1996, S. 17-93.

Wagner, H. J.: Eine Theorie pädagogischer Professionalität. Weinheim 1998.

Walford, G. (Hrsg.): Durkheim and Modern Education. London 1998.

Weber, M.: Wirtschaft und Gesellschaft. Grundriss der Verstehenden Soziologie. Tübingen 1980[5], orig. 1921.

Weber, M.: Wissenschaft als Beruf. Ditzingen 1992.

Weedon, C.: Wissen und Erfahrung. Feministische Praxis und poststrukturalistische Theorie. Zürich 1990.

Wenneras, C./Wold, A.: Vetternwirtschaft und Sexismus im Gutachterwesen. In: Krais, B. (Hrsg.): Wissenschaftskultur und Geschlechterordnung. Frankfurt am Main 2000.

Wenzel, H.: Die Ordnung des Handelns: Talcott Parsons' Theorie des allgemeinen Handlungssystems. Frankfurt am Main 1990.

Wetterer, A.: Profession und Geschlecht. Über die Marginalität von Frauen in hochqualifizierten Berufen. Frankfurt am Main 1992.

Wetterer, A.: Professionalisierung und Geschlechterhierarchie. Vom kollektiven Frauenausschluß zur Integration mit beschränkten Möglichkeiten. Kassel 1993.

Wetterer, A. (Hrsg.): Die soziale Konstruktion von Geschlecht in Professionalisierungsprozessen. Frankfurt am Main/New York 1995.

Weymann, A. (Hrsg.): Bildung und Beschäftigung. Grundzüge und Perspektiven des Strukturwandels. Soziale Welt. Sonderband 5. Göttingen 1987.

Wiley, N.: The History and Politics of Recent Sociological Theory. In: Ritzer, G. (Hrsg.): Frontiers of Social Theory. The New Syntheses. New York 1990, S. 392-415.

Willis, P.: Spaß am Widerstand. Gegenkultur in der Arbeiterschule. Frankfurt am Main 1982[2].

Willis, P.: Jugend-Stile. Zur Ästhetik der gemeinsamen Kultur. Hamburg/Berlin 1991.

Willms-Herget, A.: Frauenarbeit. Zur Integration der Frauen in den Arbeitsmarkt. Frankfurt am Main/New York 1985.

Wimmer, A.: Ethnische Grenzziehung in der Immigrationsgesellschaft. Jenseits der Herder'schen Commonsense. In: Kalter (Hrsg.): Migration und Integration. Kölner Zeitschrift für Soziologie (2008), Sonderheft 48, S. 57-80.

Wingens, M.: Wissensgesellschaft und gesellschaftliche Wissensproduktion. In: Honegger, C./Hradil, S. et al. (Hrsg.): Grenzenlose Gesellschaft? Opladen 1999, S. 433-446.

Zeiher, H. J./Zeiher, H.: Orte und Zeiten der Kinder. Soziales Leben im Alltag von Großstadtkindern. Weinheim/München 1994.

Zinnecker, J.: Straßensozialisation. In: Zeitschrift für Pädagogik (1979) H. 25, S. 727-746.

Zinnecker, J.: Kindheit, Jugend und soziokultureller Wandel in der Bundesrepublik Deutschland. In: Büchner, P./Krüger, H.-H. et al. (Hrsg.): Kindheit und Jugend im interkulturellen Vergleich. Opladen 1990a, S. 17-36.

Zinnecker, J.: Vom Straßenkind zum verhäuslichten Kind. Kindheitsgeschichte im Prozeß der Zivilisation. In: Behnken, I. (Hrsg.): Stadtgesellschaft und Kindheit im Prozeß der Zivilisation. Opladen 1990b, S. 142-162.

Zinnecker, J.: Jugend als Bildungsmoratorium. Zur Theorie des Wandels der Jugendphase in west- und osteuropäischen Gesellschaften. In: Melzer, W. et al. (Hrsg.): Osteuropäische Jugend im Wandel. Weinheim/München 1991, S. 9-24.

Zinnecker, J.: Kindheitsort Schule – Kindheitsort Straße. In: Reiß, G. (Hrsg.): Schule und Stadt. Lernorte, Spielräume, Schauplätze für Kinder und Jugendliche. Weinheim/München 1995, S. 45-67.

Zuckermann, H./Cole, J. R. et al.: The Outer Circle. Women in Scientific Community. New York/London 1991.

Anmerkungen zu Autorin und Autor

Dr. Martina Löw ist Professorin für Soziologie an der TU Berlin. Ihre Arbeitsgebiete liegen in der Stadt-, Architektur- und Raumsoziologie, der Bildungssoziologie und Geschlechterforschung. Ausgewählte Veröffentlichungen der letzten Jahre sind:

Raumsoziologie. Frankfurt am Main: Suhrkamp Taschenbuch Wissenschaft. 2001.

Soziologie der Städte. Frankfurt am Main: Suhrkamp. 2008 (Als Suhrkamp Taschenbuch Wissenschaft 2010).

Prostitution. Herstellungsweisen einer anderen Welt (zusammen mit Renate Ruhne). Frankfurt am Main: Suhrkamp. 2011.

Dr. Thomas Geier ist Wissenschaftlicher Mitarbeiter am Zentrum für Schul- und Bildungsforschung der Martin-Luther Universität Halle-Wittenberg. Seine Arbeitsgebiete umfassen Interkulturelle Bildungsforschung, Migration und soziale Ungleichheit. Ausgewählte Veröffentlichungen der letzten Jahre sind:

Interkultureller Unterricht – Inszenierung der Einheit des Differenten. Wiesbaden: VS-Verlag. 2011.

Zugehörigkeit und Differenz in der Schule - Strukturprobleme schulischer Interaktionen im ‚Interkulturellen Unterricht‘ und ihre sozialräumliche Bedeutung. In: tertium comparationis. Journal für international und interkulturell vergleichende Erziehungswissenschaft. Vol. 18, No.1. Münster u.a. 2012